社会主义核心价值观
融入法治文化建设研究

● 陈华娟 著

学习出版社

图书在版编目（CIP）数据

社会主义核心价值观融入法治文化建设研究 / 陈华
娟著. -- 北京 : 学习出版社, 2025. 3. -- ISBN 978
-7-5147-1296-4

Ⅰ. D920.0

中国国家版本馆CIP数据核字第20244AD200号

社会主义核心价值观融入法治文化建设研究

SHEHUI ZHUYI HEXIN JIAZHIGUAN RONGRU FAZHI WENHUA JIANSHE YANJIU

陈华娟　著

责任编辑：李紫薇
技术编辑：朱宝娟
装帧设计：映　谷

出版发行：学习出版社
　　　　　北京市崇外大街11号新成文化大厦B座11层（100062）
　　　　　010-66063020　010-66061634　010-66061646
网　　址：http://www.xuexiph.cn
经　　销：新华书店
印　　刷：北京市密东印刷有限公司

开　　本：710毫米×1000毫米　1/16
印　　张：16.75
字　　数：201千字
版次印次：2025年3月第1版　2025年3月第1次印刷

书　　号：ISBN 978-7-5147-1296-4
定　　价：47.00元

如有印装错误请与本社联系调换，电话：010-66064915

序　言

　　核心价值观是一个民族赖以维系的精神纽带，是一个国家共同的思想道德基础，体现了一个社会评判是非曲直的价值标准，具有引导和评价、激励和整合、规范和约束等功能，能够把不同阶层、不同领域的人群凝聚起来，在尊重差异中扩大社会认同，在包容多样中形成思想共识，凝心聚力，合力建设中国特色社会主义。培育和践行社会主义核心价值观关系社会和谐稳定，关系国家长治久安，以及国家治理体系和治理能力现代化。党的十八大以来，习近平总书记多次强调培育和践行社会主义核心价值观的重要性。2013年5月4日，习近平总书记在同各界优秀青年代表座谈时的讲话中就强调："广大青年要把正确的道德认知、自觉的道德养成、积极的道德实践紧密结合起来，自觉树立和践行社会主义核心价值观，带头倡导良好社会风气。"①之后，他多次强调培育和践行社会主义核心价值观的重要性。党的二十大报告明确提出"把社会主义核心价值观融入法治建设、融入社

---

① 《习近平谈治国理政》第 1 卷，北京，外文出版社 2018 年版，第 52—53 页。

会发展、融入日常生活"①的要求。党的二十届三中全会进一步强调要"完善培育和践行社会主义核心价值观制度机制"②。法治文化是法律制度、法治精神在一个国家或地区实施的程度。如果没有人民对良好法治社会的追求和向往，没有人民对法律认同、信任、敬畏、捍卫和持之以恒地奉行，良好的法治文化就不可能形成，全面依法治国就不可能实现，真正的法治社会就不可能建成。社会主义核心价值观与法治文化是紧密相连的，也是相互促进的。具体来说，两者的关系主要表现为：

第一，法治文化建设必须坚持社会主义核心价值观的指导地位。"法律之所以值得信仰，是因为它不仅仅是一种工具，而且蕴含着人类追求的崇高价值目标。"③核心价值观是决定文化性质和方向的最根本要素。任何类型、任何性质的法治文化都有自己的价值取向和价值追求。社会主义制度的建立为保障最广大人民的根本利益奠定了制度前提，中国特色社会主义法治文化也必然体现社会主义制度的特征，坚持党的领导、坚持以人民为中心的理念，同时在价值观上，必须坚持社会主义核心价值观的指导地位。社会主义核心价值观揭示了中国特色社会主义法治建设的根本价值目标，指明了中国特色社会主义法治

①　习近平：《高举中国特色社会主义伟大旗帜　为全面建设社会主义现代化国家而团结奋斗——在中国共产党第二十次全国代表大会上的报告》，北京，人民出版社2022年版，第44页。

②　《中共中央关于进一步全面深化改革　推进中国式现代化的决定》，北京，人民出版社2024年版，第33页。

③　吕江鸿：《培育社会土壤　厚植思想根基　扎实推进社会主义法治文化建设》，《人民日报》2018年8月9日。

发展方向和道路。新时代中国特色社会主义法治文化建设只有坚持以社会主义核心价值观为指导，才能保证中国特色社会主义法治文化建设始终沿着正确的方向前行，才能凝聚全社会的价值共识。对此，2021年4月，中共中央办公厅、国务院办公厅印发《关于加强社会主义法治文化建设的意见》，就明确规定了法治文化建设的工作原则，其中之一就是"坚持法安天下、德润人心，把社会主义核心价值观融入社会主义法治文化建设全过程各方面，实现法治和德治相辅相成、相得益彰"①。

第二，培育和践行社会主义核心价值观有利于促进法治文化建设。首先，社会主义核心价值观明确将"法治"纳入其社会层面的内容，培育和践行社会主义核心价值观有利于我们从制度内在要求出发认识实施全面依法治国基本方略的重要性。对此，党的二十大报告就明确指出："全面依法治国是国家治理的一场深刻革命，关系党执政兴国，关系人民幸福安康，关系党和国家长治久安。必须更好发挥法治固根本、稳预期、利长远的保障作用，在法治轨道上全面建设社会主义现代化国家。"②从这个角度来说，培育和践行社会主义核心价值观，对于深化人们对社会主义制度的认识，培育人们的法治观念、法治意识、法治精神无疑具有重要的意义。其次，培育和践行社会主义核心价值观有

---

① 《关于加强社会主义法治文化建设的意见》，北京，人民出版社2021年版，第3页。

② 习近平：《高举中国特色社会主义伟大旗帜 为全面建设社会主义现代化国家而团结奋斗——在中国共产党第二十次全国代表大会上的报告》，北京，人民出版社2022年版，第40页。

利于为法治文化建设提供道德支撑。法治精神、法治观念的培育离不开法律法规的引领，更离不开道德的支撑。一方面，道德本身具有教化和维护现有社会秩序的功能，良好的道德实践和道德锻炼，能增进人们对现有社会秩序的认同，进而对于推进法治文化建设具有积极的意义；另一方面，在整个立法、执法、司法全过程中，立法者、执法者、司法者的道德素养和道德境界至关重要。其中任何一个环节出现问题，都会对法律权威造成损害。总之，"德""法"结合是中国特色社会主义法治的鲜明特征，同样中国特色社会主义法治文化也要体现"德""法"的融合。

第三，法治文化建设有利于培育和践行社会主义核心价值观。一方面，由于法治文化本身就是社会主义核心价值观社会层面的内容，因此，法治文化建设本身就是培育和践行社会主义核心价值观的重要方面，构成了社会主义核心价值观的重要支撑。另一方面，我们必须看到，一个国家的核心价值观，不是社会自发形成的，必须要有相应的法规制度的保障。通过推动社会主义核心价值观入法入规，有利于推进社会主义核心价值观由"软要求"向"硬规范"转变，用法律的权威为社会主义核心价值观培育践行提供刚性保障，促进人们践行社会主义核心价值观的自觉性。从这个角度来说，通过法治文化建设，培育人们的法治意识、法治素养，不仅对于中国特色社会主义法治建设有极大的促进作用，而且对于培育和践行社会主义核心价值观制度化也具有重要的意义。对此，2021 年 4 月中共中央办公厅、国务院办公厅印发《关于加强社会主义法治文化建设的意见》，也规定要"把社会主义核心价值观融入法律法规的立改废释全过程，使法律法规、司法解释等更好体现国家价值目标、社会价值取向和公民价值准则，以良法保障善治"①。

那么如何推动社会主义核心价值观融合法治文化？笔者认为需要重点做到以下几点。一是推动社会主义核心价值观入法入规。2018年，十三届全国人大一次会议通过的宪法修正案正式将"国家倡导社会主义核心价值观"写入宪法。这不仅确立了社会主义核心价值观在国家生活中的地位，同时也提供了社会主义核心价值观融入法律法规的根本前提和保障。为了进一步强化社会主义核心价值观的宪法保障，还需要将社会主义核心价值观融入各项具体的法律法规中，进一步完善立法审查机制和违宪审查机制，健全党内法规同国家法律法规衔接协调机制。党的二十届三中全会强调要"完善重大决策、规范性文件合法性审查机制。加强政府立法审查"②。除此之外，还要注意做好中央立法与地方立法衔接配套工作，使地方性立法遵循"不抵触、有特色、可操作"的原则，把社会主义核心价值观融入地方立法，协调推进社会主义核心价值观和区域法治建设。二是推动社会主义核心价值观道德化，将核心价值观融入精神法治文化，包括推动中华优秀传统法律文化创造性转化、创新性发展，繁荣发展社会主义法治文艺，将社会主义核心价值观贯穿到人民群众喜闻乐见的文化活动和文艺作品中，在全社会营造尊法、信法、守法、用法、护法

---

① 《关于加强社会主义法治文化建设的意见》，北京，人民出版社2021年版，第8页。

② 《中共中央关于进一步全面深化改革　推进中国式现代化的决定》，北京，人民出版社2024年版，第30页。

的浓厚氛围等，从而实现法律法规的强制性规定与社会主义核心价值观的内在精神有机融合，培育人们的法律信仰、法治观念。三是在法治实践中践行社会主义核心价值观。践行是对包括公权力机关、公职人员在内的所有组织和个人提出来的要求。习近平总书记强调，立法、执法、司法都要体现社会主义道德要求，都要把社会主义核心价值观贯穿其中，使社会主义法治成为良法善治。①国家机关和公职人员要自觉地在执法司法过程以及守法用法过程中践行社会主义核心价值观的要求，以实际行动带动全社会崇德向善、尊法守法。

文化总是随着实践的深入而不断丰富和发展。人民对美好生活的向往和对精神生活的追求是文化立法最深厚的土壤，随着时代的发展和人民利益需求的变化，法治文化建设需要跟上时代的步伐。坚持党的领导、人民当家作主、依法治国有机统一，是我国社会主义法治的鲜明特色，是社会主义法治文化建设必须坚守的根本原则，社会主义核心价值观是法治建设的价值引领。因此，社会主义核心价值观融入法治文化本身就是一个常做常新的课题。社会主义核心价值观融入法治文化需要坚持以人民为中心的价值导向，立足于中国特色社会主义法治体系、法治道路，聚焦全面依法治国的实践，通过法治文化建设把社会主义核心价值观融入社会发展和社会生活各方面，使其潜移默化地成为人们的情感认同和行为习惯。

---

① 习近平:《论坚持全面依法治国》，北京，中央文献出版社 2020 年版，第166 页。

前　言

　　社会主义核心价值观与法治文化是紧密相连的。社会主义核心价值观决定法治文化的性质和方向，并且法治文化本身就是社会主义核心价值观在社会层面的内容，培育和践行社会主义核心价值观有利于增强人们的法治观念、法治意识、法治精神。反之，建设法治文化也有利于推进社会主义核心价值观的制度化。因此，促进社会主义核心价值观与法治文化互动，其效应是双重的，既有利于法治文化的健康发展，也有利于推进社会主义核心价值观"落地"。此外，当前中华民族伟大复兴进入关键时期，实现国家治理现代化极为重要。国家治理现代化实质上是制度的现代化，在这一关键时期，无论实现国家治理现代化，还是提高国家治理效能都离不开社会主义核心价值观的引领和培育，更离不开全面依法治国战略的实施和深入推进。从这个角度来说，加强社会主义核心价值观与法治文化互动对于推进国家治理现代化，实现中华民族伟大复兴都具有非常重要的意义。

　　自社会主义核心价值观提出以来，在新时代全面依法治国的推进过程中，社会主义核心价值观融入法治文化建设得到大大推进，但也面临许多需要深层次解决的问题。主要表现为：一是物化法治文化建设尚需进一步推进。包括物化法治文化阵地建设需要进一步强化，法院建筑和文化设施建设还存在诸多不足之处。二是在制度法治文化层面表现为某些法律法规的价值导向与社会主义核心价值观不符，有些领域法律法规缺失，有的法律法规内容滞后于时代发展，有的法律法规在内容上还有不少需要改进的空间，等等。同时，在社会公共政策等方面，也存在一系列与培育和践行社会主义核心价值观不相适应的地方。三是在精神法治文化层面，表现为人们的法治观念、法治意识还有待提高，法治文化建设的道德基础还需要进一步强化，法治教育和德育的结合也存在不少的问题。四是在行为法治文化方面，立法、执法、司法行为也存在着诸多与培育和践行社会主义核心价值观不相适应的地方。

新时代新征程要实现社会主义核心价值观融入法治文化建设，要求我们分别推动构建社会主义核心价值观与物化法治文化、制度法治文化、精神法治文化和行为法治文化的实践机制，主要包括：

第一，推动社会主义核心价值观融入物化法治文化之中。在物化法治文化阵地建设上，既需要打造物化法治文化阵地精品工程，又需要拓展物化法治文化阵地的覆盖面，以此营造浓厚的法治文化氛围。比如，在法院建筑上，要体现中国元素，避免照搬照抄西方建筑样式。同时，为了增强法院建筑的教育功能，还需要扩大法院建筑的开放性，进一步加强法院文化设施建设。

第二，推动社会主义核心价值观融入制度法治文化之中。分别将社会主义核心价值观融入国家法律制度、党内法规和社会公共政策之中，明确国家法律制度、党内法规和社会公共政策的价值导向，完善国家法律制度、党内法规和社会公共政策的具体内容，既有利于推动国家法律制度、党内法规和社会公共政策的科学化，也有利于实现社会主义核心价值观法治化、制度化。具体表现为：一是通过推进社会主义核心价值观融入法律法规，使社会主义核心价值观转化为人们看得见、可感知的法律规范，规范引导人们的思想和行为。二是通过推进社会主义核心价值观融入党内法规，完善党内法规体系，促进党内法规法治化，进一步强化社会主义核心价值观的法规制度保障。三是通过推进社会主义核心价值观融入公共政策，促进公共政策科学化，维护社会公平正义，以科学、合理的公共政策宣传弘扬社会主义核心价值观。

第三，推动社会主义核心价值观融入精神法治文化之中。这要求我们既要注重对人们法治观念、法治意识的培育，也要注重推动社会主义核心价值观道德化。为此，需要将社会主义核心价值观贯穿精神法治文化的全过程，通过思想教育、创新法治文化宣传等途径增强人们的法治意识；通过深入实施公民道德建设工程等，为法治文化提供道德支撑；通过推进德育与法治教育互动，克服道德教育与法治教育分割的状态。通过上述举措，有利于为精神法治文化树立正确的价值导向，增强人们的法治观念、法治意识，促进精神法治文化繁荣发展，也有利于夯实法治文化发展的道德基础，实现德治与法治的良性互动，社会主义核心价值观与精神法治文化的"双赢"。

第四，推动社会主义核心价值观融入行为法治文化之中。这要求我们将社会主义核心价值观落实到立法、执法、司法等各个环节之中，真正做到科学立法、规范文明执法，以及实现公正司法，以科学立法、严格文明执法、公正司法来彰显和弘扬社会主义核心价值观。

目　录

绪　论

社会主义核心价值观是社会主义文化的灵魂，是新时代全国各族人民的思想道德基础。自社会主义核心价值观提出以来，习近平总书记多次强调培育和践行社会主义核心价值观的重要性，他指出，"努力把核心价值观的要求变成日常的行为准则"①，"用法律来推动核心价值观建设"②。

"用法律来推动核心价值观建设"是习近平总书记对培育和践行社会主义核心价值观的重要要求，也指明了新时代新征程培育和践行社会主义核心价值观的主要着力点，即将社会主义核心价值观的培育与法治国家建设结合起来，以法治力量培育和践行社会主义核心价值观，以法治力量推动社会主义核心价值观的广泛践行。

法治是政治文明的成果，现代国家治理体系作为一个制度体系，需要处理各方面的复杂关系，如政党与国家、国家与社会、政府与市场，以及公民之间、公民与社会组织之间等方面的关系，这就需要构建完备科学的法律制度体系，以法律法规协调各方关系，处理社会矛盾，推进国家治理体系和治理能力现代化。不过我们也需要看到，在

---

① 《习近平谈治国理政》第 1 卷，北京，外文出版社 2018 年版，第 174 页。
② 《习近平谈治国理政》第 1 卷，北京，外文出版社 2018 年版，第 165 页。

不同社会形态中，法治的价值立场是不同的。资本主义社会法治固然大大推进人类政治文明现代化的步伐，但由于它本身建立在生产资料私有制基础之上，其最终关心的是本国资产阶级的利益，维护资本主义自由竞争秩序。中国特色社会主义法治是建立在生产资料社会主义公有制基础之上的，它以社会主义核心价值观为引领，坚持以人民为中心的立场，切实维护广大人民群众的根本利益，维护社会公平公正。对此，党的二十大报告明确指出："全面依法治国是国家治理的一场深刻革命，关系党执政兴国，关系人民幸福安康，关系党和国家长治久安。"[①]

因此，以社会主义核心价值观为引领，有利于保证坚持走中国特色社会主义法治道路，实现良法善治，同时也有利于推动依法治国与以德治国相结合。

实际上，党的十八大以来，以习近平同志为核心的党中央在这方面已经进行了积极探索。2016 年 12 月，中共中央办公厅、国务院办公厅印发了《关于进一步把社会主义核心价值观融入法治建设的指导意见》（以下简称《意见》），《意见》明确提出，"把社会主义核心价值观的要求体现到宪法法律、法规规章和公共政策之中"[②]。《意见》对培育和践行社会主义核心价值观提出了一系列具体要求，如加强重点领域立法、强化公共政策的价值目标、加强党内法规制度建设等。党的十九大之后，为了进一步把社会主义核心价值观融入法律法规的立

---

① 习近平：《高举中国特色社会主义伟大旗帜　为全面建设社会主义现代化国家而团结奋斗——在中国共产党第二十次全国代表大会上的报告》，北京，人民出版社2022 年版，第 40 页。

② 《中共中央办公厅　国务院办公厅印发〈关于进一步把社会主义核心价值观融入法治建设的指导意见〉》，《人民日报》2016 年 12 月 26 日。

改废释全过程，2018 年 5 月，中共中央印发的《社会主义核心价值观融入法治建设立法修法规划》进一步明确了推动社会主义核心价值观入法入规的主要任务。在此基础上，党的十九届四中全会进一步强调，"把社会主义核心价值观要求融入法治建设和社会治理"，体现将社会主义核心价值观与法治国家建设结合起来的要求。

　　法治文化是法治国家建设的重要组成部分，社会主义核心价值观与法治文化又是紧密联系、相互促进的。"社会主义核心价值观通过法治文化这座'桥梁'可以更好地深入日常生活，发挥社会主义先进法治文化育人化人作用。"① 那么社会主义核心价值观与法治文化的内在逻辑关系是什么？如何将社会主义核心价值观通过法治文化这一载体固化于制、活化于行、外化于形？又如何在法治文化建设中培育和践行社会主义核心价值观？本书正是基于对以上问题的思考分析，以社会主义核心价值观融入法治文化为研究对象，分析当前法治文化建设践行社会主义核心价值观现状，在此基础上，分析如何构建新时代社会主义核心价值观融入法治文化的实践机制。

　　就研究现状来说，自党的十八大提出社会主义核心价值观以来，学界围绕这一主题展开了大量的研究，在分析社会主义核心价值观与法治国家的关系方面也进行了大量的研究。比如，黄巧莲就明确指出，法治是社会主义核心价值观培塑的基本方式。② 詹复亮认为："把社会主义核心价值观融入法治，是国家价值目标与个人价值准则有机融合

---

① 李其瑞、王金霞：《社会主义核心价值观融入法治文化建设研究的现状、意义及前景》，《陕西师范大学学报（哲学社会科学版）》2018 年第 4 期。

② 黄巧莲：《法治视野下社会主义核心价值观培塑的三个维度》，《福州党校学报》2018 年第 4 期。

的重要途径。"①总之，社会主义核心价值观与社会主义法治是密切联系、内在统一的。法治文化是法治国家建设的重要组成部分，它本身与社会主义核心价值观也应是内在统一的。

总的来看，目前学界在社会主义核心价值观和法治文化建设两大领域已经进行了大量研究，取得了丰富的研究成果。在社会主义核心价值观方面，相关的专著如：任者春、郭玉峰主编的《社会主义核心价值观践行论——以齐鲁文化为视域》（山东人民出版社 2015 年版），徐伟新等主编的《社会主义核心价值观研究》（中共中央党校出版社 2016 年版）等。在法治文化方面，相关的专著如：李林、冯军主编的《依法治国与法治文化建设》（社会科学文献出版社 2013 年版），罗先泽、张美萍主编的《社会主义法治文化建设研究》（中国政法大学出版社 2016 年版），黄丽云主编的《初心：新时代的社会主义法治文化建设》（法律出版社 2018 年版）等。不过将社会主义核心价值观与法治文化建设置于同一视域进行研究，目前尚处于初步阶段，相关学术论文有 30 余篇，相关的研究主要集中在以下几个层面。

一、关于法治文化的内涵、特征及其价值基础研究

关于法治文化的内涵，目前学界的观点有所差异，主要包括：（1）从文化层面解释，将法治文化看作社会文化的一部分，着重从观念、精神层面认识法治文化。如邵刚认为法治文化是"影响人们的心理、观念和行为的内在的精神力量"②。何康等认为，"中国特色社

---

① 詹复亮：《把核心价值观融入法治建设》，《学习时报》2018 年 1 月 8 日。
② 邵刚：《新时代加强社会主义法治文化建设探析》，《军事交通学院学报》2018 年第 11 期。

会主义法治文化，以追求法治、民主、自由、平等、公正为目标，表现为以法治理念和法治精神为内核的法治文化观念、法治文化氛围等"①。（2）从显性和隐性两个层面看待法治文化的内涵，认为法治文化是制度与观念的统一。如梁旭光认为法治文化是"法治"与"文化"的有机结合，它包含两个方面：一是显性层面的法规制度；二是隐性层面的法治观念。②（3）从综合层面看待法治文化的内涵，认为法治文化体现在法律设施、制度、行为、思想等不同层面。如曹戈认为法治文化可以分为三大类：一是制度层面上表现为以宪法为核心的中国特色社会主义法律体系；二是文化层面上体现为法治精神、法治意识；三是在发展层面上体现为法治文学艺术作品；等等。陈奎和梁平认为可以从 3 个层面认识法治文化的内涵：首先，法治文化区别于人治，它体现为一种治国方略；其次，法治文化是内化于民众日常行为的一种生活方式；最后，法治文化体现一种精神风貌。③张麒麦认为法治文化的内涵体现在制度建设、行为模式和思维模式上，作为制度载体的法治文化是法治文化建设的平台和躯体；作为思想意识的法治文化是法治文化建设的思想指引；作为行为模式的法治文化是实践表现。④

关于法治文化的特征，黄丽云认为法治文化具有内化与外化的统

---

① 何康、胡向阳：《努力建设中国特色社会主义法治文化》，《思想理论教育导刊》2017 年第 5 期。

② 梁旭光：《新时代中国法治文化建设研究》，《湖北第二师范学院学报》2018 年第 5 期。

③ 陈奎、梁平：《司法运行的一般机理》，北京，中国政法大学出版社 2014 年版，第 250 页。

④ 张麒麦：《新时代法治文化建设的内涵、意义及路径》，《贵阳市委党校学报》2018 年第 6 期。

一、渐进性与连续性的统一、实施路径上的国家主义等特征。① 钟奇江专门分析了中国特色社会主义法治文化的特征，认为它的基本特征为：一是社会主义特性；二是历史传承性；三是全面开放性；四是渐进性和长期性。②

关于社会主义法治文化建设的意义，学界普遍肯定它是社会主义先进文化的重要组成部分，是全面依法治国的精神动力和精神支撑。"建设法治社会，制度就是骨骼，忽视制度的法治社会建设无疑是缘木求鱼；文化就是灵魂，缺少文化的法治社会就会迷失方向。"③ 法治文化是"良法、善法形成的精神源泉，是法的遵守、执行和实施的内在动力"④。也有学者从推进国家治理体系和治理能力现代化的角度看待法治文化的作用，认为法治文化建设不仅有利于构建现代国家秩序，也有利于处理好人们之间的关系，"法治文化有效提升了治理者的执行力，节约了治理成本，使治理效率得到加强"⑤。

关于法治文化建设的路径，学界也展开了大量的分析。张麒麦认为需要做到：一是把握社会主义的发展方向；二是弘扬社会主义法治

① 黄丽云：《当前法治文化社会化的进程与策略研究》，《现代法治研究》2017年第3期。

② 钟奇江：《中国特色法治文化的基本特征及构建路径》，《光明日报》2014年12月11日。

③ 胡虎林、陈柳裕主编：《"法治浙江"干部读本》，杭州，浙江人民出版社2006年版，第147页。

④ 胡虎林、陈柳裕主编：《"法治浙江"干部读本》，杭州，浙江人民出版社2006年版，第147页。

⑤ 于秀丽：《法治文化：国家治理现代化的重要推动力》，《人民论坛》2018年第2期。

精神；三是增强道德底蕴；四是拓宽群众参与途径。^①马弋涵认为需要做到：一是坚持党的领导；二是以良法善治为基本取向，加快法治文化的制度建设；三是发挥党员干部的模范带头作用；四是坚持推进司法体制改革；五是加大全民普法力度等。^②姜国峰认为法治文化建设需要做到：一是规范立法、执法、司法程序，夯实社会主义法治文化建设的社会基础；二是促进公众自觉性法治意识生成；三是强化领导与服务。^③总的来看，中国特色社会主义法治文化建设是一项系统工程，涉及领导体制、法规制度的完善，法治观念的培育，法治教育的推进等多种因素。学界为此进行了多方面的探讨。

二、关于社会主义核心价值观与法治文化之间的关系研究

第一，从问题出发分析两者之间的关系。李琴认为当前我国"法规规章和政策价值导向不鲜明，可实施性较差，不按规章制度办事，出了问题追究不深"^④，因此，推动法治文化建设必须以社会主义核心价值观为指引，将社会主义核心价值观融入法治文化建设之中。

第二，从理论上阐述两者之间的内在逻辑关系。万尚庆认为，一

---

① 张麒麦：《新时代法治文化建设的内涵、意义及路径》，《贵阳市委党校学报》2018 年第 6 期。

② 马弋涵：《新时代社会主义法治文化建设研究》，《云南社会主义学院学报》2017 年第 4 期。

③ 姜国峰：《社会主义法治文化建设的理路考思》，《社会科学家》2016 年第10 期。

④ 李琴：《社会主义核心价值观下的法治文化建设路径》，《文化创新比较研究》2018 年第 11 期。

方面，社会主义核心价值观是法治文化的引领和支撑，这种引领包括思想的引领、价值观的引领，支撑表现为为法治文化提供价值支撑和道德支撑等；另一方面，法律的刚性规定有利于推进社会主义核心价值观内化。①吴爱萍认为，社会主义文化本身包括法治文化，这就决定"法治文化建设必然是社会主义核心价值观建设中不可或缺的重要环节"②。

第三，从文化属性分析两者的关系。全家悦从文化与价值观的内在关系谈起，他认为任何文化都有自己的价值观，法治建设能否真正取得成效关键在于全社会是否树立起相应的价值观。因此，社会主义核心价值观能否切实起到引领作用直接关系到社会主义法治文化的建设效果。③吴玉龙、陈金艳认为，社会主义核心价值观与法治文化具有共同的文化属性。并且，两者在价值指向上具有统一性，即都是坚持以人民为中心的价值追求。实际上，社会主义法治与资本主义法治有着本质的区别，社会主义法治废除了生产资料资本主义私有制以及资本家占有剩余价值的剥削制度，社会主义法治建设坚持以人民为中心，维护人民的根本利益。"社会主义核心价值观是社会主义全体人民的根本利益诉求在价值追求和价值选择上的主张和体现"。因此，两者具有一致性。④

---

① 万尚庆：《社会主义核心价值观引领下的中国法治文化建设》，《学习与探索》2016年第6期。

② 吴爱萍：《法治文化建设的内在逻辑及路径——以社会主义核心价值观为视域》，《江西社会科学》2017年第3期。

③ 全家悦：《契合与共生：社会主义核心价值观与法治文化建设的内在逻辑》，《西北工业大学学报（社会科学版）》2016年第2期。

④ 吴玉龙、陈金艳：《论社会主义核心价值观与法治建设的理论契合与实践融入》，《延边党校学报》2018年第1期。

三、关于社会主义核心价值观融入法治文化路径分析

在思考社会主义核心价值观与法治文化建设关系上，学界也对社会主义核心价值观融入法治文化建设路径进行了分析，相关的观点主要有：

第一，从"机制"的角度加以思考。如吴玉龙、陈金艳认为需要完善以下几方面的机制：一是正确的利益引导机制，通过弘扬正能量，形成正确的价值导向；二是科学的转化机制，即"一些符合社会主义核心价值观要求的道德规范和社会政策应及时上升为法律规范"；三是评价机制，通过对法律法规作出综合性的评价，适时完善法律法规。[①]

第二，从"引领"的角度加以思考。万尚庆认为需要做到：一是加强意识形态建设；二是强化道德对法治文化建设的支撑作用。[②]吴爱萍认为"社会主义核心价值观必须作为一条红线贯穿始终"，同时要做好法治文化宣传教育，以及完善相关法治实践，营造良好的社会环境。[③]

第三，从网络文化的角度思考。吕培亮认为网络文化需要自由、平等、公正、法治的正能量来推动，主张通过互联网立法、互联网专项行动、完善互联网管理领导体制等途径加强网络法治文化建设，同

① 吴玉龙、陈金艳：《论社会主义核心价值观与法治建设的理论契合与实践融入》，《延边党校学报》2018年第1期。

② 万尚庆：《社会主义核心价值观引领下的中国法治文化建设》，《学习与探索》2016年第6期。

③ 吴爱萍：《法治文化建设的内在逻辑及路径——以社会主义核心价值观为视域》，《江西社会科学》2017年第3期。

时也要注重社会主义核心价值观引导公民参与法治文化建设。①

第四，从"互动"的角度加以思考。李其瑞、王金霞认为社会主义核心价值观是法治文化的引领，同时核心价值观的培育和践行必须要涵养法治文化。推动社会主义核心价值观与法治文化互动要注重将社会主义核心价值观从"可欲"价值转化成一种"可行"价值，不仅要关注价值观念与制度之间的联系，还要关注价值观念与具体生活实践之间的联系。②孙德超、周媛媛认为需要做到：一是积极促成社会主义核心价值观成文成规；二是将法治理念与弘扬社会主义核心价值观相结合；三是完善社会主义核心价值观宣扬工作机制。③

总的来看，自党的十八大以来，学界关于社会主义核心价值观与法治文化关系的研究已经产生一些研究成果，不过现有的研究也有需要进一步深化的地方，主要表现为：

第一，现有的社会主义核心价值观与法治文化建设互动的关联研究相对薄弱，而且主要是一种宏观的理论解释和政策解读。学界对社会主义核心价值观与传统文化建设、红色文化建设的关联研究较为丰富，而对社会主义核心价值观与法治文化建设关系，如何以社会主义核心价值观为引领推进法治文化建设？如何构建实现社会主义核心价值观融入法治文化实践机制？目前尚无系统的专著、报告和博士学位论文。

第二，单一学科视角和力量的研究较多，多学科视角和力量的融

---

① 吕培亮：《以社会主义核心价值观引领网络法治文化建设》，《民主与法制时报》2018 年 11 月 15 日。

② 李其瑞、王金霞：《社会主义核心价值观融入法治文化建设研究的现状、意义及前景》，《陕西师范大学学报（哲学社会科学版）》2018 年第 4 期。

③ 孙德超、周媛媛：《法治中国建设吸纳社会主义核心价值观的过程机理研究》，《理论探讨》2018 年第 6 期。

合研究有待进一步加强。现有研究主要限于马克思主义理论学科的研究，这当然是最重要的。不过依笔者看来，要进一步拓展和深化这一问题的研究还需要研究相关法学理论，以夯实对这一问题的研究基础。

第三，现有研究过于偏重理论研究，实证研究需要强化。社会主义核心价值观在法治文化建设中的实践程度如何？存在什么价值偏差？具体存在哪些问题？解决对策有哪些？上述问题的研究需要结合现有的研究成果，不过对具体问题的分析也需要进行相关的调查研究，建立在调查研究基础上的深入分析，更有利于提高该研究的针对性和可操作性。

学界的研究成果为本书奠定了非常坚实的基础，就本书的研究来说，主要内容包括以下几个方面。

第一，社会主义核心价值观及其与法治文化建设关系分析。主要分析社会主义核心价值观提出的过程，把社会主义核心价值观贯穿于社会生活方方面面的必要性。分析法治文化的内涵及意义，在此基础上对社会主义核心价值观与法治文化建设的内在关系进行系统阐述。

第二，新时代社会主义核心价值观融入法治文化建设取得的成就。主要分析党的十八大以来，以习近平同志为核心的党中央对推进核心价值观融入法治文化采取的主要举措，包括分析社会主义核心价值观融入法治文化建设的思想认识过程，以及社会主义核心价值观融入物化法治文化、制度法治文化、精神法治文化、行为法治文化取得的主要成就。

第三，新时代社会主义核心价值观融入法治文化面临的问题分析。在分析党的十八大以来取得的成效基础上，分别从物化法治文化、制度法治文化、精神法治文化和行为法治文化 4 个层面加以分析。具体包括：一是在物化法治文化层面，主要分析目前物化法治文化阵地建设需要深化的地方，分析以法院建筑为代表的物化法治文化存在的不足之处；二是在制度法治文化层面，分析社会主义核心价值观融入法律法规、党内法规，以及社会公共政策面临的主要问题；三是在精神法治文化层面，主要分析目前人们的法治观念、法治意识与社会主义核心价值观不相适应的主要表现，道德建设与精神法治文化互动的主要障碍等；四是在行为法治文化层面，主要分析当前立法、执法、司法环节中与社会主义核心价值观不相适应的主要表现。

第四，推动社会主义核心价值观融入物化法治文化路径探析。主要分析如何进一步强化物化法治文化阵地建设，通过深入推进物化法治文化阵地建设，营造浓厚的法治文化氛围，同时分析完善以法院建筑和文化设施为代表的物化法治文化建设应采取的主要举措。

第五，推动社会主义核心价值观融入制度法治文化路径探析。分别从完善法律法规、推动党内法规建设，以及完善公共政策 3 个层面思考推动社会主义核心价值观融入制度法治文化建设应采取的举措。

第六，推动社会主义核心价值观融入精神法治文化路径探析。分别思考以社会主义核心价值观为引领、繁荣法治文化应采取的举措；强化道德对精神法治文化的支撑，以及推进思想道德教育与法治教育有效衔接应采取的主要举措。

第七，推动社会主义核心价值观融入行为法治文化路径探析。主要探讨如何将社会主义核心价值观融入全面依法治国实践的全过程，包括在立法、执法、司法过程中如何践行社会主义核心价值观。

第一章　社会主义核心价值观及其与法治文化建设的关系

　　我国是社会主义国家，法治文化建设必须坚持科学社会主义基本原则，依据自己的国情，走自己的道路，社会主义法治文化作为中国特色社会主义法治建设的重要内容，必须以马克思主义理论为指导，以社会主义核心价值观为价值导向。对此，党的二十大报告明确提出"广泛践行社会主义核心价值观"①的要求，并强调要"深入开展社会主义核心价值观宣传教育，深化爱国主义、集体主义、社会主义教育，着力培养担当民族复兴大任的时代新人"②。社会主义核心价值观是法治文化的灵魂，法治文化建设是培育和践行社会主义核心价值观的重要内容，法治文化建设本身也是培育和践行社会主义核心价值观的重要载体和制度保障，两者是紧密相连、相互促进的。分析社会主义核心价值观与法治文化的辩证关系是思考两者实现互动的基础。

---

　　① 习近平：《高举中国特色社会主义伟大旗帜　为全面建设社会主义现代化国家而团结奋斗——在中国共产党第二十次全国代表大会上的报告》，北京，人民出版社2022年版，第44页。

　　② 习近平：《高举中国特色社会主义伟大旗帜　为全面建设社会主义现代化国家而团结奋斗——在中国共产党第二十次全国代表大会上的报告》，北京，人民出版社2022年版，第44页。

一、社会主义核心价值观概述

作为一种社会意识，价值观集中反映了一定时期社会的经济、政治和文化等状况，代表了人们对生活现实的总体认识、基本理念和理想追求。任何一个社会都必定存在多种价值观念，"核心价值观是一个社会中居统领地位、起支配作用的价值理念，是一种社会制度、社会形态长期普遍遵循、相对稳定的根本价值准则"[①]。树立核心价值观等同于建立一种信仰，它是一切创造力的精神源泉，并对非主导地位的社会价值观念中不利于社会稳定的因素起到抑制作用。

任何一种理论学说都有其产生的历史条件。社会主义核心价值观也不是凭空出现的，其提出也有深刻的社会背景，并经历了一个较长的历史时期。

（一）从社会主义核心价值体系到社会主义核心价值观

"价值观念是人们在追求和实现生命价值过程中，由一定的物质生活方式所形成和制约的、主导自身思维方式和行为方式的基本准则。"[②]党的十一届三中全会后，为了促进生产力的发展，也为了发挥社会主义制度的优越性，以邓小平同志为主要代表的中国共产党人实行了改革开放的伟大战略。在改革开放过程中，对传统的计划经济进行了根本性的变革，逐步确立了社会主义市场经济，同时积极参与经济全球化。进入

---

① 王月红：《社会主义核心价值观与中国软实力》，北京，中国经济出版社 2014 年版，第 10 页。

② 胡海波、于雪丽：《当代境遇下的社会主义核心价值体系研究》，哈尔滨，东北林业大学出版社 2008 年版，第 5 页。

21 世纪，我国思想文化领域也面临一系列新形势新挑战。

第一，提升国家文化软实力和增强国际话语权更加迫切。一个国家的文化软实力，说到底，就是指一个国家或地区文化的影响力、凝聚力和感召力。进入 21 世纪之后，随着经济全球化的深入推进，各个国家之间的竞争日趋激烈，文化在竞争中的地位也越来越重要。我国作为社会主义大国，在构建公平合理的国际秩序、推进国际社会和谐等方面，理应发挥更大的作用。而要做到这一点，就需要在国际社会中坚持自己的核心价值体系，以核心价值体系提升文化软实力，扩大中华文化的影响力。我国实行的是社会主义制度，具有显著的制度优势，社会主义现代化建设取得的巨大成就为扩大中国国际话语权奠定了坚实的基础。但要提升国际话语权，我们还需要确立和提出自己的核心价值体系。

第二，全球范围内各种思想文化交锋更加频繁，意识形态领域面临更加复杂的态势。全球化作为一个整体性的社会变迁过程，涉及众多领域，但其主导因素、主要内容还是经济全球化。经济全球化是资本扩张和推动的结果，经济全球化必然伴随着资本主义意识形态的渗透。从现实来看，改革开放以来，西方资本主义从未放弃对我国意识形态领域的渗透和进行和平演变的企图，把社会主义中国作为其"民主输出"的重点目标，经常对中国政治制度指手画脚，抨击中国的政党制度。在价值观上，他们极力向中国输出所谓的"普世价值"。"普世价值"是资本主义国家"民主输出战略"的一贯做法，其内在要义是将资本主义民主当作"普世价值"，企图让世界上所有国家都走资本主义民主发展道路，认为中国只有接受西方的"普世价值"才有前途。"普世价值"是西方资本主义国家为世界量身定制的一整套符合西方利益的价值坐标和话语体系，带有明显的话语陷阱，它从本质上否定马克思主义理论，企图动摇我们党执政的思想理论基础，否定中国特色社会主义民主道路。"普世价值"的这种"脱色处理"具有很大的迷惑性，因而在现实中产生很大的影响。国内有些人打着"解放思想"的旗号，鼓吹"普世价值"，指责和攻击现行制度，甚至把中国改革开放以来的成就看作践行"普世价值"的结果。

第三，人们的思想观念更趋多样。社会主义市场经济的发展，使我国计划经济时期利益主体单一化的局面被彻底打破，实现了利益主体由一元到多元的转变，与社会主义利益主体多样化转变相适应，人们的思想价值观念也发生了很大的变化。市场经济使人们的自主意识不断增强的同时，利益观念也在发生变化，追求自身利益、获得利益最大化成为许多人的行为追求。人们思想价值观念的变化在促进经济社会发展、增强社会活力、推动国家深化改革的同时，在思想文化领域也带来了一系列的负面影响。总的来说，主要表现为：一是价值功利化。尤其一些人个人主义、功利主义、享乐主义思想严重，有些人奉行"人不为己，天诛地灭"的人生信条，为了金钱，甚至铤而走险，触犯刑律。二是道德建设面临诸多问题。如出现诚信缺失，社会公德缺失，行为自私、冷漠等一系列问题。三是理想信念缺失，价值观迷茫。表现为轻视理想、信念、责任和义务，注重名利、地位、报酬和权力。那么在社会主义市场经济发展的过程中，如何引导人们树立正确的世界观、人生观和价值观？如何进一步推进社会主义道德建设？这也是新时代新征程上我们需要回答和解决的问题。

第四，各种社会思潮激荡交锋。社会思潮是社会意识形态领域的一个重要现象。在我国，各种社会思潮自20世纪90年代前后就有所发展。进入21世纪，随着经济全球化的深入推进和我国发展中出现的贫富差距、环境污染等问题，各种社会思潮层出不穷。在这些社会思潮中，既有进步和中立的社会思潮，也有不少错误的社会思潮，如新自由主义思潮、历史虚无主义思潮、文化复古主义思潮，以及上述提及的"普世价值"论思潮等。并且，在信息化深入发展的大背景下，马克思主义主流意识形态与各种社会思潮的相互影响、交锋进一步向网上阵地转移，意识形态领域的斗争已成为常态。在各种社会思潮相互影响、交锋的同时，必然会对主流意识形态带来很大的冲击，一些人怀疑马克思主义的指导地位，淡化中国特色社会主义的共同理想信念，否定公有制的主体地位，否定党的历史，抹黑历史英雄人物，等等，还有的人不看国家经济社会发展取得的成就和社会主义制度优势，专挑国家经济社会发展中存在的某些问题，肆意攻击、否定社会主义制度，否定党的领导。

针对进入 21 世纪思想文化领域出现的问题，党的十六大之后，以胡锦涛同志为主要代表的中国共产党人进行了积极的思考和探索。2004 年 2 月，中共中央、国务院发布了《关于进一步加强和改进未成年人思想道德建设的若干意见》（以下简称《意见》）。《意见》对加强和改进未成年人思想道德建设的指导思想、基本原则和主要任务作了明确的规定，并对推进中小学思想道德教育等作了部署。之后，2006年 3 月，胡锦涛明确提出了社会主义荣辱观，并明确要求："在我们的社会主义社会里，是非、善恶、美丑的界限绝对不能混淆，坚持什么、反对什么，倡导什么、抵制什么，都必须旗帜鲜明。"①

在此背景下，为进一步凝聚全社会的价值共识，引导人们树立正确的思想观念，摒弃落后、腐朽、庸俗的价值观，坚定社会主义价值信念，2006 年，党的十六届六中全会明确提出了"社会主义核心价值

---

① 《胡锦涛文选》第 2 卷，北京，人民出版社 2016 年版，第 430 页。

体系"的命题，其内容包括："马克思主义指导思想，中国特色社会主义共同理想，以爱国主义为核心的民族精神和以改革创新为核心的时代精神，社会主义荣辱观。"①社会主义核心价值体系4个方面是一个紧密联系的整体，它立足中国的现实国情，既以马克思主义为指导思想，又继承了中华优秀传统文化，指明了中国特色社会主义的价值追求，是中国共产党重要的理论创新成果。

在此基础上，党的十七大对社会主义核心价值体系的历史地位作了更全面的阐述。一是报告明确指出："社会主义核心价值体系是社会主义意识形态的本质体现。"②核心价值体系内在地规定着意识形态的性质，深刻回答了一个政党、一个国家的价值追求，是对自身的理想信念、发展目标的集中表达，这一表述深刻指明了核心价值体系与意识形态的关系。二是从繁荣发展社会主义先进文化高度阐明社会主义核心价值体系的深刻意义。发展中国特色社会主义先进文化必须坚持正确的方向，而要坚持正确的方向就需要以社会主义核心价值体系为引领。三是明确提出以社会主义核心价值体系引领各种社会思潮的任务。这一任务的实现既有利于巩固主流意识形态，也是发展社会主义先进文化的必然要求。党的十七大报告不仅明确了这一任务，还对如何实现这一任务作了总的要求，即："既尊重差异、包容多样，又有力抵制各种错误和腐朽思想的影响。"③党的十七大之后，胡锦涛多次强

---

① 《十一届三中全会以来历次党代会、中央全会报告　公报　决议　决定》（下），北京，中国方正出版社2008年版，第893页。

② 《十七大以来重要文献选编》（上），北京，中央文献出版社2009年版，第26页。

③ 《十七大以来重要文献选编》（上），北京，中央文献出版社2009年版，第27页。

调社会主义核心价值体系建设的重要性。2010 年，他在全国教育工作会议上的讲话中强调，要"加强理想信念教育和道德教育，把社会主义核心价值体系融入国民教育全过程"①。

党的十七届六中全会之后，为了凝聚社会共识，便于社会主义核心价值体系走向大众，被人民群众理解和接受，党和学界都对如何提炼社会主义核心价值观进行了深入的思考。在此基础上，党的十八大报告明确了社会主义核心价值观的内容。具体包括：国家层面的富强、民主、文明、和谐；社会层面的自由、平等、公正、法治，以及个人层面的爱国、敬业、诚信、友善。社会主义核心价值观与核心价值体系是密切联系的。两者的关系主要表现为：

第一，两者在性质、方向以及政治立场上都是一致的。两者都是马克思主义中国化时代化的理论成果，体现了社会主义意识形态的本质要求，具有鲜明的社会主义属性，也都坚持中国共产党以人民为中心的政治立场。

第二，两者的侧重点不一样。一是从理论涵盖的内容来说，社会主义核心价值体系是从"体系"角度对社会主义的价值表达，是一种系统的总体框架。"社会主义核心价值观是核心价值体系的价值内核"②。社会主义核心价值体系是核心价值观形成的基础，社会主义核心价值观是对核心价值体系的进一步凝练和集中表达，是"核心之核心"，引领着核心价值体系的建构，决定核心价值体系的根本性质、基本方向。二是从话语体系来说，社会主义核心价值观更加通俗易懂、言简意赅，更容易被广大人民群众所理解和接受。三是从地位和作用

---

① 《胡锦涛文选》第 3 卷，北京，人民出版社 2016 年版，第 420 页。

② 郭纳：《中国特色社会主义核心价值观与核心价值体系的内在关系》，《哈尔滨师范大学社会科学学报》2017 年第 2 期。

来看，社会主义核心价值观从更深层次揭示社会主义的价值追求，其内容更加具体，价值导向更加明确。

从提出社会主义核心价值体系到提出社会主义核心价值观，反映了中国共产党人对社会主义价值及其本质认识的进一步深化。社会主义核心价值观提出的意义是多方面的。尤其是当前我国正处于实现中华民族伟大复兴的关键时期。中华民族伟大复兴必然要求实现文化复兴，增强文化自信。作为中国特色社会主义文化的灵魂，社会主义核心价值观对于增强文化自信，凝聚中国精神力量，掌握社会主义意识形态话语权，为中华民族伟大复兴提供精神动力等都具有极为深远的意义。

（二）社会主义核心价值观的特征

1.具有鲜明的社会主义属性。价值观属于意识形态，是客观现实在人们头脑中形成的思想文化观念。价值观之所以重要，是因为它是指导人们进行价值活动的世界观、方法论和一般思想原则。核心价值观是一定社会形态、社会性质的集中体现。资本主义价值观是资本主义意识形态的体现，是与资本主义生产关系相适应的。正如恩格斯所指出的，"每个社会集团都有它自己的荣辱观"[①]。由于资本主义实行生产资料私有制，工人成为资产阶级获取利润的工具，利己主义、享乐主义、金钱万能等是资本主义社会中普遍的思想观念。对此，1848年，马克思在《关于自由贸易问题的演说》中就明确指出："工人存在的价值只不过在于他是一种单纯的生产力而已；资本家就是这样来对待工人的。"[②]在《共产党宣言》中，马克思恩格斯也指出，资本主义社会

---

① 《马克思恩格斯全集》第39卷，北京，人民出版社1974年版，第251页。
② 《马克思恩格斯选集》第1卷，北京，人民出版社2012年版，第372页。

"无情地斩断了把人们束缚于天然尊长的形形色色的封建羁绊，它使人和人之间除了赤裸裸的利害关系，除了冷酷无情的'现金交易'，就再也没有任何别的联系了"①。不仅如此，这种金钱关系也被运用到家庭生活之中。"资产阶级撕下了罩在家庭关系上的温情脉脉的面纱，把这种关系变成了纯粹的金钱关系。"②在价值标准上，金钱成为衡量人的价值标准。对此，恩格斯在《英国工人阶级状况》一文中就指出资本主义社会中人们价值观面临的问题，他说，"金钱确定人的价值：这个人值一万英镑（he is worth ten thousand pounds），就是说，他拥有这样一笔钱。谁有钱，谁就'值得尊敬'"③。

社会主义核心价值观建立在社会主义生产关系之上，决定它必然具备鲜明的社会主义属性，具体来说，主要表现为：一是以马克思主义科学理论为指导。马克思主义之所以是科学的，是因为它正确揭示了人类社会发展的基本规律，是无产阶级和人民群众实现自身解放的理论武器。正如恩格斯所说的："我们党有个很大的优点。就是有一个新的科学的世界观作为理论基础。"④习近平总书记在纪念马克思诞辰200周年大会上的讲话中指出："马克思主义是科学的理论……为人民指明了实现自由和解放的道路。"⑤二是在具体的内容上也鲜明体现了社会主义特征，如国家层面的"和谐"、社会层面的"公正"，以及个人层面的"友善"，等等。此外，社会主义核心价值观中强调的"民

① 《马克思恩格斯选集》第1卷，北京，人民出版社2012年版，第403页。
② 《马克思恩格斯选集》第1卷，北京，人民出版社2012年版，第403页。
③ 《马克思恩格斯全集》第2卷，北京，人民出版社1957年版，第588页。
④ 《马克思恩格斯文集》第2卷，北京，人民出版社2009年版，第599页。
⑤ 习近平：《在纪念马克思诞辰200周年大会上的讲话》，北京，人民出版社2018年版，第7—8页。

主""自由""平等""法治"等内容，都是建立在生产资料社会主义公有制基础之上，具有鲜明的制度属性，并与中国特色社会主义结合在一起的。它与资本主义社会中"自由""平等""法治"的内涵有着根本的不同。

2. 坚持以人民为中心的根本立场。政治立场是指一个政党及其成员在观察和处理政治问题时的基本出发点，它集中地反映着一个政党所代表的阶级利益。从本质来看，政治立场就是阶级立场。因为一定的政治立场是通过政治观点、政治态度、政治意识、政治思想表现出来的。政治立场运用于实践，就形成观察、分析问题的立场和方法。"政党价值观对政党发展和政治文明建设具有极强的导向、规范作用和价值关怀意义。"[①] 价值观既体现着一定社会关系的本质，也体现着政党的政治立场。资本主义价值观反映了资本主义生产关系，同时也体现了资产阶级政党的政治立场。社会主义核心价值观体现了中国共产党的性质、宗旨。中国共产党是按照马克思主义建党原则建立起来的政党，党从成立一开始就明确了自己的政治方向，即实现共产主义的远大理想，并确立了为人民谋利益的奋斗目标，维护人民利益是党一切工作的出发点和落脚点。党的十八大以来，习近平总书记多次强调坚持以人民为中心的根本立场的重要性。2013 年 6 月 18 日，在党的群众路线教育实践活动工作会议上的讲话中，习近平总书记指出："我们党来自人民、植根人民、服务人民，党的根基在人民、血脉在人民、力量在人民。"[②] 党的政治立场决定了社会主义核心价值观必须坚持以人民为中

---

① 蔡志强：《政党发展与中国共产党价值观建构》，《中共中央党校学报》2012 年第 4 期。

② 《十八大以来重要文献选编》（上），北京，中央文献出版社 2014 年版，第 309 页。

心的立场。实际上，社会主义核心价值观 3 个层面的内容也都体现了以人民为中心的导向，是维护人民利益的生动体现。比如，国家层面上的"富强、民主、文明、和谐"实际上是推动社会主义经济、政治、文化、社会、生态文明的进步，保护和维护人民群众的切身利益。

3. 民族性。民族是人们在一定的历史发展阶段上形成的具有共同地域、共同经济生活、共同语言以及表现出共同心理素质的稳定的共同体。一个国家的核心价值观要得到本国人民的认同，除基于其本身的科学性之外，还必须立足于本民族的优秀传统文化。中华民族具有爱好和平、勤劳勇敢、自强不息的光荣传统，中华优秀传统文化中也有修身齐家、兴亡有责的家国情怀，厚德载物、明德弘道的精神追求，讲信修睦、亲仁善邻的交往之道，"恪守诚信"的行为准则，追求人与人的和谐相处，以及塑造理想人格的优良传统。如孔子就主张"和而不同"，提出"礼之用，和为贵"。在社会建设问题上，孔子也提出，"不患寡而患不均，不患贫而患不安"；在诚信问题上，主张"人而无信，不知其可也"，即强调人与人交往中，要做到诚实、忠诚、不欺骗、讲求信用、坚守信义；等等。上述优秀传统文化都是社会主义核心价值观的文化渊源。

4. 开放性。社会主义核心价值观不仅传承了中华民族优秀的文化基因，同时也积极吸纳了现代西方的有益文明成果。人类文明发展的一个重要规律就是它的继承性、不可逆转性和各民族文明的互补性、互融性。人类之所以有自己的文明史，现代人之所以有文明的现代水平，我们之所以能创造新的更高的文明成果就在于文明新形态总是在继承发展旧形态基础上不断向前推进的。反之，任何一个国家、民族，任何一种文明形态，如果拒绝借鉴先进文明成果，那它就不可避免地陷入自我封闭之中。对此，毛泽东早在 1942 年《在延安文艺座谈会上的讲话》中就指出："我们决不可拒绝继承和借鉴古人和外国人，哪怕是封建阶级和资产阶级的东西。"① 如上所述，尽管社会主义核心价值观中"民主""自由""平等""法治"等内容，与资本主义所宣称的"民主""自由""平等""法治"等有着本质的不同，但是并不是说我们完全否定资本主义所创造的现代文明成果。反之，我们需要积极借鉴西方发展的文明成果。比如，我们在发展物质文明的过程中，就需要借鉴西方资本主义国家发展市场经济的一些好的做法，更好发挥市场在资源配置中的决定性作用；在发展社会主义民主过程中也需要借鉴西方资本主义国家在保证人民民主权利、强化权力监督等方面的有益经验。在社会主义法治国家建设中也需要借鉴资本主义国家主张的法律面前人人平等的现代法治理念，以及立法、执法和司法中一些好的做法。正如习近平总书记所指出的，"社会主义核心价值观……继承了中华优秀传统文化，也吸收了世界文明有益成果"②。此外，社会主义核心价值观的开放性还表现为其理论内容的开放性。"社会主义核心价值观尽管具有社会主义本质属性的相对稳定性，但也有中国特色社会主义伟大实践进程中不断创新和与时俱进的特点。"③

（三）新时代培育和践行社会主义核心价值观的现实意义

纵观历史，任何一个国家和民族，都有其社会成员普遍认同的价值观，而其中的主体和灵魂就是核心价值观。社会主义核心价值观是社会主义意识形态的本质体现。培育和践行社会主义核心价值观有利

---

① 《毛泽东选集》第 3 卷，北京，人民出版社 1991 年版，第 860 页。

② 《习近平谈治国理政》第 1 卷，北京，外文出版社 2018 年版，第 169 页。

③ 徐贵耀：《论社会主义核心价值观的内在性与开放性统一》，《盐城工学院学报（社会科学版）》2015 年第 3 期。

于为中国特色社会主义文化提供价值指引，凝聚中国精神力量，促进社会主义道德建设。

1. 引领社会主义文化发展，坚定文化自信。文化自信是一个民族、一个国家、一个政党对自身所拥有的文化价值的充分自觉与肯定，是对其文化旺盛生命力所保持的坚定信心和发展希望。一个民族、一个国家、一个政党，只有在对其文化抱有强烈信心和高度认同的前提下，才能获得坚定的意志，才能鼓起奋发进取的勇气，才能克服前进路上的艰难险阻，激发出发展创新的无限活力。我国迈上全面建设社会主义现代化国家新征程，距离实现中华民族伟大复兴的中国梦越来越近，在这样的关键时期提出并强调文化自信具有重要意义。

核心价值观作为主导性的文化价值取向，是文化发展的灵魂和内核，是文化得以传承并被人民群众认同的决定性因素。正如马克思所指出的："任何真正的哲学都是自己时代的精神上的精华……哲学正变成文化的活的灵魂。"① 哲学所追求的是人的价值理想中的真、善、美，它既依存于文化，从本质上也规定了一个民族的社会文化的基本特征。它以其世界观、人生观，尤其以其思维方式和价值观念成为各种文化形式的精华和发展方向的导航仪，强调"哲学正变成文化的活的灵魂"就是强调文化所秉持的"价值观"对文化发展的决定性意义。习近平总书记明确指出，"核心价值观是文化软实力的灵魂"②。他还指出："对一个民族、一个国家来说，最持久、最深层的力量是全社会共同认可的核心价值观。"③ 从文化自信的角度来看，文化自信说到底是价值认同自信。培育和践行社会主义核心价值观对于提振民族精神，对于我们坚定中国特

---

① 《马克思恩格斯全集》第 1 卷，北京，人民出版社 1995 年版，第 220 页。
② 《习近平谈治国理政》第 1 卷，北京，外文出版社 2018 年版，第 163 页。
③ 《习近平谈治国理政》第 1 卷，北京，外文出版社 2018 年版，第 168 页。

色社会主义文化自信，增强文化软实力无疑具有重要的意义。

2. 凝聚精神力量，坚定理想信念。我们应该看到，当前，我国经济体制深刻变革，社会结构深刻变动，利益格局深刻调整，思想观念深刻变化，人们思想活动的独立性、选择性、多变性、差异性明显增强，全社会强烈地需要凝聚和形成价值共识。人们思想观念的多样性、多变性增强，各种社会思潮都会对人们的思想产生影响，尤其是通过网络传播的形式深刻影响着人们的思想观念。在这种背景下，如果不注重思想引领，不注重凝聚社会共识，中华民族的精神纽带必然难以维系，甚至会影响国家团结稳定，也必然会影响改革开放的大局。同时，培育和践行社会主义核心价值观，也是回应全球思想文化交流交融交锋新特点的时代需要。此外，还需要看到，随着改革开放的深化，外来文化大量涌入，既给我们吸收借鉴世界文明成果带来机遇，也给我们的民族文化带来挑战。在这样的情况下，能不能把握先进文化前进方向，促进主流文化发展壮大，维护我国文化安全和"文化主权"，是亟须正视和回应的时代课题。社会主义核心价值观通过3个层面内容的规定，鲜明回答了新时代中国特色社会主义发展的价值诉求，发展的方向，以及要实现什么样的发展目标等一系列问题，也反映了中国举什么旗、走什么路的问题，它对于新时代凝聚中国精神力量，抵制各种错误思潮，坚定中国特色社会主义理想信念，以及维护国家安全都具有重要意义。对此，党的二十大报告明确强调，"社会主义核心价值观是凝聚人心、汇聚民力的强大力量"[1]。

3. 引领道德建设，营造良好社会风尚。道德建设关系到社会主义

---

[1] 习近平：《高举中国特色社会主义伟大旗帜　为全面建设社会主义现代化国家而团结奋斗——在中国共产党第二十次全国代表大会上的报告》，北京，人民出版社2022年版，第44页。

精神文明建设成效和良好道德风尚的形成，其重要意义是毋庸置疑的。习近平总书记指出："一个民族的文明素养很大程度上体现在青年一代的道德水准和精神风貌上。"①社会主义核心价值观本身内含着道德要求，它明确将公民的道德规范概括为"爱国、敬业、诚信、友善"，鲜明提供了关于是非、美丑等价值标准，体现"大德"与"小德"的统一。其中，"爱国""敬业"是"明大德"的要求，"诚信""友善"是"严私德"的要求。社会主义核心价值观回答了新时代社会主义道德建设的基本要求，对于引领新时代中国特色社会主义道德建设无疑具有重要的意义。

一个社会的道德建设状况、人们的文明素养决定着社会风尚的状况；反之，一定的社会风尚又会深刻影响人们的价值观念和行为方式。良好的社会风尚彰显着一个社会的文明程度，影响着一个社会的精神塑造，蕴含着一个社会健康向上的力量。当然，良好社会风尚的形成是一个长期的过程。党的十八大以来，尽管我们在营造良好社会风尚方面作出了一系列的努力，但也应该看到，精神文明建设领域依然存在一些问题，这些都要求我们在新征程上，进一步加大精神文明建设力度，弘扬良好的社会风尚，创造人人为我、我为人人的社会氛围。而这一切离不开社会主义核心价值观的引领。

总之，社会主义核心价值观承载着凝聚精神力量、坚定人民理想信念，以及推动道德建设的重要功能，是新时代中国特色社会主义的"铸魂工程"。社会主义核心价值观上述功能要求我们必须将之贯穿于全面建设社会主义现代化国家全过程，内化为人民的精神追求，外化

---

① 习近平：《在同各界优秀青年代表座谈时的讲话》，《人民日报》2013 年 5 月 5 日。

为人民的自觉行动，推动中华民族伟大复兴。对此，习近平总书记强调，要"使核心价值观的影响像空气一样无所不在、无时不有"①。

二、法治文化的内涵及现实意义

（一）法治文化的内涵

文化是人类社会特有的现象，在历史上，对人类社会的发展具有极大的作用和影响。古人所谓，"观乎天文，以察时变。观乎人文，以化成天下"，"人文化成"不仅简要地注解了文化的基本含义，同时也清晰地描述了文化的主要功能。马克思认为，文化是人们社会实践的产物，正如马克思所指出的："思想、观念、意识的生产最初是直接与人们的物质活动，与人们的物质交往，与现实生活的语言交织在一起的……表现在某一民族的政治、法律、道德、宗教、形而上学等的语言中的精神生产也是这样。"②那么到底什么是文化？古今中外，不同学者有不同的回答。一般认为，文化有广义和狭义之分，广义的文化是指人类创造的物质和精神财富的总和；从狭义上来说，是指社会的意识形态以及与之相适应的制度和组织结构。③从广义角度理解文化，文化包括物质文化、精神文化、制度文化和行为文化等。具体来说，有以下几个方面。

第一，物质文化。物质文化是人类创造的以各种物质形态为存在样式的文化形态，又称为器物文化。物质文化在整个人类文化体系中

① 《习近平谈治国理政》第 1 卷，北京，外文出版社 2018 年版，第 165 页。
② 《马克思恩格斯选集》第 1 卷，北京，人民出版社 2012 年版，第 151—152 页。
③ 向秋华主编：《现代企业管理》，长沙，中南大学出版社 2013 年版，第 288 页。

处于基础地位，它处于文化表层，可视听、可触及。

第二，精神文化。精神文化是人类创造的精神产品，包括宗教、信仰、风俗习惯、道德情操、学术思想、文学艺术等。精神文化是物质文化的核心载体，是物质文化基础上衍生出的独具特征的人类共有的意识形态和文化观念集合，是人类新的精神观、价值观、道德观生成和延续的主要途径和来源。如果说文化是人类及其社会系统的灵魂，那么精神文化就是文化系统的灵魂。这主要是因为精神文化是人的整个活动的支点和中枢，是"发动机"，是"方向盘"。

第三，制度文化。"制度文化是人类为了自身生存、社会发展的需要而创制出来的有组织的规范体系"①，也是人类在社会生活中创造的以制度形式存在的文化形态。制度文化强调制度的规则层面和文化层面的内在一致性和统一性，既强调制度的规范、规则和秩序，又强调制度的文化精神、价值观和思想意识。在规则层面上，它直接规范着人们的行为；在文化层面上，它通过价值观影响人们对事物的判断，实际上也影响着人们的行为。

第四，行为文化。行为是受思想观念内在支配的外在活动表现。行为文化是人们在日常生产生活中表现出来的特定行为方式和行为结果的积淀，人们不同的外化行为本身就代表或表征着不同的行为文化，体现着人们的价值观念和价值取向。

在不同领域会形成不同领域的文化。文化在政治、法律等领域，便形成了政治文化、法律文化等概念。从世界范围来看，法律文化这一概念出现于 20 世纪 60 年代。在我国，直到 20 世纪 80 年代中后期，

---

① 张佑林、陈朝霞：《文化变革与西部经济发展》，杭州，浙江大学出版社 2012 年版，第 81 页。

法律文化才得到学者们的持续关注。20 世纪 90 年代，随着依法治国的提出，学界对法治文化的关注越来越多。

法律与法治是既相互联系又有明显区别的两个概念。法律是一种社会规范，它是以制度形式出现的，是维护国家稳定和阶级统治的重要手段。法治是法律的统治，它是一种贯彻法律至上、严格依法办事原则的治国方式。法律是法治的主要形式和手段，法治是法律的目的。法治文化与法律文化虽然只有一字之差，但两者的内涵却有着很大的差别。法律文化强调的是法律的工具性功能，而法治文化强调的是法的统治，落脚点在良法善治。从内容上看，两者也有很大差别。法律法规是由国家制定的，实施前需要在社会公布，让人们熟知法律知识，使人们的行为有预见性。这就决定了法律文化属于显性文化。法治文化是显性文化与隐性文化、有形与无形的统一。

那么法治文化的内涵是什么呢？如上所述，目前学界在这方面的认识还存在一定的分歧。有的学者从广义上理解法治文化，认为法治文化不仅包括法治精神、法治理念，还包括法律制度、法律机构，以及人们的行为方式等。有的学者从狭义上理解法治文化，认为法治文化主要指的是一个国家或地区在建立法治社会的过程中呈现出来的一种文化状态和精神风貌，其核心是法治意识、法治理念、法治价值取向和法治思维模式的确立。上述理解对于我们认识法治文化的内涵具有重要的意义。

法治文化建设是一项系统工程，推进法治文化建设需要综合考虑各种因素，因此新时代思考法治文化建设内容，不能仅仅从精神文化单一角度来考虑，需要从更广的视角思考法治文化的内容。

依据广义文化分为物质文化、精神文化、制度文化和行为文化的分类方法，法治文化也可以分为物化法治文化、制度法治文化、精神法治文化和行为法治文化，其具体内涵主要包括：

第一，物化法治文化。物化法治文化主要是将"物质财富"纳入法治文化范畴，包括法律设施、法院建筑、法律机构、法官服装、律师服装，等等。

第二，制度法治文化。主要体现为相关的法律法规。法律法规是法治文化的制度载体，是人们感受法治力量与权威，从内心上敬畏法治最直接的外在表现形式。从法治国家建设来说，法律法规是任何一个法治国家最基本的构成要件。因为，没有完善的法律制度，法治国家建设就无从谈起，法治文化建设也失去最基本的前提。"文化的制度化，并不是文化自由性的丧失，而是对文化自发性的制约与规导。"[①]

第三，精神法治文化。主要体现为法治理念、法治精神、价值取向和思维模式，以及相关的法治文艺作品，等等。法治精神是法治的灵魂，缺乏法治精神，法治国家便失去内在的动力支撑。通过精神法治文化建设，可以增强人们的法治自觉，将法治文化建设的必要性，和对法律权威的尊崇等内化于心、外化于行。从这个意义上说，精神法治文化是法治文化构成要素中最核心的要素，在法治文化建设中具有先导性、全局性的特点。

第四，行为法治文化。行为法治文化是法治文化的实践表现。它包括国家机关和公民的行为模式。国家机关的法治行为包括立法、执法和司法的实践情况，公民是否自觉守法，自觉运用法律维护自身的权益等。

---

① 李芳、戴圣鹏等：《社会主义核心价值观与法治文化建设关系研究》，《西安政治学院学报》2016年第1期。

（二）中国特色社会主义法治文化建设

中国特色社会主义法治文化作为社会主义先进文化的重要组成部分，是与中国特色社会主义制度相统一的，具有人民性、开放性、历史传承性、实践性等特征。中国特色社会主义法治文化是新时代全面依法治国方略的重要支撑和内在动力，关系到全面依法治国的贯彻落实，对于提高社会治理法治化水平也具有重要的意义。

1. 法治文化建设是全面依法治国的重要支撑和内在动力。现代国家之所以实行法治，其重要原因就在于它对于保证权力有序运行、调节社会关系等具有极大的优越性，同时，它是人类政治文明现代化的重要标志。从文化与现代国家法治的关系来说，文化是一种推动力、一种规范力，通过法治文化建设可以将现代法治思想、法治精神在社会大众中普及，促进人们自觉地尊法、守法，为法治国家建设构筑一种"场效应"。中国特色社会主义法治文化作为社会主义先进文化的重要组成部分，通过法治文化建设，可以在全社会营造崇尚法治的社会氛围，使人们更深层次地认识到法治中国建设的重要性，抛弃法律工具主义的错误认知，以此夯实全面依法治国的思想基础，为全面依法治国的深入推进提供重要支撑和内在动力。

2. 法治文化建设有利于保证法律法规的贯彻落实。法治是法律和文化的有机统一，全面依法治国不能只靠刚性的法律条文，还必须将法律法规建设与人们的思想观念、价值取向、社会形态等结合起来。因为法治的主体是人，人的行为又是由特定的思想文化支配的，没有法治文化的引领，没有公民法治素养的提高，没有法治精神的弘扬，再完善的法律法规也可能在实际运作中变形走样。只有使法治信仰、法治观念在全社会牢固树立起来，法律的权威才能得到切实地维护，法律也才能真正发挥作用。我们也应该看到，我国有 2000 多年封建历史，当前我国法治文化建设还存在与全面推进依法治国不相适应的地方，如一些国家机关工作人员特别是少数领导干部依法办事观念不强，权力本位意识浓厚；一些社会成员已形成办事找关系的思维习惯；等等。因此，在新时代全面推进依法治国的征程中，要求我们在完善中国特色社会主义法律体系的同时，大力推进社会主义法治文化建设，培育全体社会成员的法治信仰、法治意识、法治理念、法治思维，促使党员干部自觉做到依法行政，执法人员依法用权，使全体社会成员自觉养成依法办事的行为习惯，从而保证法律法规的贯彻落实。

3. 法治文化建设是实现社会治理法治化的内在要求。法律就是为解决人们之间的矛盾而产生的。中国特色社会主义进入新时代，人民对美好生活的追求日益丰富，社会利益格局发生深刻调整，社会治理任务更加艰巨。法治文化就是强调法律法规在处理社会关系中的优先地位，要求社会大众按照法律法规的规定对自己的行为作出预期和判断，以法律协调人们之间的关系。因此，加强法治文化建设对于化解社会矛盾，维护社会稳定与和谐，推动法治思维方式社会化，进而提高社会治理法治化建设水平都具有重要的意义。对此，党的十九届四中全会也明确要求："完善弘扬社会主义核心价值观的法律政策体系，把社会主义核心价值观要求融入法治建设和社会治理。"另外，任何制度设计都无法面面俱到，尤其是在现代信息社会中，新情况、新问题不断涌现，法律的滞后性有时是非常明显的，当出现法律空白时，法治文化所蕴含的文化判断力就会在一定程度上弥补法规制度供给的不足，其所负载的内在精神、基本理念，可以为个体行为和社会生活提供指导，促进解决社会矛盾冲突，保障经济社会发展平稳有序推进。

"法律制度的不完善可以由'法的精神'来弥补。"①

总之，法治文化是法治社会的"标杆"，新时代全面推进依法治国、法治中国建设必须始终注重法治文化建设。通过法治文化建设，在全社会营造崇尚法治的社会氛围，为法治中国提供精神支柱和内在动力，维护法律权威，推进社会治理法治化。党的十八大以来，以习近平同志为核心的党中央在推进全面依法治国的过程中也多次强调法治文化建设的重要性。习近平总书记强调，要"加大全民普法力度，建设社会主义法治文化，树立宪法法律至上、法律面前人人平等的法治理念。"②

三、社会主义核心价值观与法治文化建设的辩证关系

社会主义核心价值观凝结着全党和全国人民的共同价值追求，是凝聚人心、汇聚民力的强大力量。中国特色社会主义法治文化是法治中国的"标杆"，社会主义核心价值观与法治文化建设两者紧密相连、相互促进。

（一）社会主义核心价值观：法治文化建设的价值导向和助推器

社会主义核心价值观不仅是中国特色社会主义法治文化的价值导

---

① 魏建国:《法治文化：特质、功能及培育机理分析》,《社会科学战线》2012年第6期。
② 习近平:《决胜全面建成小康社会　夺取新时代中国特色社会主义伟大胜利——在中国共产党第十九次全国代表大会上的报告》,北京,人民出版社2017年版,第39页。

向，使其始终保持旺盛生命力，并被人民群众所认同。同时由于法治本身是社会主义核心价值观的重要内容，培育和践行社会主义核心价值观本身就有利于推进法治文化建设。反过来，法治文化建设又可以为培育和践行社会主义核心价值观提供制度保障和载体。

1.社会主义核心价值观是法治文化建设的价值引领。"看一种社会组织结构是否为法治，不能只看法律的表现形式，更重要的是看法律追求的社会价值目标。"① 任何类型、性质的法治文化都有自己的价值取向和价值追求。资本主义法治文化固然也强调保护公民个人权利，注重权力制衡，维护法律权威等，但资本主义生产资料私有制决定了资本主义法治文化是资产阶级意识形态的反映，在本质上是资产阶级统治的工具。对此，恩格斯在《英国工人阶级状况》中指出，"工人不仅在身体和智力方面，而且在道德方面，也遭到统治阶级的摒弃和忽视。资产阶级为工人考虑的唯一的东西就是法律，当工人向资产阶级步步进逼的时候，资产阶级就用法律来钳制他们"② 。"对资产者来说，法律当然是神圣的，因为法律是资产者本身的创造物，是经过他的同意并且是为了保护他和他的利益而颁布的。"③ 因此，资本主义社会"整个立法首先就是为了保护有产者反对无产者，这是显而易见的"④ 。"对无产者来说，法律的保护作用是不存在的"⑤ 。资本主义法治所强调的平等原则是建立在私有制基础上的法律平等，它与社会主义社会所

---

① 刘同君、夏民：《伦理文化与法治文化同构：新世纪大学生素质教育的文化基础》，南京，东南大学出版社2001年版，第201页。
② 《马克思恩格斯文集》第1卷，北京，人民出版社2009年版，第428页。
③ 《马克思恩格斯文集》第1卷，北京，人民出版社2009年版，第462页。
④ 《马克思恩格斯文集》第1卷，北京，人民出版社2009年版，第481页。
⑤ 《马克思恩格斯文集》第1卷，北京，人民出版社2009年版，第482页。

要追求的实质平等是有着根本区别的。社会主义制度是真正保障人民当家作主的制度，它实行以生产资料社会主义公有制为主体的所有制，在发展目标上，强调人们共享发展成果；在社会建设上，追求社会公平正义。社会主义法治文化建设必然要反映社会主义的制度要求，体现社会主义价值追求。

社会主义核心价值观，与中国特色社会主义发展要求相契合，与中华优秀传统文化和人类文明优秀成果相承接，是我们党凝聚全党全社会价值共识作出的重要论断，也是中国特色社会主义法治建设的根本价值遵循。

以社会主义核心价值观为引领，意味着社会主义法治文化在价值导向上必然坚持以人民为中心的立场，致力于维护大多数人民群众的根本利益，增进人民的自由、尊严和幸福，维护人民当家作主地位和各项合法权益。在法治文化发展道路上，走中国特色的法治文化建设之路，如坚持党的领导，重视发挥道德的教化作用，以道德滋养法治精神，注重推动人民群众参与法治文化建设，等等。以社会主义核心价值观为引领，是中国特色社会主义法治文化建设取得人民群众认同的基本保证，为凝聚社会普遍法治共识、形成和坚定公民法治信仰奠定了坚实的价值基础。

2. 培育和践行社会主义核心价值观是法治文化建设的助推器。第一，法治是社会主义核心价值观本身的内容，培育和践行社会主义核心价值观有利于增强人们的法治观念和法治意识。法治与社会主义的内在要求是一致的，社会主义制度的确立为更好实施法治创造根本的制度前提。在我国，由于受封建文化影响较为深厚，加之社会主义制度建立之初，我们对社会主义建设规律缺乏了解，因此，法治国家建设一度没有受到很好地重视。尤其在"文化大革命"期间，受"左"

倾思想的影响，法律名存实亡，法治化国家建设遭到了严重的破坏。改革开放之后，中国共产党人总结经验教训，明确提出依法治国战略。中国特色社会主义进入新时代，党又提出了全面依法治国方略。法治在中国特色社会主义事业建设中的地位不断提升。社会主义核心价值观明确将"法治"确认为自身内容，反映中国共产党人对社会主义建设规律认识的深化。"法治被确立为社会主义核心价值观内容的重要元素，集中体现了中国特色社会主义的核心价值追求。"①将"法治"确立为社会主义核心价值观本身的内容，意味着法治是党治国理政的基本方式，要求中国共产党人在治国理政的过程中始终不渝地完善中国特色法治体系，深入推进全面依法治国方略。所有这些对于深化人们对社会主义制度建设规律的认识，培育人们的法治观念、法治意识、法治精神无疑具有重要的意义。

第二，培育和践行社会主义核心价值观有利于为法治文化建设提供道德支撑。法治精神、法治观念的培育固然离不开法律法规的支撑，但也离不开道德的支撑。道德本身具有教化的功能，它有利于增进人们对现有社会秩序的认同，对法治文化建设无疑具有积极的意义。对此，习近平总书记强调："发挥好道德的教化作用，必须以道德滋养法治精神、强化道德对法治文化的支撑作用。"②此外，在整个立法、执法、司法过程中，立法者、执法者、司法者的道德素养和道德境界也至关重要。这其中任何一个环节出现问题，都会对法律权威造成损害，尤其在司法领域，"司法缺德腐败将彻底摧毁法治基础"③。总

①　方彦明：《法治在推进中国道路新发展中的关键性定位》，《理论探讨》2017年第 2 期。

②　习近平：《加快建设社会主义法治国家》，《求是》2015 年第 1 期。

③　郭方天：《建设法治社会需要道德支撑》，《光明日报》2015 年 1 月 18 日。

之，"德""法"结合是中国特色社会主义法治文化的鲜明特征。当然，"德""法"结合并不是一种简单的结合，这要求两者都以社会主义核心价值观为引领，是建立在社会主义核心价值观基础之上的有机结合，是相互支撑、相互促进的。

（二）法治文化建设：社会主义核心价值观的制度保障、重要载体和实践养成

社会主义核心价值观作为一种价值观念，要被人们所认同，并转化为人们的思想行为，被人们自觉遵守，就必须借助一定的载体。同时，我们还需要看到，一个国家的核心价值观，不是自发形成的。它要深入到人民群众中，并被人民所广为接受，就必须借助制度化的力量，这就离不开法治文化的作用。法治文化是培育和践行社会主义核心价值观的重要载体和制度保障，也是社会主义核心价值观实践养成的重要路径。

1. 制度法治文化建设为培育和践行社会主义核心价值观提供制度保障。任何思想观念的确立、价值观的形成都是一个内化与外化相辅相成的过程。制度是现代社会规范组织运行和个人行为的必然要求，好的制度如同堤坝，导引善行。我们应该看到，在思想观念多样化以及各种社会思潮影响人们的今天，要使社会主义核心价值观切实发挥思想引领作用，推进社会主义核心价值观由"软要求"向"硬规范"转变，克服其浮在社会表面的问题，除了要注重强化核心价值观教育，还必须借助于制度化的力量，注重推动社会主义核心价值观制度化、法治化。进一步说，社会主义核心价值观如果不与制度契合，如果不能在现行制度中得到凝结，就难以转化为人们的日常行为，一些道德失范和不良行为就难以得到有效遏制。同时，法律制度也只有始终把

坚持社会主义核心价值观作为精神内核，才能体现鲜明的价值取向。"社会主义核心价值观的培育和践行拥有不同的层面和境界，法治境界是最为基础和最为重要的境界"①。具体来说又表现为以下 3 个方面。

第一，构建与社会主义核心价值观相适应的法律法规，为培育和践行社会主义核心价值观提供基本的制度保障。新时代，要推动社会主义核心价值观"落地"，最重要的也是最基本的要求，就是按照社会主义核心价值观的要求推动法律法规和各项制度的"立废改"，推动社会主义核心价值观入法入规。通过构建与社会主义核心价值观相适应的市场经济法律制度、文化法律制度、民生法律制度、生态文明法律制度，发挥法律法规的规范、引导、保障、促进作用，确保社会主义核心价值观融入国家政治建设、经济建设、文化建设、社会建设、生态文明建设等各个层面，形成有利于培育和践行社会主义核心价值观的良好法治环境。

第二，构建与社会主义核心价值观相适应的党内法规，为培育和践行社会主义核心价值观提供根本的制度保障。中国共产党作为最高政治领导力量，既是法治化国家建设的客体，也是推动依法治国的主体力量。可以说，没有中国共产党的推动和自觉努力，法治中国就不可能实现。依规治党和依法治国是有机统一的，全面推进依法治国就必须充分发挥党内法规对国家法律的保障作用。党的十八届四中全会明确指出："党内法规既是管党治党的重要依据，也是建设社会主义法治国家的有力保障。"②与此同时，党的十八届四中全会把形成完善的党内法规体系纳入中国特色社会主义法治体系之中。构建与社会主义

---

① 李其瑞、王金霞：《社会主义核心价值观融入法治文化建设研究的现状、意义及前景》，《陕西师范大学学报（哲学社会科学版）》2018 年第 4 期。

② 《中共中央关于全面推进依法治国若干重大问题的决定》，《人民日报》2014 年 10 月 29 日。

核心价值观相适应的党内法规，不仅有利于为全面从严治党提供根本制度保证，也有利于在党内培育和践行社会主义核心价值观，夯实全社会培育和践行社会主义核心价值观的干部基础。

第三，完善与社会主义核心价值观相适应的公共政策，进一步强化社会主义核心价值观的制度保障。公共政策会深刻影响人们的价值观。通过完善与社会主义核心价值观相适应的公共政策，使社会主义核心价值观被公共政策所载明，有利于明晰公共政策的导向，保证公共政策的科学化，促进社会公平公正；而科学、公平公正的公共政策也必然会提高人们对公共政策的认同，进而促进对社会主义核心价值观的认同。

2. 精神法治文化建设为培育和践行社会主义核心价值观提供重要载体。有效的载体是实现目标的重要手段。"法治文化本质上是一种'理性—法治价值观'。"[①]精神法治文化建设可以增进人们的法治观念、法治意识，引导人们的日常行为，使法治方式融入人们的日常生活方式。由于法治本身构成社会主义核心价值观的重要内容，因此，法治文化建设有利于增进人们对社会主义核心价值观的认同，使抽象的价值理念成为人们日常生活的行为规范。另外，法治文化本身内含着道德因素，具有重要的道德功能。通过法治文化建设可以增进人们对现有秩序的认同，自觉认识自身的权利和义务，诚信做人，进而提升人们爱国、敬业、诚信、友善等道德水平，推动社会主义核心价值观进一步落地生根。

3. 物化法治文化和行为法治文化建设为培育和践行社会主义核心价值观提供重要的实践养成。社会主义核心价值观作为一种价值观念

---

① 李其瑞：《法治文化对核心价值观建设意义重大》，《学习时报》2019 年 4 月 10 日。

要被人们所认同，转化为人们的自觉行动就需要注重其实践养成，让人们从实践中获得感知，使培育和践行社会主义核心价值观做到制度保障、重要载体、实践养成相统一。

一方面，物化法治文化作为法治文化的物质载体，虽然是以物质的形式存在，但它本身又是一定思想、一定理念的体现。如通过以法治文化主题公园、法治文化馆、法治文化长廊为代表的法治文化阵地建设来营造浓厚的法治文化氛围，影响人们的思想认知。同样地，法院的建筑风格、样式、寓意也会潜移默化地影响人们的思想观念，使人们在实践中增强法治意识、法治观念，自觉养成遵守法律法规的思想意识，这本身就有利于社会主义核心价值观的培育。

另一方面，就行为法治文化而言，行为作为受思想支配而表现在外面的活动，也是在一定价值观支配下的行为，是价值认同和价值内化的重要途径。构建与社会主义核心价值观相适应的行为法治文化，就是要将社会主义核心价值观作为社会主义法治建设的灵魂融入国家立法、执法、司法的全过程，这一过程是社会主义核心价值观融入法治中国建设的过程，也是以"科学立法""严格文明执法""公正司法"彰显、弘扬社会主义核心价值观的过程。人民群众通过行为法治文化建设不仅可以感受到法治力量和法治权威，养成自觉守法、遇事找法、维护法律尊严的行为习惯，社会主义核心价值观也会自然而然走进人民群众心里，促进社会主义核心价值观内化于心、外化于行。

总之，社会主义核心价值观与法治文化建设是辩证统一的。社会主义核心价值观引领法治文化建设，保证法治文化建设在正确轨道上不断前行。反过来，法治文化建设从各个环节融合了社会主义核心价值观，推动社会主义核心价值观的贯彻落实。

第二章 新时代社会主义核心价值观融入法治文化建设的探索实践

　　社会主义核心价值观与法治文化建设是相互促进、相互支撑的。法治文化建设必须以社会主义核心价值观为引领，而培育和践行社会主义核心价值观也离不开法治文化建设的支撑和保障。党的十八大以来，以习近平同志为核心的党中央在治国理政的过程中，为促进两者之间的互动进行了积极的思考和探索。在实践中，社会主义核心价值观与法治文化良性互动效应逐步呈现。

一、对社会主义核心价值观融入法治文化建设的认识及其顶层设计的不断推进

　　党的十八大以来，中国特色社会主义进入新时代，我国经济社会发展取得举世瞩目的成就，但也要看到利益分化、思想观念多样化，尤其是意识形态领域面临复杂态势，国内外非马克思主义社会思潮影响主流意识形态安全。在此背景下，需要我们以科学的价值导向凝心聚力，协调各方利益关系。社会主义核心价值观的提出正契合了这一时代要求。社会主义核心价值观的提出为中国特色社会主义发展注入了强大的精神灵魂，不过我们也要看到，社会主义核心价值观的提出

不代表其自然而然就进入人们的"头脑"，它必然需要借助于制度化、法治化的力量。

实际上，对于这一认识，2014 年 2 月 24 日，习近平总书记在主持十八届中央政治局第十三次集体学习时就指出："健全各行各业规章制度……使社会主义核心价值观成为人们日常工作生活的基本遵循。"[①]党的十九大报告也提出要把社会主义核心价值观融入社会发展的方方面面。党的二十大报告强调，把社会主义核心价值观融入法治建设、融入社会发展、融入日常生活。

在实践中，为了推进社会主义核心价值观制度化，2013 年，中共中央办公厅印发了《关于培育和践行社会主义核心价值观的意见》，提出了社会主义核心价值观制度化的要求。2016 年，中共中央办公厅、国务院办公厅印发了《关于进一步把社会主义核心价值观融入法治建设的指导意见》（以下简称《意见》），《意见》明确要求："把社会主义核心价值观融入法治国家、法治政府、法治社会建设全过程。"[②]具体要求主要包括：（1）推动社会主义核心价值观入法入规。《意见》要求要加强重点领域立法，积极推进相关领域立法，使法律法规更好体现国家的价值目标、社会的价值取向、公民的价值准则；要强化公共政策的价值目标。制定经济社会政策和重大改革措施，出台与人们生产生活和现实利益密切相关的具体政策措施，要充分体现公平正义和社会责任，注重政策目标和价值导向有机统一，注重社会效益和经济效益有机统一，形成有利于培育和弘扬社会主义核心价值观的良好政策导向和利益引导机制。加强党内法规制度建设，以党章为根本遵循，

---

① 《习近平谈治国理政》第 1 卷，北京，外文出版社 2018 年版，第 165 页。

② 《中共中央办公厅　国务院办公厅印发〈关于进一步把社会主义核心价值观融入法治建设的指导意见〉》，《人民日报》2016 年 12 月 26 日。

完善党内法规，健全制度保障，构建起配套完备的党内法规制度体系，推动党员干部带头践行社会主义核心价值观。（2）强化社会治理的价值导向。《意见》指出："推动社会主义核心价值观建设既要靠良法，又要靠善治。社会治理要承担起倡导社会主义核心价值观的责任，注重在日常管理中体现鲜明价值导向，使符合社会主义核心价值观的行为得到倡导和鼓励，违背社会主义核心价值观的行为受到制约和惩处。"（3）用司法公正引领社会公正。《意见》指出："司法是维护社会公平正义的最后一道防线，司法公正对社会公正具有重要引领作用。要全面深化司法体制改革，加快建立健全公正高效权威的社会主义司法制度，确保审判机关、检察机关依法独立公正行使审判权、检察权，提供优质高效的司法服务和保障，努力让人民群众在每一个司法案件中都感受到公平正义，推动社会主义核心价值观落地生根。"（4）弘扬社会主义法治精神。《意见》指出："根植于全民心中的法治精神，是社会主义核心价值观建设的基本内容和重要基础。要坚持法治宣传教育与法治实践相结合，建设社会主义法治文化，推动全社会树立法治意识、增强法治观念，形成守法光荣、违法可耻的社会氛围，使全体人民都成为社会主义法治的忠实崇尚者、社会主义核心价值观的自觉践行者。"《意见》是第一个系统对社会主义核心价值观融入法治国家建设进行顶层设计、作出系统部署的文件，大大加快了社会主义核心价值观融入法治文化建设的步伐。

2018 年 5 月，中共中央印发了《社会主义核心价值观融入法治建设立法修法规划》（以下简称《规划》）。《规划》强调，要以习近平新时代中国特色社会主义思想为指导，坚持全面依法治国，坚持社会主义核心价值体系，着力把社会主义核心价值观融入法律法规的"立改废释"全过程，确保各项立法导向更加鲜明、要求更加明确、措施更加有力，

力争经过 5 年到 10 年时间，推动社会主义核心价值观全面融入中国特
色社会主义法律体系，筑牢全国各族人民团结奋斗的共同思想道德基
础。《规划》尤其明确了社会主义核心价值观融入法治建设 6 个方面的
主要任务。在此基础上，党的十九届四中全会明确提出"坚持以社会主
义核心价值观引领文化建设制度"，强调："完善弘扬社会主义核心价值
观的法律政策体系，把社会主义核心价值观要求融入法治建设和社会治
理，体现到国民教育、精神文明创建、文化产品创作生产全过程。"①在
此基础上，2020 年，中共中央印发的《法治社会建设实施纲要（2020—
2025 年）》强调，到 2025 年法治社会建设的总目标之一是"社会主义
核心价值观要求融入法治建设和社会治理成效显著"②。在具体要求上，
包括："完善弘扬社会主义核心价值观的法律政策体系，加强见义勇为、
尊崇英烈、志愿服务、孝老爱亲等方面立法。"③"注重把符合社会主义
核心价值观要求的基本道德规范转化为法律规范，用法律的权威来增强
人们培育和践行社会主义核心价值观的自觉性。"④

　　总的来看，自社会主义核心价值观提出以来，以习近平同志为核
心的党中央对如何培育和践行社会主义核心价值观有一个逐步深化的
过程。从最初提出用法律来推动核心价值观建设，到对社会主义核心
价值观融入法治进行顶层设计，强调将社会主义核心价值观融入立法、

----

　　① 《中共中央关于坚持和完善中国特色社会主义制度、推进国家治理体系和治理
能力现代化若干重大问题的决定》，《人民日报》2019 年 11 月 6 日。

　　② 《法治社会建设实施纲要（2020—2025 年）》，北京，中国法制出版社 2020 年
版，第 3 页。

　　③ 《法治社会建设实施纲要（2020—2025 年）》，北京，中国法制出版社 2020 年
版，第 7 页。

　　④ 《法治社会建设实施纲要（2020—2025 年）》，北京，中国法制出版社 2020 年
版，第 8 页。

执法、司法和公民守法各个环节等，到党的十九届四中全会明确强调"完善弘扬社会主义核心价值观的法律政策体系"，再到《法治社会建设实施纲要（2020—2025 年)》对社会主义核心价值观融入社会法治建设作出具体规定，社会主义核心价值观融入法治国家建设无论是在思想认识层面，还是在具体实践方面都得到了逐步深化和推进。以习近平同志为核心的党中央关于社会主义核心价值观制度化、法治化的思想和实践是对传统法治思想的继承和发展，也为实现社会主义核心价值观与法治文化互动奠定了思想基础。

二、法治文化阵地广泛推进，物化法治文化建设成效显著

物化法治文化是法治文化的物质载体，包括法律设施、法院建筑，法律机构、法官服装、律师服装，等等。物化法治文化是法治文化的"硬件"，也是精神法治文化的折射和反映，对人们的思想观念产生着潜移默化的影响。应该看到，随着经济社会的发展，尤其是党的十八大以来法治文化建设的推进，物化法治文化建设也得到较快的发展。尤其是各地区都结合本地实际，积极拓展法治文化阵地建设，通过建立法治主题公园、法治广场、法治长廊，以及利用文史陈列室、文化礼堂等地方资源发展法治文化阵地，取得了显著成绩。

第一，法治文化公园建设。法治文化公园建设是最为普遍的一种做法。安徽省淮南市积极打造了集休闲、健身、教育于一体的法治文化特色公园。以石刻雕塑为主要设计风格，运用石雕艺术、书法篆刻等艺术形式，分为重要论述法治路径、独角兽释义雕塑、宪法之路、法治典故浮雕和石雕路径等六大板块。让广大群众在休闲、健身、游玩时接受法

治文化的熏陶。浙江省温州市龙湾区也积极推进法治文化公园建设。公园主要由法治人物雕塑、法治展示厅、法治文化墙、法治长廊、廉政清风亭五大模块组成，采取各种艺术形式，将古今中外的法治名人、法治典故、法治格言、法律典籍，以及与市民生产、生活密切相关的法律知识等内容包罗其中，形成一个集健身、休闲、学习于一体的法治文化平台。其他地区也对此进行了探索实践。云南省楚雄市坚持"融法于景、因地制宜"理念，投入资金建成法治文化主题公园。法治文化主题公园在设计上遵循"法治、平安、和谐"的理念，通过富有美感的雕塑、造型、展板等艺术视觉手法涵盖了"宪法宣誓雕塑""宪法发展历程""习近平法治思想""民法典图解""法治典故""法律援助""人民调解""国家安全""网络安全""扫黑除恶""民族团结""防范养老诈骗"等法治景观，把法治文化思想理念和现有的公园环境绿化、设施等相融合，生动巧妙地诠释了与群众生活息息相关的法律知识，赋予小龙井公园新的文化生命力和全新的普法功能，让新时代的法治文化更加贴近群众，营造出人、景、法共存的良好法治宣传环境。

　　第二，法治文化场馆建设。2017 年年底，安徽省淮南市法治文化馆建成。文化馆共设置序言、法与国、法与德等 5 个展区，通过大量的图文、实物和高科技设备，翔实地展示了我国法治历程、法与德和法与民的关系、淮南地域特色法治文化等。该文化馆也是青少年法治教育基地。[①] 广东省高级人民法院文化展览馆以"司法教育""普法懂法""知法守法"等主题宣传模式，传播和科普法律知识，让市民在看展的同时学习法律知识。陕西省延安市中级人民法院以陕甘宁边区高等法院旧址和陕甘宁边区审判史陈列馆为依托，大力宣传、研究、弘

---

　　① 《淮南法治文化馆正式开馆》,《淮南日报》2018 年 3 月 7 日。

扬边区人民司法优良传统和"马锡五审判方式",加强司法领域意识形态教育。同时,与北京大学法学院、中国政法大学等29所高等院校共建"人民司法优良传统教学实践基地"。近年来,陈列馆累计接待全国各地法院330余批次、法官干警1.1万多名。山东省济南市人民检察院则依托反腐倡廉警示教育基地开展普法宣传活动。基地展厅建筑面积290平方米,将先进的声光电技术手段与传统的版面展示相结合,进行以案施教、以案释法、以案明纪,2021年累计为213家单位、8700余人提供警示教育服务,产生了良好的社会效应。①

除此之外,大部分地区都注重建立法治文化宣传长廊、普法宣传栏、显示屏,拓展法治文化阵地。江苏省南京市江宁区全力创建全域法治文化示范点,将江宁区消防科普教育基地、麒麟铺社区法治文化长廊、金牛河法治文化广场、秣陵中心小学法治文化广场等12个法治文化阵地作为第一批"江宁区法治文化宣传教育基地",法治文化细胞正进一步向基层、学校推进延伸。②截至2022年4月,江苏省在普法过程中建立知识普及、观念引导、能力培养"三位一体"的社会主义法治文化体系,在全省打造各级各类法治文化阵地近1.3万个,建成全国法治宣传教育基地10个、省级"法治文化建设示范点"610个,创作法治戏曲、法治故事、法治动漫等法治文化作品6万余部,常态化举办法律知识竞赛、法治文艺演出、法治电影展映等基层法治文化活动。山东省累计建设法治文化公园(广场)17216处,法治文化长廊35347条,建成全国法治宣传教育基地3个,省级法治文化建设示范基地184个、法治宣传教育示范基地212个,覆盖城乡、不同类型、不同特色的

---

① 《"法""景"融合打造特色法治文化阵地 各地创新探索法治宣传百花齐放焕发新活力》,《法治日报》2022年4月21日。

② 陈丹:《江宁区全力创建全域法治文化示范点》,《江南时报》2022年9月21日。

法治文化阵地初具规模。①浙江省绍兴市将法治文化阵地建设融入民主法治示范村（社区）创建中，实现村村都有法治文化大礼堂，等等。

三、社会主义核心价值观入法入规，制度法治文化建设稳步推进

（一）推动社会主义核心价值观入宪

宪法是国家的根本大法，也是社会主义核心价值观最重要的载体。习近平总书记指出："维护宪法权威，就是维护党和人民共同意志的权威。"②从新中国成立以来我国先后制定的宪法情况来看，不同时期的宪法都在很大程度上反映了社会主义核心价值观的内容。如1954年的宪法就明确了"中华人民共和国的一切权力属于人民""人民法院独立进行审判，只服从法律""中华人民共和国公民在法律上一律平等""中华人民共和国公民有言论、出版、集会、结社、游行、示威的自由"等反映社会主义核心价值观的内容。从1982年宪法以及之后1988年、1993年、1999年、2004年所进行的4次宪法修改情况来看，都不同程度地涉及社会主义核心价值观的内容。社会主义核心价值观提出之后，为了强化社会主义核心价值观的宪法保障，2018年1月，党的十九届二中全会审议通过的《中共中央关于修改宪法部分内容的建议》中就建议将"国家倡导社会主义核心价值观"写入宪法。在此

---

① 《"法""景"融合打造特色法治文化阵地　各地创新探索法治宣传百花齐放焕发新活力》，《法治日报》2022年4月21日。

② 《十八大以来重要文献选编》（上），北京，中央文献出版社2014年版，第87页。

基础上，2018 年 3 月 11 日，十三届全国人大一次会议通过的宪法修正案正式将"国家倡导社会主义核心价值观"写入宪法。这不仅确立了社会主义核心价值观在国家生活中的地位，同时也提供了社会主义核心价值观融入其他法律法规的根本前提和保障，为社会主义核心价值观全面融入各层次法律法规奠定了宪法基础。

（二）初步构建与社会主义核心价值观相适应的法律法规体系

党的十八大以来，为了推动社会主义核心价值观融入法律法规，全国人大及其常委会、地方各级人大及其常委会加快了法律法规的"立改废释"各项工作，一系列与社会主义核心价值观相适应的法律法规相继颁布，为社会主义核心价值观的培育和践行提供了坚实的制度保障。

1. 构建与社会主义核心价值观相适应的市场经济法律制度。党的十八大以来，以习近平同志为核心的党中央高度重视维护公平、自由竞争的市场秩序。党的十八届三中全会就明确提出要发挥市场在资源配置中的决定性作用和更好发挥政府作用，之后一系列现代市场经济制度相继推出，与社会主义核心价值观相适应的市场经济法律制度不断完善。

为了加强知识产权保护，优化营商环境，2013 年 8 月，《中华人民共和国商标法》第三次修正案通过，自 2014 年 5 月 1 日起施行。2019年 4 月，全国人大常委会对《中华人民共和国商标法》进行修正。新修改的《中华人民共和国商标法》尤其注重加强对恶意注册行为的规制，对申请人、商标代理机构的恶意申请商标注册、恶意诉讼行为规定了处罚措施，同时还大幅度提高了假冒注册商标行为人的违法成本。

为了加强知识产权保护，2014 年 8 月 31 日，十二届全国人大常委会第十次会议表决通过《全国人民代表大会常务委员会关于在北京、上海、广州设立知识产权法院的决定》。2014 年年底，北京知识产权法院、广州知识产权法院和上海知识产权法院相继挂牌成立；知识产权民事、行政、刑事审判"三合一"在全国法院全面推开，审判标准日趋统一，判赔数额明显提高。2016 年 11 月，《中共中央、国务院关于完善产权保护制度依法保护产权的意见》发布，将知识产权等无形财产与有形财产保护摆到同等重要的位置。《国务院关于新形势下加快知识产权强国建设的若干意见》《国务院关于新形势下加强打击侵犯知识产权和制售假冒伪劣商品工作的意见》等一系列文件，进一步加强知识产权保护的政策指引。

为了保护民事主体的合法权益，2017 年 3 月 15 日，十二届全国人大五次会议颁布了《中华人民共和国民法总则》（以下简称《民法总则》），2017 年 10 月 1 日正式施行。《民法总则》与原来的《民法通则》虽然只有一字之差，但其中的理念和制度设计却有很大的不同。在立法宗旨上，《民法总则》明确将弘扬社会主义核心价值观作为自身的立法宗旨之一，明确规定了民事活动需要遵循的原则，包括平等、自愿、公平、诚信、守法原则。上述原则是社会主义核心价值观在《民法总则》中的体现。在具体内容上，也多处体现了社会主义核心价值观的内容。比如，为了保护公民个人信息，《民法总则》第 111 条规定："不得非法收集、使用、加工、传输他人个人信息。"[1] 为了弘扬社会正气，第 184 条规定："因自愿实施紧急救助行为造成受助人损害的，救助人不承担民事责任。"[2]

为了保障中小企业利益，打造公平的市场环境，党的十八大以来，关于民营经济发展的法律法规和制度更加完善。2017 年 9 月，全国人

---

① 《中华人民共和国民法总则》，《人民日报》2017 年 3 月 19 日。
② 《中华人民共和国民法总则》，《人民日报》2017 年 3 月 19 日。

大常务委员会通过修订的《中华人民共和国中小企业促进法》。新修订的《中华人民共和国中小企业促进法》进一步规范财税支持相关政策，注重保护中小企业财产权等合法权益，明确了"三个平等"，即权利平等、机会平等和规则平等，同时还进一步规范涉企收费、监督检查机制等相关政策，为促进中小企业发展提供法律保障。之后，为了营造更加公平公正的市场环境，党和政府还发布了一系列政策文件。如2017年9月8日，中共中央、国务院印发了《关于营造企业家健康成长环境弘扬优秀企业家精神　更好发挥企业家作用的意见》（以下简称《意见》），《意见》强调要着力营造依法保护企业家合法权益的法治环境，营造促进企业家公平竞争诚信经营的市场环境。

为了进一步促进民营经济高质量发展，党的十九大报告提出"两个健康"，即促进非公有制经济健康发展和非公有制经济人士健康成长。2018年11月1日，习近平总书记在民营企业座谈会上高度肯定民营经济的作用，并明确强调："打破各种各样的'卷帘门'、'玻璃门'、'旋转门'……为民营企业打造公平竞争环境。"①为贯彻落实党的十九大精神和习近平总书记在民营企业座谈会上的重要讲话精神，2019年4月，中共中央办公厅、国务院办公厅印发了《关于促进中小企业健康发展的指导意见》（以下简称《指导意见》）。《指导意见》更加突出营造公平竞争的发展环境，要求在要素获取、准入许可、经营运行、政府采购和招投标等方面对各类所有制企业平等对待，进一步完善了社会主义市场经济制度。各地区为创造公平的市场环境，也进行了积极的探索。浙江省温州市着手创建新时代"两个健康"先行区。在"两

---

① 《习近平主持召开民营企业座谈会强调　毫不动摇鼓励支持引导非公有制经济发展　支持民营企业发展并走向更加广阔舞台》，《人民日报》2018年11月2日。

个健康"先行区的探索实践中，相继发布了《关于开展"三清单一承诺"行动打造全国一流营商环境的实施方案》等。其他地区也出台了类似的政策，如山东省于 2023 年 5 月发布《山东省深化营商环境创新提升行动实施方案》，这是山东省自 2020 年以来连续发布的第 4 个优化营商环境行动方案，在 20 个领域提出 170 条具体改革措施，全面建设更具吸引力、竞争力的市场化法治化国际化一流营商环境。①安徽省经济和信息化厅印发《2023 年优化营商环境若干举措》，从优化政策环境、优化创新环境、优化服务环境和优化法治环境 4 个方面公布了18 条具体举措，坚持"制造为纲，企业为本"，注重发挥经信部门职能作用，让各类市场主体吃下"定心丸"，提振企业发展信心，为制造业高质量发展提供更好的环境。②

此外，为了规范数据处理活动，保障数据安全，促进数据开发利用，保护个人、组织的合法权益，维护国家主权、安全和发展利益，2021 年 6 月，十三届全国人大常委会第二十九次会议通过了《中华人民共和国数据安全法》。

2. 构建与社会主义核心价值观相适应的文化法律制度。推进文化立法是保障人民基本文化权益的需要，是推动社会主义文化大发展大繁荣的重要保障，更是维护国家文化安全的有效手段。党的十八大以来，为构建与社会主义核心价值观相适应的文化法律制度，分别制定或修订了《中华人民共和国电影产业促进法》《中华人民共和国公共文化服务保障法》《中华人民共和国反家庭暴力法》《中华人民共和国英雄烈士保护法》等。

---

① 《山东推出优化营商环境行动方案 4.0 版》，《大众日报》2023 年 5 月 27 日。

② 《安徽多措并举优化营商环境》，《中国电子报》2023 年 2 月 28 日。

第一，《中华人民共和国电影产业促进法》。该法于 2016 年 11 月审议通过，第一次以国家法律的形式对电影予以全面规范，标志着中国电影走入"法治时代"。明确将弘扬社会主义核心价值观写入其中，并明确规定："从事电影活动，应当坚持为人民服务、为社会主义服务，坚持社会效益优先，实现社会效益与经济效益相统一。"这对于促进电影产业健康繁荣发展，弘扬社会主义核心价值观，规范电影市场秩序具有重要的意义。

第二，《中华人民共和国公共文化服务保障法》和《中华人民共和国公共图书馆法》。《中华人民共和国公共文化服务保障法》由 2016 年 12 月十二届全国人大常委会第二十五次会议审议通过，该法从法律上明确了各级人民政府是承担公共文化服务的责任主体，规定了政府在公共文化设施建设与管理，公共文化服务提供、保障中的职责，提出国家要扶助革命老区、民族地区、边疆地区、贫困地区的公共文化服务，促进公共文化服务均衡协调发展等责任要求。之后，为了进一步保障公民基本文化权益，提高公民科学文化素质和社会文明程度，2017 年 11 月，十二届全国人大常委会第三十次会议通过《中华人民共和国公共图书馆法》。该法是我国第一部图书馆专门法，从设施建设、法定条件、经费和人员等方面明确和强化了政府的保障责任。它对于推进公共图书馆事业的发展，较好地保障人民群众的公共读书阅览权利都具有重要的意义。

第三，《中华人民共和国反家庭暴力法》。为预防和制止家庭暴力，促进家庭文明建设方面的立法，2015 年 12 月该法发布。该法一方面结合反家庭暴力的实际需要，注重把社会主义核心价值观、中华传统美德和家庭美德的原则和规则转化为法律规定；另一方面通过义务性和强制性规范体现道德理念和人文关怀，如规定单位和个人发现正在发生家庭暴力的，有权及时劝阻；学校、幼儿园等机构发现相关人员遭受或者疑似遭受家庭暴力的，应当及时报案。这些规定既发挥了道德对法治的支撑作用，又体现了法治对道德的保障和促进作用。

第四，《中华人民共和国英雄烈士保护法》。针对现实生活中，一些人歪曲历史、诽谤英烈的名誉和荣誉等不良社会现象，2018 年 4 月，该法审议通过。该法的实施有利于维护英雄烈士名誉荣誉，弘扬英烈精神，也为打击各类歪曲、丑化、亵渎、诋毁英雄烈士的行为提供了法律依据。该法颁布之后，各地也发布了一系列与之相适应的法规制度。比如，江西省就依照英雄烈士保护法对《江西省英雄烈士纪念设施保护管理办法》进行全面修订，拓展了英雄烈士纪念设施范围，明确县级以上人民政府应将英雄烈士纪念设施建设和保护管理纳入国民经济和社会发展规划、城乡规划，日常保护管理和修缮经费列入同级财政预算。另外，江苏、山东、湖南、四川、宁夏回族自治区等多地检察机关针对侵害英雄烈士名誉等问题依法启动公益诉讼程序。

除此之外，相关的法律法规还包括：《中华人民共和国拍卖法》（1996 年、2015 年修正）、《中华人民共和国广告法》（1994 年、2015 年修正）、《中华人民共和国档案法》（1987 年、2016 年修正）、《中华人民共和国文物保护法》（2017 年修正），等等。

3. 构建与社会主义核心价值观相适应的民生法律制度。党的十八大之后，以习近平同志为核心的党中央高度重视社会公平公正。与此相适应，在民生法律制度建设方面也进行了积极的探索。主要表现为：为保障公众身体健康和生命安全，修订了《中华人民共和国食品安全法》（2015 年）；为保障公众用药安全和合法权益，修订了《中华人民共和国药品管理法》（2019 年）；为了加强疫苗管理，保证疫苗质量和供应，加大对疫苗违法行为的惩处力度，制定了《中华人民共和国疫苗管理法》。

此外，为了弘扬慈善文化，规范慈善活动，2016 年 3 月十二届全国人大四次会议通过了《中华人民共和国慈善法》。该法对慈善活动进行了明确界定，同时明确慈善组织的法律地位、慈善募捐的主体、慈善募捐的监督机制、慈善事业的主管部门、慈善捐赠活动的程序等，并将 9 月 5 日定为"中华慈善日"。该法的制定标志着中国依法扶危济困，开启全新"善时代"，它对于在全社会提倡、支持和鼓励助人为乐、团结友爱、无私奉献的志愿精神，推进社会主义道德建设，培育和践行社会主义核心价值观都具有重要意义。

为了提高农产品质量，2022 年 9 月，十三届全国人大常委会第三十六次会议表决通过了新修订的《中华人民共和国农产品质量安全法》。该法规定，食品生产者采购农产品等食品原料，应当依照食品安全法的规定查验许可证和合格证明，对无法提供合格证明的，应当按照规定进行检验；明确县级以上人民政府农业农村主管部门和市场监督管理等部门应当建立健全农产品质量安全全程监督管理协作机制，确保农产品从生产到消费各环节的质量安全。新修订的《中华人民共和国农产品质量安全法》还对规范有关部门的履职行为、加强"双随机"抽查监管、提高执法效能等作出规定，明确建立健全随机抽查机制。

此外，一些地方在民生法律制度建设方面也进行了积极的探索。比如，针对当前人口老龄化日益突出的问题，特别是家庭结构小型化、少子化和空巢老人增多，传统的家庭养老功能弱化等问题，为了促进养老服务发展，2022 年 11 月，甘肃省通过了《甘肃省"十四五"老龄事业发展和养老服务体系规划》。

4. 构建与社会主义核心价值观相适应的生态文明法律制度。加强生态文明建设是培育和践行社会主义核心价值观的重要组成部分。"生态文明由社会主义核心价值观引领，社会主义核心价值观指导生态文

明建设。"①党的十八大以来，生态文明建设被纳入中国特色社会主义
事业总体布局。习近平总书记明确指出："保护生态环境必须依靠制
度、依靠法治。只有实行最严格的制度、最严密的法治，才能为生态
文明建设提供可靠保障。"②

在生态文明法律制度建设方面，2018 年修正宪法时，生态文明被
正式写入宪法序言中，为我国生态文明法治化，以及生态法律体系建
设提供了根本的法律法规保障。在具体法律制度建设方面，主要包括：
第一，修订完善《中华人民共和国环境保护法》（2014 年）。该法明确
了公民的环保义务，加大了对企业违法排污的处罚力度，规定了公众
对环境保护的知情权、参与权和监督权，为公众有序参与环境保护提
供了法治渠道。第二，修订完善《中华人民共和国大气污染防治法》
（2015 年），以大气环境质量改善为目标，强化地方政府责任，强化目
标考核，为生态文明建设奠定法律制度基础。第三，修订完善《中华
人民共和国水污染防治法》（2017 年），主要体现为以下几个方面特点：
（1）加大了对政府责任的规定，如规定县级以上地方政府要对本行政
区域的水环境质量负责；（2）明确将企业超标排污作为构成违法行为
的界限；（3）全面推行排污许可证制度，规范企业排污行为；（4）加
大违法排污行为处罚力度；等等。第四，制定《中华人民共和国土壤
污染防治法》（2018 年）。这是我国首部专门规范防治土壤污染的法
律，首先规定了土壤污染防治的基本管理制度，具体包括政府目标责
任制和考核评价制度、土壤环境信息共享制度、土壤污染防治规划制

---

① 靳利华：《生态文明视角下的社会主义核心价值观再读》，《理论探讨》2014
年第 1 期。

② 《习近平关于社会主义生态文明建设论述摘编》，北京，中央文献出版社 2017
年版，第 99 页。

度、土壤污染风险管控标准制度和土壤污染状况普查和监测制度等。第五，为更好保护野生动物，《中华人民共和国野生动物保护法》分别于 2016 年、2018 年、2022 年进行了 3 次修订。2020 年 2 月 24 日，全国人大常委会通过了《关于全面禁止非法野生动物交易、革除滥食野生动物陋习、切实保障人民群众生命健康安全的决定》，为进一步推动和完善野生动物保护法奠定了基础。

总之，党的十八大以来，一系列与社会主义核心价值观相适应的法律法规相继颁布，大大推进了社会主义核心价值观入法入规的步伐。上述探索不仅夯实了社会主义核心价值观的法律基础，同时也进一步明确了社会主义法律法规的价值导向，完善了社会主义法律体系。

四、德治与法治相得益彰，精神法治文化建设步伐加快

（一）道德建设力度加大，实现德法协同发展

德治和法治是相互支持、相得益彰的，但无论是人们道德观念的提高，还是法治观念的增强，都离不开教育的主渠道作用。党的十八大以来，为全面推进依法治国，统筹推进依法治国与依规治党，党中央高度重视维护党内法规和国家法律的权威。通过协同推进依规治党和依法治国，不仅大大增强了党员干部法规制度意识，也进一步增强了党员干部的宗旨意识。为了提高全民的道德素养，这一时期的探索还表现为：

1. 促进社会主义核心价值观融入大中小学思想政治教育之中。党的十八大以来，习近平总书记多次强调学校思想政治教育的重要性，集中体现在 2016 年 12 月 7 日在全国高校思想政治工作会议上的讲话，

2018 年 9 月 10 日在全国教育大会上的讲话，2019 年 3 月 18 日在学校思想政治理论课教师座谈会上的讲话及 2024 年 9 月 10 日在全国教育大会上的讲话。习近平总书记强调，"要坚持把立德树人作为中心环节，把思想政治工作贯穿教育教学全过程"①，"要把立德树人的成效作为检验学校一切工作的根本标准"②。2019 年 3 月 18 日在学校思想政治理论课教师座谈会上的讲话中，习近平总书记强调："思想政治理论课是落实立德树人根本任务的关键课程。"③与此同时，为了促进社会主义核心价值观融入大中小学思想政治教育之中，推进大中小学道德教育，一系列制度相继出台。在高校，为了推进高校思想政治理论课改革，发布了《关于加强新时代马克思主义学院建设的意见》（2021 年）、《新时代高等学校思想政治理论课教师队伍建设规定》（2020 年）、《高等学校课程思政建设指导纲要》（2020 年）、《关于深化新时代学校思想政治理论课改革创新的若干意见》（2019 年）、《"新时代高校思想政治理论课创优行动"工作方案》（2019 年）、《关于高校教师师德失范行为处理的指导意见》（2018 年）、《教育部关于印发〈新时代高校思想政治理论课教学工作基本要求〉的通知》（2018 年），等等。在实践中，为了提高高校思政课教学成效，各个学校结合自身实际，大力探索专题教学、实践性教学、竞赛教学等多种教学形式，努力使思政课真正成为大学生"真心喜欢、终身受益"的课程。

---

① 《习近平在全国高校思想政治工作会议上强调　把思想政治工作贯穿教育教学全过程　开创我国高等教育事业发展新局面》，《人民日报》2016 年 12 月 9 日。

② 《在北京大学师生座谈会上的讲话》，《人民日报》2018 年 5 月 3 日。

③ 《习近平主持召开学校思想政治理论课教师座谈会强调　用新时代中国特色社会主义思想铸魂育人　贯彻党的教育方针落实立德树人根本任务》，《人民日报》2019 年 3 月 19 日。

在中小学，为了推动中小学德育，国家先后出台了《关于培育和践行社会主义核心价值观，进一步加强中小学德育工作的意见》（2014 年）、《中共教育部党组　共青团中央关于在各级各类学校推动培育和践行社会主义核心价值观长效机制建设的意见》（2014 年）、《关于教育系统深入开展爱国主义教育的实施意见》（2016 年）等一系列文件。2017 年，教育部专门印发《中小学德育工作指南》，进一步规定了中小学德育的目标、内容、实施的途径和要求、组织保障等，对于深入推进中小学道德教育具有重要意义。同时，为了加强中小学教师队伍道德建设，2018 年还专门印发了《中小学教师违反职业道德行为处理办法（2018 年修订）》。

为了从整体上推进思政课教学改革，解决好培养什么人、怎样培养人、为谁培养人这个根本问题，2019 年，中共中央办公厅、国务院办公厅特别印发了《关于深化新时代学校思想政治理论课改革创新的若干意见》（以下简称《意见》）。《意见》明确了学校思政课改革创新的重要目标，阐释了必须坚持的重要原则，提出了推动思政课改革创新的具体要求，是新时代学校思政课改革和道德建设的综合性文件，对于从整体上推进学校道德建设具有深远的意义。

2. 深化道德建设实践，不断增强道德建设的时代性实效性。第一，树立价值标杆，以先进典型引领道德风尚。为了在全社会倡导好人好事，营造道德建设良好氛围，党的十八大至 2022 年 8 月，发挥先进典型模范作用，先后授予 136 个集体或个人"时代楷模"称号，299 人全国道德模范荣誉称号，表彰 300 个"最美奋斗者"，发布 736 个"最美人物"，评选 11585 个"中国好人"，大力营造崇德向善、见贤思齐的浓厚氛围。[①] 各地各部门开展推选"时代楷模""最美人物""身边

---

① 刘阳：《社会主义文化强国建设扎实推进》，《人民日报》2022 年 8 月 19 日。

好人""向上向善好青年"等先进典型，评选各行各业先进人物，充分展现了当代中国人的精神风貌，弘扬了社会正能量。如安徽省 2023 年全省将实施文明实践"十百千"工程，重点培育打造 10 个示范中心、100 个示范所、1000 个示范站。同时深化"践行核心价值、打造好人安徽"主题实践活动，推动新时代文明实践中心（所、站）"建管用育融"一体化发展。① 在深化群众性精神文明创建活动中，"评选表彰全国文明城市（区）256 个、文明村镇 4625 个、文明单位 7444 个、文明家庭 799 户、文明校园 1135 所"②。

第二，广泛开展弘扬时代新风行动。弘扬时代新风，是社会主义道德建设的重要内容，更是培育和践行社会主义核心价值观的必然要求。党的十九大报告明确提出："弘扬时代新风行动，抵制腐朽落后文化侵蚀。"党的二十大以来，各地区和各单位围绕讲文明、有公德、守秩序、树新风，紧密结合社会发展实际，广泛开展倡导文明交通、文明旅游、文明上网等活动，引导人们自觉遵守社会交往、公共场所中的文明规范。此外，加强新时代文明实践中心（所、站）建设，开展扶贫帮困、慈善捐助、支教助学等公益活动，推动学雷锋志愿服务制度化等，进一步弘扬了时代新风。

第三，强化制度供给。为了强化道德建设，2019 年 10 月 17 日，中共中央、国务院发布了《新时代公民道德建设实施纲要》（以下简称《纲要》）。《纲要》明确指出："坚持以社会主义核心价值观为引领，将国家、社会、个人层面的价值要求贯穿到道德建设各方面，以主流价值建构道德规范、强化道德认同、指引道德实践，引导人们明大德、

---

① 孙皞乾、祝颖：《安徽好人总数居全国第一》，《合肥晚报》2023 年 4 月 14 日。
② 刘阳：《社会主义文化强国建设扎实推进》，《人民日报》2022 年 8 月 19 日。

守公德、严私德。"在具体要求上,《纲要》明确了新时代深化道德教育引导的任务,包括:(1)把立德树人贯穿学校教育全过程。学校是公民道德建设的重要阵地。要把思想品德作为学生核心素养、纳入学业质量标准,构建德智体美劳全面培养的教育体系。加强思想品德教育,遵循不同年龄阶段的道德认知规律,结合基础教育、职业教育、高等教育的不同特点,把社会主义核心价值观和道德规范有效传授给学生。(2)用良好家教家风涵育道德品行。要弘扬中华民族传统家庭美德,倡导现代家庭文明观念,推动形成爱国爱家、相亲相爱、向上向善、共建共享的社会主义家庭文明新风尚,让美德在家庭中生根、在亲情中升华。(3)以先进模范引领道德风尚。要精心选树"时代楷模"、道德模范等先进典型,综合运用宣讲报告、事迹报道、专题节目、文艺作品、公益广告等形式,广泛宣传他们的先进事迹和突出贡献,树立鲜明时代价值取向,彰显社会道德高度。持续推出各行各业先进人物,广泛推荐宣传"最美人物""身边好人",让不同行业、不同群体都能学有榜样、行有示范,形成见贤思齐、争当先进的生动局面。尊崇褒扬、关心关爱先进人物和英雄模范,建立健全关爱关怀机制,维护先进人物和英雄模范的荣誉和形象,形成德者有得、好人好报的价值导向。(4)以正确舆论营造良好道德环境。要坚持以正确的舆论引导人,把正确价值导向和道德要求体现到经济、社会、文化等各领域的新闻报道中,体现到娱乐、体育、广告等各类节目栏目中。加强对道德领域热点问题的引导,以事说理、以案明德,着力增强人们的法治意识、公共意识、规则意识、责任意识。发挥舆论监督作用,对违反社会道德、背离公序良俗的言行和现象,及时进行批评、驳斥,激浊扬清、弘扬正气。传媒和相关业务从业人员要加强道德修养、强化道德自律,自觉履行社会责任。(5)以优秀文艺作品陶冶道德情操。

要把培育和弘扬社会主义核心价值观作为根本任务，坚持以人民为中心的创作导向，推出更多讴歌党、讴歌祖国，讴歌人民、讴歌英雄，讴歌劳动、讴歌奉献的精品力作，润物无声传播真善美，弘扬崇高的道德理想和道德追求。坚持把社会效益放在首位，倡导讲品位、讲格调、讲责任，抵制低俗、庸俗、媚俗，用健康向上的文艺作品温润心灵、启迪心智、引领风尚。要把社会主义道德作为文艺评论、评介、评奖的重要标准，更好地引导文艺创作生产传播坚守正道、弘扬正气。文艺工作者要把崇德尚艺作为一生的功课，把为人、做事、从艺统一起来，加强思想积累、知识储备、艺术训练，提高学养、涵养、修养，努力追求真才学、好德行、高品位，做到德艺双馨。（6）发挥各类阵地道德教育作用。各类阵地是面向广大群众开展道德教育的基本依托。要加强新时代文明实践中心（所、站）建设，大力推进媒体融合发展，抓好县级融媒体中心建设，推动基层广泛开展中国特色社会主义文化、社会主义思想道德学习教育实践，引导人们提高思想觉悟、道德水准、文明素养。（7）抓好重点群体的教育引导。党员干部的道德操守直接影响着全社会道德风尚，要落实全面从严治党要求，加强理想信念教育，补足精神之"钙"。青少年是国家的希望、民族的未来，要坚持从娃娃抓起，引导青少年把正确的道德认知、自觉的道德养成、积极的道德实践紧密结合起来，善于从中华民族传统美德中汲取道德滋养，从英雄人物和"时代楷模"身上感受道德风范，从自身内省中提升道德修为，不断修身立德，打牢道德根基。2019 年 11 月 12 日，中共中央、国务院发布了《新时代爱国主义教育实施纲要》，对新时代爱国主义教育内容、对象、实践载体、组织领导等都进行了规定，要求各级党委和政府要负起政治责任和领导责任，把爱国主义教育摆上重要日程，纳入意识形态工作责任制，加强阵地建设和管理，抓好各项任务落实。进一步健全党委统一领导、党政齐抓共管、宣传部门统筹协调、有关部门各负其责的工作格局，建立爱国主义教育联席会议制度，加强工作指导和沟通协调，及时研究解决工作中的重要事项和存在的问题。上述制度为新时代思想道德建设奠定了重要的制度基础。

3. 在社会诚信建设方面，加快社会诚信建设步伐。第一，诚信法规制度快速推进。为了推进社会诚信建设，2013 年 1 月，国务院发布了《征信业管理条例》；6 月发布了《社会信用体系建设规划纲要（2014—2020 年）》。2016 年 12 月，国务院进一步发布了《国务院办公厅关于加强个人诚信体系建设的指导意见》。2020 年 12 月，国务院办公厅印发了《进一步完善失信约束制度　构建诚信建设长效机制》，确定了完善失信约束制度、健全社会信用体系的主要工作任务：一是科学界定公共信用信息纳入范围和程序；二是规范公共信用信息共享公开范围和程序；三是规范严重失信主体名单认定标准和程序；四是依法依规开展失信惩戒；五是健全和完善信用修复机制；六是加强信息安全和隐私保护；七是着力加强信用法治建设。与此同时，各部门一系列具体的诚信制度相继推出。如《征信机构管理办法》（中国人民银行，2013 年）、《企业征信机构备案管理办法》（中国人民银行，2014 年）、《征信投诉办理规程》（中国人民银行，2014 年）、《严重违法失信企业名单管理暂行办法》（国家工商行政管理总局，2016 年）、《拖欠农民工工资"黑名单"管理暂行办法》（人力资源和社会保障部，2017 年）、《关于对失信被执行人实施限制不动产交易惩戒措施的通知》（国家发展改革委、最高人民法院，2018 年）。与此同时，各地也相继制定了配套性的诚信制度。如《江苏省严重失信黑名单社会公示管理办法（试行）》《湖南省关于加强个人诚信体系建设的实施意见》等。

第二，建立了统一社会信用代码制度。随着我国法人和其他组织统一社会信用代码制度的推进和完善，统一社会信用代码作为组织机构在全国范围内唯一不变的身份标识，已成为社会信用体系的基石。截至 2023 年 11 月，全国统一社会信用代码基础数据库法人和其他组织已突破 1.8 亿，数量逐年稳步提升，其中法人和非法人组织超 6000 万个，个体工商户超 1 亿个。①

第三，推动信息化建设，推动社会信用信息互联共享。"截至 2018 年 6 月，全国信用信息共享平台已联通 44 个部委和所有省区市"。② 同时，"信用中国"网站等平台向社会提供公共信用信息查询服务。国家还通过创新完善"失信被执行人曝光平台建设"，打击老赖，弘扬诚信精神。

第四，加大失信惩戒力度。在法院执行领域，根据最高法执行信息公开网的数据显示，截至 2023 年 6 月 11 日，在"数说执行"下"失信惩戒"一栏显示，"公布中的失信被执行人"已达 8209918 个。③ 在狠打骗取留抵退税领域，截至 2022 年年底，全国税务稽查部门累计查实 7813 户涉嫌骗取或违规取得留抵退税企业，六部门联合打击虚开骗取留抵退税团伙 225 个，共计挽回留抵退税及各类税款损失 155 亿元；在打击虚开骗税领域，累计检查涉嫌虚开发票骗取出口退税企业 20 余万户，认定虚开发票 860 余万份，挽回出口退税损失 73 亿元，一批涉

① 《全国统一社会信用代码基础数据库中法人和其他组织突破 1.8 亿》，人民网，2023 年 11 月 1 日，http: //finance.people.com.cn/n1/2023/1101/c1004-40107784.html。

② 韩家平：《我国社会信用体系建设的现状与展望》，《时事资料手册》2018 年第 7 期。

③ 《最新！全国公布中的失信被执行人超 820 万人！》，搜狐网，2023 年 6 月 12 日，https: //www.sohu.com/a/684780719_121123759。

税违法犯罪分子被绳之以法,持续压缩了涉税违法犯罪空间。①

2022年,《中国网络诚信发展报告2022》(以下简称《报告》)首次发布。《报告》由中国网络社会组织联合会、北京邮电大学教育部战略研究基地、中国经济信息社联合编撰,全面反映了2021年以来我国网络诚信建设取得的新进展新成就。此外,《报告》还从思想引领、法治保障、体系构建、加强监管等方面,提出加强网络诚信建设的4条思考建议:一是推进网络诚信规范化建设。通过法治保障、标准规范、强化自律,形成政府、社会、企业等协同治理的网络诚信建设格局。二是加强重点领域监管。以专项整治为抓手,进一步完善网络信息内容审核,依法加强个人信息保护,推进算法安全规范治理,强化网络直播监管,促进网络生态持续改善。三是推进网络诚信建设示范工程建设。持续打造网络诚信品牌,拓展深化"诚信之星"和"好网民"评选,积极推进企业社会责任评估,推动诚实守信成为全社会的共同价值追求。四是建立网络职业素养培训体系。创新方式方法、加大培训力度,不断提升互联网从业人员道德素养和业务技能,持续为网络诚信建设注入发展动力。

(二)法治宣传和普法工作进一步强化

1. "五年规划"的普法教育活动深入推进。改革开放以来,为了推动普法工作,早在1985年就开始了"五年规划"的普法教育活动,这项活动一直持续。党的十八大以来,在法治中国建设中,普法工作得到进一步的推进。2016年3月25日,中共中央、国务院转发了《中央宣传部、司法部关于在公民中开展法治宣传教育的第七个五年规划

---

① 《国家税务总局举行新闻发布会 介绍2022年度税收重点工作落实情况》,《中国税务报》2023年2月1日。

（2016—2020年）》（以下简称《规划》）。《规划》明确了"第七个五年法治宣传教育工作"的指导思想、主要目标和工作原则、主要任务、对象和要求，工作措施、组织领导等。《规划》尤其强调要健全普法宣传教育机制、普法责任制，强调要推进法治宣传教育工作创新。在组织领导方面，《规划》要求："各级党委和政府要把法治宣传教育纳入当地经济社会发展规划，定期听取法治宣传教育工作情况汇报，及时研究解决工作中的重大问题，把法治宣传教育纳入综合绩效考核、综治考核和文明创建考核内容。"

2.普法责任制的实行与发展。国家机关是国家法律的制定和执行主体，肩负着普法的重要职责。党的十八届四中全会明确提出"坚持把全民普法和守法作为依法治国的长期基础性工作""实行国家机关'谁执法谁普法'的普法责任制"。之后，为了进一步强化法治宣传教育主体责任，2017年5月，中共中央办公厅、国务院办公厅印发了《关于实行国家机关"谁执法谁普法"普法责任制的意见》（以下简称《意见》），《意见》首次明确国家机关为法治宣传教育的责任主体。《意见》有利于促进普法工作从普法与执法"两张皮"变为普法与执法有机融合，对于强化普法主体责任意识，进一步形成党委统一领导、部门分工负责、各司其职、齐抓共管的"大普法"工作格局无疑具有重要的意义。之后，为了推进普法责任制的贯彻落实，2017年5月，全国普法办统一编制了《中央国家机关普法责任清单（第一批）》（以下简称《责任清单》）。《责任清单》从各部门执行司法任务实际出发，将各部门负责执行的重点法律法规规章以清单的形式列出来，明确了普法主体责任是什么，任务有哪些，划定了普法工作的"责任田"，使之可量化、可考核，将有力保障普法各项职责任务的落地生根。各地区在落实普法责任制过程中，除了制定相应的配套制度，还为落实普法责任制实行了一系列创新性的举措。如北京探索以"需求清单、供给清单、责任清单、督导清单"四张清单为抓手落实普法责任制，在全市范围内奏响普法"大合唱"，推动全民普法由"大水漫灌"向"精准滴灌"转型升级，同时强调普治并举促发展，为首都高质量发展夯实法治之基。① 云南省昆明市西山区推进菜单化个性普法，找准人民群众的普法需求，强化对社会环境和普法对象、内容、形式、载体等要素的分析，做到普法对象精准定位、普法形式精准定制、普法内容精准配置、普法文化精准升级，促进普法工作从"大水漫灌"向"精准滴灌"转变，逐步实现个性化、差异化、菜单式普法。②

3.进一步加强和创新法治宣传。党的十八大以来，随着全面依法治国的推进，法治文化宣传得到进一步强化，除了充分发挥广播、电视、报刊等传统媒体优势，不断扩大法治宣传教育覆盖面之外，采取的措施还包括：一是坚持普法与群众服务工作相结合，即普法与人民群众关心的热点、难点问题相结合，既能实现普法便民，又逐步提高人民群众学法、懂法、守法、用法的能力水平。二是推进互联网＋法治宣传教育行动，充分利用网络、自媒体等新兴宣传载体，开发微博、微信公众号等普法渠道，实现网下与网上相结合、齐推进，大大增强了普法效果。三是开展一系列普法宣传活动。例如，在 2023 年 12 月 4 日第十个国家宪法日到来之际，中央宣传部、司法部、全国普法办部署开展 2023 年全国"宪法宣传周"活动，本次活动重点宣传内容是习近平新时代中国特色社会主义思想特别是习近平法治思想、习近平文化思想，宪法，社会主义法治文化，党的十八大以来全面依法治国

---

① 徐伟伦：《为首都高质量发展夯实法治之基》，《法治日报》2023 年 6 月 29 日。
② 李艳：《以"个性化"精准普法落实普法责任制》，《云南法制报》2023 年 1 月 13 日。

取得的成就。四是创新青少年法治教育。为了加强青少年法治教育，构建学校、社会、家庭"三位一体"的青少年法治教育体系，2016 年教育部等七部门特别发布了《关于加强青少年法治教育实践基地建设的意见》。2023 年 11 月 29 日，全国青少年学生法治教育实践示范基地暨最高人民检察院未成年人法治教育实践基地在北京正式开馆，为加强青少年法治教育提供了重要平台。

4. 设立国家宪法日。为了增强法律意识，弘扬宪法精神，2014 年 11 月 1 日，十二届全国人大常委会第十一次会议表决通过，决定将 12 月 4 日设立为国家宪法日。设立国家宪法日有助于普及宪法知识，有助于公民通过各种宪法宣传活动感受宪法的价值，扩大宪法实施的群众基础。

5. 建立法治宣传教育指标评价体系。科学化评价体系是"指挥棒"和"助推器"，通过构建指标评价体系有利于引领、推动法治宣传教育工作。为了保证普法工作落到实处，2018 年 8 月，全国普法办公室印发了《全国法治宣传教育第七个五年规划考核评估指标体系（试行）》（以下简称《指标体系》）。《指标体系》将普法宣传教育指标分为三大类，其中一级指标主要有：（1）普法工作推进情况；（2）普法工作成效情况；（3）普法工作创新情况。一级指标下设立二级指标 9 个，三级指标 26 个，等等（具体见表 2-1）。

表 2-1　全国法治宣传教育考核评估指标体系（试行）

一级指标	二级指标	三级指标
普法工作推进情况	组织领导和保障	Ⅲ—1 党政主要负责人履行法治建设第一责任人职责情况
		Ⅲ—2 普法规划和人大常委会决议制定情况
		Ⅲ—3 加强法治宣传教育考核情况
		Ⅲ—4 普法工作队伍建设情况
		Ⅲ—5 普法工作经费保障情况

续表

一级指标	二级指标	三级指标
普法工作推进情况	重点内容宣传	Ⅲ—6 学习宣传习近平总书记关于全面依法治国重要论述情况
		Ⅲ—7 宪法学习宣传教育情况
		Ⅲ—8 中国特色社会主义法律体系和党内法规宣传情况
	谁执法谁普法	Ⅲ—9 普法责任制建设情况
		Ⅲ—10 在执法司法和服务管理中开展普法情况
		Ⅲ—11 以案释法工作开展情况
		Ⅲ—12 普法依法治理主管部门发挥职能情况
	法治文化建设	Ⅲ—13 法治文化阵地建设情况
		Ⅲ—14 法治文化作品创作情况
		Ⅲ—15 媒体公益普法情况
		Ⅲ—16 运用新媒体新技术开展普法情况
	深化依法治理	Ⅲ—17 法治创建制度建设情况
		Ⅲ—18 地方依法治理情况
		Ⅲ—19 行业部门依法治理情况
		Ⅲ—20 基层依法治理情况
普法工作成效情况	法治观念	Ⅲ—21 社会公众法治意识
	法治行为	Ⅲ—22 全民守法情况
		Ⅲ—23 政府依法行政情况
		Ⅲ—24 法治环境情况
普法工作创新情况	创新项目	省（区、市）结合本地实际，开展的特色创新工作，如探索建立领导干部法治素质和法治能力测评指标体系；将测评结果作为提拔使用的重要参考；在执法司法过程中嵌入普法程序；健全公民和组织守法信用记录，完善守法诚信褒奖机制和违法失信行为惩戒机制；等等
	表彰奖励和典型经验	省（区、市）获全国性表彰和荣誉的；被中央领导批示肯定的；在司法部、全国普法办公室等召开的全国性会议上作交流发言的；由司法部、全国普法办批转在全国推广工作经验的；其他认定可以加分的情况

五、以社会主义核心价值观为引领，行为法治文化不断创新发展

法治文化不仅反映在制度文明、精神文明层面，还体现在法治运行过程中的行为方式上，即我们通常所说的行为法治文化。行为法治文化动态地反映国家法治运行状况，反映在国家立法、执法、司法和公民守法行为之中。党的十八大以来，以习近平同志为核心的党中央在推进全面依法治国的过程中高度重视行为法治文化建设，为构建与社会主义核心价值观相适应的行为法治文化进行积极的思考和探索，取得显著成效。

（一）推动立法改革，促进立法工作科学化、民主化、依法化

对于法治国家建设来说，完善的法律体系是法治实践展开的基础。而完善的法律体系首先得益于"立法"工作的扎实推进。改革开放以来，中国共产党人在推进全面依法治国过程中高度重视立法工作，逐步建立了中国特色社会主义法律体系。与此同时，立法科学化、民主化水平也不断提高。党的十八大以来，习近平总书记高度重视立法工作。2013 年 2 月 23 日，他在主持十八届中央政治局第四次集体学习时指出："越是强调法治，越是要提高立法质量。"[①]2014 年 9 月 5 日，在庆祝全国人大成立 60 周年大会上的讲话中，习近平总书记强调立法要坚持以问题为导向，"要抓住提高立法质量这个关键，深入推进科学立法、民

---

① 《习近平关于全面依法治国论述摘编》，北京，中央文献出版社 2015 年版，第 43 页。

主立法，完善立法体制和程序"①。在此基础上，党的二十大报告进一步提出："推进科学立法、民主立法、依法立法，统筹立改废释纂，增强立法系统性、整体性、协同性、时效性。"②这表明中国共产党人对立法工作规律认识的进一步深化，坚持提高立法质量与维护法治相统一。

从实践中看，党的十八大以来，我国坚持立法与改革决策相结合，不仅加快立法步伐，发布一系列与社会主义核心价值观相适应的法律法规，同时立法体制也得到进一步完善，主要表现为：

1. 立法制度进一步完善。越是强调法治，越要提高立法质量，发挥立法的引领和推动作用。党的十八大以来，我国立法机制更加完善，立法过程更加透明。为了规范立法项目征集工作和科学编制年度立法工作计划，全国人大相继发布了《关于建立健全全国人大专门委员会、常委会工作机构组织起草重要法律草案制度的实施意见》（2016 年）、《立法项目征集和论证工作规范》（2016 年）等文件。同时，还坚持开门立法。包括立法计划的编制、法律草案的内容等都应当及时向社会公布，及时吸纳群众意见，反映群众呼声等。目前已经形成了立法座谈会、论证会、听证会、立法后评估以及法律草案征求意见等一系列开门立法制度，使法律法规反映人民意志，得到人民拥护。如"2017 年 3 月，在全国人大代表审议《民法总则》的过程中，共有 700 多位代表发言，提出了近 2000 条意见建议，有关部门根据代表们的审议意见，对《民法总则》草案先后作了 150

---

① 《习近平关于全面依法治国论述摘编》，北京，中央文献出版社 2015 年版，第 47 页。

② 习近平：《高举中国特色社会主义伟大旗帜　为全面建设社会主义现代化国家而团结奋斗——在中国共产党第二十次全国代表大会上的报告》，北京，人民出版社 2022 年版，第 41 页。

多处修改"①。在法律草案征求意见环节，除公布法律草案初审稿征求意见外，还向社会公布法律草案的二审稿。"消费者权益保护法修正案、环境保护法修正案、预算法修正案草案等草案二审稿都再次向社会公布征求意见。"②另外，注重发挥全国人民代表大会行使国家立法权的职权，保障人大代表直接参与行使立法权力。

为了推动科学立法，完善立法制度，2023 年 3 月 5 日，立法法修正案（草案）提请十四届全国人大一次会议审议。立法法修正案（草案）规定，立法应当符合宪法的规定、原则和精神，依照法定的权限和程序，从国家整体利益出发，维护社会主义法制的统一、尊严、权威。同时，立法应当坚持和发展全过程人民民主。对立法法作出修改完善，将进一步健全立法体制机制，规范立法活动，为提高立法质量和效率、加快形成完备的法律规范体系、建设中国特色社会主义法治体系、在法治轨道上全面建设社会主义现代化国家提供有力制度支撑。

2. 建立基层立法联系点，架起立法机关与基层的桥梁。基层立法联系点是社会公众参与立法的有效途径，立法联系点制度是一种全新的、基层人民群众直接参与的立法制度。通过基层立法联系点，社会公众可以更好地表达自己的意见，以更加便捷的方式参与立法活动。党的十八大以来，全国人大常委会及各地方人大常委会都加快了基层立法联系点的建设步伐。截至 2024 年 2 月，全国各地已设立人大代表"家站点" 20 多万个，基层立法联系点 6500 多个。③截至 2024 年 5 月，山东省青岛市已建成 1 个国家级、2 个省级、35 个市级基层立法联系

① 乔晓阳：《党的十八大以来立法工作新突破》，《求是》2017 年第 11 期。
② 张维炜：《布局"精细化"立法》，《中国人大》2014 年第 19 期。
③ 李小健、赵祯祺等：《新的奋斗起点　新的精彩答卷——全国人大常委会 2023 年代表工作综述》，《中国人大》2024 年第 4 期。

点，收集立法意见建议累计 2000 余条，128 条建议被全国人大立法采纳。①截至 2024 年 4 月，四川省雅安市天全县共设立 30 个基层立法信息征集点，35 个立法民意收集站，涵盖全县 10 个乡镇的人大、法院、检察院、公安、司法、生态环境、林业、财政等相关部门，并从基层干部、一线群众、法律工作者、专业人员中，组建了一支 153 人的立法信息员队伍。②对于发展全过程人民民主来说，基层立法联系点是"民意直通车"，建立基层立法联系点，不仅可以在立法调研、起草、论证等环节为立法者提供丰富的一手资料，也可以为之后的法律执行效果评估提供参考意见。建立健全立法联系点制度拓展了群众参与立法渠道，进一步促进了科学立法、民主立法。

3. 重要立法事项引入第三方评估。为了妥善解决和处理立法中争议较大的重要立法事项，中共中央、国务院发布的《法治政府建设实施纲要（2015—2020 年）》指出："探索委托第三方起草法律法规规章草案。定期开展法规规章立法后评估，提高政府立法科学性。"在此基础上，2017 年 12 月 18 日，全国人大常委会办公厅印发了《关于争议较大的重要立法事项引入第三方评估的工作规范》（以下简称《工作规范》）。《工作规范》明确规定了引入第三方评估事项范围、受委托的第三方应当具备的条件、引入第三方评估的程序、第三方评估报告的内容和要求等，对于提升立法质量和立法公信力无疑具有重要的意义。

（二）推进执法行为法治化，加快法治政府建设步伐

执法指的是一定的国家机关按照法律、法规和规章赋予的权限将国

---

① 刘佳旎、赵勇群等：《建好用好基层立法联系点，打造民主民意"直通车"》，《青岛日报》2024 年 5 月 7 日。

② 孙振宇：《高质量建好用好基层立法联系点》，《雅安日报》2024 年 4 月 12 日。

家立法机关制定的法律规范付诸实施的活动。以社会主义核心价值观引领行为法治文化不仅要做到重视科学立法，更要重视规范执法行为。如果行政执法机关不严格依法办事，而是滥用权力，乱作为，那么法治文化建设必然严重受损，也谈不上以社会主义核心价值观引领行为法治文化。

党的十八大以来，以习近平同志为核心的党中央为推动"严格规范公正文明执法"进行了积极的思考和探索。党的十八届四中全会就提出了"依法全面履行政府职能""深化行政执法体制改革""坚持严格规范公正文明执法"等方面的具体要求。即使在 2020 年年初发生新冠疫情期间，习近平总书记也强调要坚持运用法治思维和法治方式开展疫情防控工作，在处置重大突发事件中推进法治政府建设，提高依法执政、依法行政水平。在实践中，依法行政建设进入"快车道"，"严格规范公正文明执法"也得到积极推进，主要包括：

1. 深化行政体制改革，深入推进依法行政。党的十八大以来，习近平总书记多次强调依法行政的重要性。在党的二十大报告中，习近平总书记明确强调深化依法治国实践要"坚持依法治国、依法执政、依法行政共同推进，坚持法治国家、法治政府、法治社会一体建设"①。在实践中，党的十八大以来，行政审批制度改革深入推进，各地纷纷推行政府权力清单制度，深入开展"减事项、减次数、减材料、减时间"工作，不断提升政务环境水平。党的十九大至党的二十大的5 年中，政府"进一步简政放权，放宽市场准入，全面实施市场准入负面清单制度，清单管理措施比制度建立之初压减 64％，将行政许可事项全部纳入清单管理。取消和下放行政许可事项 1000 多项，中央政

———————

① 习近平：《高举中国特色社会主义伟大旗帜　为全面建设社会主义现代化国家而团结奋斗——在中国共产党第二十次全国代表大会上的报告》，北京，人民出版社 2022 年版，第 40 页。

府层面核准投资项目压减 90% 以上，工业产品生产许可证从 60 类减少到 10 类，工程建设项目全流程审批时间压缩到不超过 120 个工作日"①。尤其是 2021 年发布了《法治政府建设实施纲要（2021—2025年）》，确立了到 2025 年的总体目标，即政府行为全面纳入法治轨道，职责明确、依法行政的政府治理体系日益健全，行政执法体制机制基本完善，行政执法质量和效能大幅提升，突发事件应对能力显著增强，各地区各层级法治政府建设协调并进，更多地区实现率先突破，为到 2035 年基本建成法治国家、法治政府、法治社会奠定坚实基础。② 在新时代推进行政体制改革中，各级党委和政府进一步厘清政府和市场、政府和社会关系，推动有效市场和有为政府更好结合。完善经济调节、市场监管、社会管理、公共服务、生态环境保护等职能；健全宏观经济治理体系，创新和完善宏观调控；完善共建共治共享的社会治理制度，夯实基层社会治理基础；全面实行政府权责清单制度，落实和完善行政许可事项清单，坚决防止清单之外违法实施行政许可；全面落实监管责任，加快建立全方位、多层次、立体化监管体系，提升监管的精准性和有效性；全面提升政务服务水平，坚持传统服务与智能创新服务相结合，为人民群众和市场主体办事提供更多便利。

2. 行政执法体制改革逐步推进。关于行政执法体制改革，2013 年 9 月，党的十八届三中全会就明确指出，要"着力解决权责交叉、多头执法问题，建立权责统一、权威高效的行政执法体制"③。同时提出，要

---

① 李克强：《政府工作报告——2023 年 3 月 5 日在第十四届全国人民代表大会第一次会议上》，北京，人民出版社 2023 年版，第 16 页。

② 《法治政府建设实施纲要（2021—2025 年）》，《人民日报》2021 年 8 月 12 日。

③ 《十八大以来重要文献选编》（上），北京，中央文献出版社 2014 年版，第 529 页。

"完善行政执法程序，规范执法自由裁量权，加强对行政执法的监督"①。为了进一步推进行政执法体制改革，2015 年，中央机构编制委员会办公室发布了《关于开展综合行政执法体制改革试点工作的意见》，确定在全国 22 个省（自治区、直辖市）的 138 个试点城市开展综合行政执法体制改革试点。由此大大推进了综合行政执法体制改革步伐，各省也纷纷出台了相应的制度。之后，为了深入推动不同领域的行政执法体制改革，城市管理、环境保护等不同领域改革办法也逐步出台。如在城市管理方面就出台了《中共中央　国务院关于深入推进城市执法体制改革改进城市管理工作的指导意见》（2015 年），明确规定城市管理的内容，城市管理和执法职责边界、综合设置城市管理机构、推进综合执法的基本要求。同样在环境保护领域也发布了《关于省以下环保机构监测监察执法垂直管理制度改革试点工作的指导意见》（2016 年），要求建立健全职责明晰、分工合理的环境保护责任体系，同时指出要调整环境监测管理体制，"实行生态环境质量省级监测、考核"。但在环境执法上，则要实行"环境执法重心向市县下移，加强基层执法队伍建设，强化属地环境执法"。在商业领域，商务部发布了《关于进一步深化商务综合行政执法体制改革的指导意见》（2017 年），提出了"推动建立由政府牵头，商务、编制等部门参加的跨部门商务综合行政执法体制改革协调工作机制"，并就如何"整合综合执法职能""优化执法力量配置""严格规范执法行为"等也作了要求。总之，党的十八大以来，在全面深化改革的布局中，行政执法体制改革不断推进，各地也结合自己的情况进行了积极的探索，为理顺行政执法体制，推进综合行政执法提供了有益的经验。

---

① 《十八大以来重要文献选编》（上），北京，中央文献出版社 2014 年版，第 529 页。

3. 严格规范文明执法进一步推进。坚持严格规范公正文明执法是提升执法公信力的关键。对此，2019 年 1 月 3 日，《国务院办公厅关于全面推行行政执法公示制度执法全过程记录制度重大执法决定法制审核制度的指导意见》聚焦行政执法的源头、过程、结果等关键环节，全面推行行政执法公示等制度，为推进规范执法、文明执法奠定制度基础。在实践中为了促进严格规范公正文明执法，各地区进一步完善投诉处理机制，做到行政执法活动可投诉、可追溯、可监督。同时，为了进一步推进文明执法，创新执法方式，各地区都积极推行柔性执法。柔性执法是执法理念的创新，并不是允许执法人员在执法过程中能够以情代法、随意减轻或变更行政处罚，而是强调执法人员做到以理服人、以情感人。即通过"协商等温和手段，达到减少当事人抵触情绪，实现与当事人合作的功能。"①2019 年 3 月，上海市推出全国范围内的首份《市场轻微违法违规经营行为免罚清单》，明确市场主体发生符合规定情形的 34 项轻微违法违规经营行为将免予行政处罚。同年 8 月，浙江省也印发了《关于在市场监管领域实施轻微违法行为告知承诺制的意见》，明确对市场监管领域市场主体首次、轻微且没有造成明显危害后果的 67 种轻微违法行为，实施告知承诺制。也就是说，市场监管部门在执法检查过程中，初步认定并告知当事人存在轻微违法行为，经批评教育，当事人自愿签署承诺书承诺及时纠正或在约定时间内纠正，则市场监管部门不再予以查处。柔性执法是新时代文明执法的生动实践，对于优化执法行为，培育与社会主义核心价值观相适应的行为文化具有重要意义。

---

① 郑伟：《柔性执法的理念剖析——以上海城管执法为例》，《党政论坛》2016 年第 3 期。

案例：温州市公安局涉企轻微违法"首次不罚"柔性执法机制

温州市自 2019 年开展新时代"两个健康"先行区创建以来，法制支队在市局统一领导部署下，积极探索推行"柔性执法"改革工作，创新执法理念、机制，建立推行轻微违规行为"首次不罚"制度，为民营企业健康发展提供法治保障，着力构建亲清新型警企关系，努力打造新时代"两个健康"法治保护"温州样本"。

针对涉企执法存在轻微违规处罚过细、"执法陷阱"过多、"以罚代管"普遍、处罚记录可能影响信贷、强制措施可能影响运营等 6 类企业反映较为集中的问题，温州探索创新出台民营企业家容错关爱机制，努力实践谦抑审慎的涉企执法模式。在现有法律框架内，深入研究包容审慎的柔性执法监管模式，建立"首次不罚"、行政案件慎用强制措施等柔性执法制度。2019 年 3 月 27 日，制定出台《温州市公安局关于推行涉企轻微行政违规行为"首次不罚"柔性执法制度的通知》，并于 2019 年、2020 年、2021 年 3 次发布《温州市公安局涉企轻微行政违规行为"首次不罚"目录清单》，对符合条件的轻微违规行为，优先运用提醒、教育、约谈、责令改正等非处罚手段。同时建立涉企行政指导工作制度，于 2020 年 6 月制定下发《温州市公安局关于深化涉企行政指导工作的通知》，编制公布《温州市公安局涉企行政指导目录》，根据公安机关管理职能和企业需求，推行以非强制性服务指导手段代替日常监管和行政执法活动，通过政策辅导、规劝提醒、走访约谈、矛盾纠纷化解、法治宣传等方式，为企业出谋划策，引导企业树立自律意识，引导企业主动守法遵规、合法健康发展。

"首次不罚"柔性执法制度是温州市公安机关深入贯彻习近平法治思想，牢牢遵循以人民为中心的执法理念的充分体现。通过几年以来的深入推进，全市公安机关切实转变执法理念，聚焦群众反映的急难愁盼问题和行政执法领域的痛点、难点、堵点问题，全面推行人性化执法、说理式执法、阳光下执法，切实把"柔性"执法体现在行政执法工作实践中，引入轻微违法"容错免责"，变"被动监管"为"主动服务"，引导企业合法健康发展，最大限度降低执法对企业正常生产经营活动的不利影响，让日常执法既有力度又有温度，从而获得社会各界一致好评，构建起良好的法治政商环境。

（三）深化司法改革实践，优化司法行为

深化司法体制改革是增强司法独立性，优化司法行为的必然要求。对此，2014年党的十八届四中全会就对司法体制改革进行系统的部署。在党的十九大报告中，习近平总书记强调，要"深化司法体制综合配套改革，全面落实司法责任制"①。从实践中来看，中国共产党人为深化司法体制改革采取了一系列措施。

1. 强化司法为民的理念，全力满足群众多元需求。总的来说，相关的举措主要包括：一是提升诉讼服务水平。大力推进新型诉讼服务中心建设，实现线上、线下诉讼服务功能互通，为群众诉讼、律师执业提供全方位的服务，同时开发"智慧法院导航系统"，实现诉讼服务精准化，让数据多跑路，让群众少跑腿。二是创新便民利民措施。如浙江省"推出网上立案、巡回立案、跨域立案、延伸立案等方式，实现了立案服务最多跑一次的目标。"②三是强化繁简分流机制改革，依

---

① 习近平：《决胜全面建成小康社会 夺取新时代中国特色社会主义伟大胜利——在中国共产党第十九次全国代表大会上的报告》，北京，人民出版社2017年版，第39页。

② 李占国：《浙江省高级人民法院工作报告》，《浙江日报》2018年2月7日。

法适用简易程序、小额诉讼程序审理案件，大大缩短了诉讼周期，减轻了群众诉累。

2. 深化司法体制改革，全力促进司法公正高效。深化司法体制改革是促进司法公正的重要途径，党的十八大以来的主要举措有：一是全面实施立案登记制改革，变立案审查制为立案登记制，做到有案必立、有诉必理，加强监督，依法制裁虚假诉讼，维护正常诉讼秩序。二是全面推进司法责任制等基础性改革。完善司法责任制目标是建立健全司法机关办案组织，科学划分内部办案权限，突出主审法官在办案中的主体地位。为了推进司法责任制，2015 年 9 月，最高人民法院出台《关于完善人民法院司法责任制的若干意见》。2017 年 7 月，最高人民法院根据《最高人民法院关于完善人民法院司法责任制的若干意见》，结合最高人民法院工作实际，制定《最高人民法院司法责任制实施意见（试行）》，对最高人民法院推行司法责任制的基本原则、审判组织、审判人员、审判流程、审判监督与管理等内容作出了全面系统和可操作性的规定。三是对司法人员进行分类管理，以落实员额制为突破口，极大地提高了司法人员的专业水平和职业化水平。四是法官惩戒制度初步建立。2021 年 12 月，最高人民法院印发《法官惩戒工作程序规定（试行）》，规范了法官惩戒委员会组成，明确了惩戒对象、违法审判线索受理、调查核实、提请审议、作出惩戒决定及当事法官申诉复核等相关工作的办理程序，为人民法院依法依规追究法官违法审判责任提供了制度保障。2022 年 3 月，最高人民检察院印发《检察官惩戒工作程序规定（试行）》，明确了违反检察职责线索受理、调查核实、追责情形、责任划分、责任豁免、处理方式等方面的具体要求，并适用于检察官惩戒工作。五是推进人民陪审员制度改革。2015 年 4 月，全国人大常委会特别通过了《关于授权在部分地区开展人民陪审员制度改革试点工作的决定》。授权在 10 个省（区、市）选择 50 个法院开展为期 2 年的试点。之后，为了进一步推进这一制度改革，又发布了《人民陪审员制度改革试点工作实施办法》《关于进一步加强和改进人民陪审员制度改革试点工作的通知》等。

3. 以司法实践培育和践行社会主义核心价值观。党的十八大以来，司法实践的一个重要特点，就是以社会主义核心价值观引领司法实践，同时在司法实践中自觉培育和践行社会主义核心价值观。主要表现为：一是以公正审判引领社会风尚，弘扬社会主义核心价值观。比如 2017 年 1 月，北京市审理侵犯"狼牙山五壮士"名誉权案；2018 年 5 月，陕西西安审理的叶挺烈士名誉侵权纠纷案，通过司法审判捍卫革命先烈英雄形象；再如 2018 年 1 月，郑州市审理的医生在电梯内劝阻吸烟案，鼓励维护社会公共利益，表达遵守法律法规和社会公序良俗的重要性。二是以司法实践助推社会诚信建设。党的十八大以来，人民法院与国家有关部门联合建立信用信息共享和失信联合惩戒机制，并加大对拒不申报财产、逃避规避执行行为的惩戒力度。各地区也进行了许多有效的探索实践。2023 年 11 月，江苏省印发《关于加强个人诚信体系建设的实施意见》，规范 18 周岁以上自然人信用记录和共享使用，完善个人信用信息安全、隐私保护与信用修复机制，大力实施守信激励与失信惩戒，积极营造知信守信用信的良好社会氛围。[①] 三是相关的制度初步建立。具有代表性的就是 2015 年 10 月，最高人民法院发布的《最高人民法院关于在人民法院工作中培育和践行社会主义核心价值观的若干意见》，明确了人民法院培育和践行社会主义核心价值

---

① 《江苏加强个人诚信体系建设　大力实施守信激励与失信惩戒》，《南京晨报》2023 年 11 月 21 日。

观的基本要求。虽然这只是一个指导性的文件，但它对于我们认识人民法院在培育和践行社会主义核心价值观过程中的职责具有重要的实践意义。此外，2018 年 9 月，最高人民法院发布《关于在司法解释中全面贯彻社会主义核心价值观的工作规划（2018—2023）》。2021 年 2 月，最高人民法院又印发《关于深入推进社会主义核心价值观融入裁判文书释法说理的指导意见》，并先后发布多批弘扬社会主义核心价值观典型案例，明确要求各级人民法院把弘扬社会主义核心价值观融入司法办案全过程。

第三章　新时代社会主义核心价值观融入法治文化建设面临的问题分析

　　党的十八大以来，以习近平同志为核心的党中央为推进社会主义核心价值观融入法治文化建设进行了积极的实践探索，社会主义核心价值观与法治文化建设互动效应逐步呈现，这无论对于新时代中国特色社会主义文化建设，还是对于法治国家建设都具有积极的意义。不过我们也需要看到，培育和践行社会主义核心价值观是一个长期的过程，当前社会主义核心价值观与法治文化建设的有效互动还面临不少的问题。

　　为了系统了解社会主义核心价值观与法治文化建设互动面临的问题，尤其分析物化法治文化、制度法治文化、精神法治文化和行为法治文化与社会主义核心价值观不相适应的表现，笔者在进行理论研究，充分梳理、借鉴现有学者的研究成果，以及媒体披露的信息的同时，基于对 X 市和 Y 市的调查研究，其中向 X 市分发问卷 345 份（收回 340 份），向 Y 市分发问卷 500 份（收回 496 份），共统计问卷836 份。

　　X 市位于中部地区，经济发展相对滞后，但历史文化资源厚重。Y市是我国东部地区经济较为发达的地区之一。Y 市慈善文化较为发达，曾经获得"七星级慈善城市"国家级金名片。尤其是近年来 Y 市正在为推动该市"两个健康"（即非公有制经济健康发展和非公有制经济人士健康成长）积极探索，非常注重市场法治化建设，为构建亲清新型政商关系、营造良好的市场环境，推进法治文化建设等方面付出了一系列的努力。从调查对象来看，调查对象主要包括企业职工、大学生和公务员，也包括部分随机发放的社会人员。

一、社会主义核心价值观融入物化法治文化建设面临的主要问题

党的十八大以来，在全面依法治国的实践中，为了推进中国特色社会主义法治文化建设，营造浓厚的法治文化氛围，各地区加大了法治文化阵地建设投入，巩固提升法治文化阵地建设，物化法治文化建设成效明显。总的来说，目前物化法治文化阵地建设还有待强化，法院建筑设计也存在着与社会主义核心价值观不符合的地方。具体来说主要表现为：

（一）物化法治文化阵地建设需要继续推进

党的十八大以来，法治文化主题公园、法治广场、法治长廊、法纪教育基地建设等广泛推进，一些地方还利用陈列室、文化礼堂等设施拓展法治文化建设阵地。总的来说，目前法治文化阵地建设还有不少提升的空间，存在与培育和践行社会主义核心价值观不相适应的地方，具体来说主要表现为以下3点。

第一，一些地方政府部门对法治文化建设的地位和作用认识不足，认为经济发展是硬指标，法治文化建设是软任务，对法治文化阵地建设积极性不高，财政投入有限，措施不够有力，工作缺乏规划，各部

门单打独斗、各自为政，处于被动应付状态。

第二，形式大于内容，氛围不浓。有些法治文化阵地建成后，没有充分拓展丰富内涵，成为一个虚架子、摆设，文化建设氛围不够浓厚，其导向作用和影响力不够明显。有的法治文化阵地内容长期不更新，缺乏管理，未能有效实现形式与效果的有机统一。

第三，法治文化阵地建设推进不均衡。受制于一些地方、部门对法治文化阵地建设重视程度、财力状况等因素的差异，各地区法治文化阵地建设不均衡。从目前来看，尤其表现为县级及县级以下地区的法治文化阵地建设滞后。有的地方法治文化阵地建设没有能够实现向乡镇、村（社区）延伸。

（二）法院建筑和文化设施建设存在不足

建筑同绘画艺术一样，是人们一定思想和理念的表达，反过来建筑又会对人们的思想、观念产生影响。法院建筑是司法活动的空间和载体，是人们从事司法活动的场所。法院建筑直接反映国家司法理念、展示国家的司法文化，影响人们对法律权威的认识以及人们的法治观念。构建与社会主义核心价值观相适应的物化法治文化需要建设、完善与社会主义核心价值观相适应的司法设施，尤其是法院的建筑。

改革开放以来，随着生产力的快速发展，法院建筑设施得到极大的改善。目前都已建立起独立的办公大楼，服务大厅设置了电子查询、立案登记、信访接待、法律咨询、收退费等窗口，开通12368诉讼服务热线等。不仅方便了人民群众诉讼，而且优化了司法设施，提升了物化法治文化建设水平。总的来说，也存在一些问题，主要包括：

第一，法院建筑样式的"洋化"。总的来说，目前全国各地法院建筑比较中规中矩，建筑恢宏庄严，同时体现出中国特色社会主义的法治理念、法治精神。以最高人民法院为例，最高人民法院前8根立柱均衡分布不仅让人感受到法律的宏伟、威严，也有利于人们感受到平衡、平等和公正的法治氛围。不过我们也要看到不少法院建筑照搬照抄西方法院建筑风格，忽略了中国自己的元素。比较有代表性的就是上海闵行区人民法院，该法院建筑完全模仿美国国会大厦建筑样式，与培育和践行社会主义核心价值观的要求不符。与之相类似的还有南昌市中级人民法院、浙江东阳市人民法院等。

第二，法院建筑的封闭性。当前法院广场有两种形式，即开放性的和封闭性的。封闭性的法院广场主要采用围栏的形式，并且这种形式占当前法院建筑的大多数，这一定程度上带给人一种距离感。实际上，法院不仅是人们从事司法活动的场所，也应当是法治文化活动和宣传的场所。在全面依法治国的今天，推进社会主义法治文化建设也应当充分利用、发挥法院建筑的功能。目前法院建筑的封闭式管理，使法院建筑本身没有能够落实平等性开放空间的要求。除了发生司法纠纷，一般情况下人们是难以进入的。即使是当事人，在接受法院安检之后，往往也会被指定在某个区域等候，不能随意走动。总之，目前法院建筑的封闭性是难以实现法院建筑的教育功能的。

法治建筑除了主体法院建筑外，还应包括其他附属的建筑，例如我国法院中常有的喷泉以及法治雕像等。但我们知道法治建筑不应是孤立的，它还应该有相关的配套性举措。而目前不少法院在建筑配套性方面存在诸多不足。比如，不少法院的广场仅有两头石狮，法院广场变成工作人员的停车场。

第三，一些法院文化设施建设滞后。主要表现为有的法院领导认为文化建设是"花瓶效应"，是"务虚工程"，在实践中不重视法院文化基础设施建设，一些基层法院办公场所紧张，法院建设办公用地只能保证法官、干警等工作人员的办公场所，不能留出空间用于文化建设专用场地，等等。

二、社会主义核心价值观融入制度法治文化建设面临的主要问题

（一）社会主义核心价值观融入法律法规建设还有很长的距离

制度法治文化是法治文化建设的核心。推进社会主义核心价值观与制度法治文化互动一方面要求法律法规体现社会主义核心价值观的精神和要求，另一方面需要构建与社会主义核心价值观相适应的法律法规体系。不过，总的来看，目前这两个方面都还存在一定的不足。主要表现为：某些法律法规价值的导向、内容与社会主义核心价值观不合拍。"部分立法中的'社会主义核心价值观'条文并无相应的制度化、具体化的原则、规则条文配套，一些法律规范中权利义务分配、权力责任配置与社会主义核心价值观不匹配。"[①]现实法律运行中也存在着法与情的冲突、法与理的分离等现象，导致现实中出现司法判决与社会主义核心价值观冲突。从具体法律制度层面来看，目前存在的问题主要表现为：

[①] 肖北庚：《社会主义核心价值观入法入规立法审查机制的构建》，《光明日报》2018年7月25日。

　　1. 社会主义市场经济法律法规有待进一步完善。构建自由、竞争、统一、规范的市场经济秩序是市场经济领域培育和践行社会主义核心价值观的重要体现，也是社会主义市场经济健康发展的必然要求。应该看到，改革开放以来，我国社会主义市场经济法律法规建设取得了很大的成就。如改革开放之初，为了适应市场经济发展的需要就发布了：《涉外经济合同法》（1985 年）、《中华人民共和国民法通则》（1986 年）、《中华人民共和国土地管理法》（1986 年）、《中华人民共和国外资企业法》（1986 年）、《中华人民共和国全民所有制工业企业法》（1988 年）、《中华人民共和国企业破产法》（2006 年）等。党的十四大之后，随着市场经济的深入推进，又发布了《中华人民共和国劳动法》（1994 年）、《中华人民共和国合同法》（1999 年）等。党的十六大之后，中国共产党人进一步加快了中国特色社会主义法律体系建设步伐。除了对一些法律法规加以修订完善之外，还发布了《中华人民共和国专利法》（1984 年）、《中华人民共和国反洗钱法》（2006 年）等。党的十八大以来，我们又修订发布了《中华人民共和国商标法》《中华人民共和国中小企业促进法》等法律法规。不过，目前社会主义市场经济法律制度依然存在诸多与社会主义核心价值观不符的地方。如有的法律法规价值的导向、内容与社会主义核心价值观不合拍，有的法律法规内容滞后于新时代社会主义市场经济的发展，等等。具体来说，主要表现为以下 3 点。

　　第一，平等保护各类市场主体产权法律制度不完善。我国所有制结构是以公有制经济为主体，多种所有制经济共同发展。这是我国经济制度的重要优势，必须毫不动摇地予以坚持。但是坚持公有制的主体地位并不排斥民营企业的发展，反之我们需要注重平等保护各类产权。实际上，为了加强产权保护，2016 年 11 月，国家就发布了《关于完善产权保护制度依法保护产权的意见》，明确了加强各种所有制经济产权保护的基本要求。不过，我们也需要看到，长期以来，"现实中，由于观念上的偏差、制度设计上的缺陷、政策落实上的不到位等原因，当前各所有制经济主体权益并未能实现平等保护"[①]。主要表现为：一是市场环境方面，隐性的歧视性障碍依然存在。如目前政府的一些采购项目或外包的服务，在项目设置上依然存在着不公平对待民营企业的问题。在融资方面，民营企业融资难、融资贵的现象也较为突出。二是保护民营企业产权问题。以天津市为例，天津市工商联建立保护联盟，协调推动公检法等知识产权保护部门加强对民营企业知识产权保护工作，与市知识产权局联合印发《天津市协同推进知识产权服务民营经济发展工作的实施意见》，全面支持民营企业依靠创新实现高质量发展。截至 2023 年 7 月，天津市在市、区两级已有 17 个法官工作室的基础上，新设立 6 个驻行业商会、异地商会和综合性商会法官工作室。法官工作室共调解纠纷 4000 余件，调解成功近 2000 件。[②] 常见的侵权现象诸如将企业家个人、企业股东财产混同于企业法人财产，出现"自然人违法随意牵连企业法人财产，企业法人违法随意牵连自然人财产。"[③]"我国相关法律对民营企业家人身财产安全的保护存在很大不足。在实践中，有时会出现滥用刑事手段插手经济纠纷、滥用强制措施损害企业家的人身财产权。"[④]

---

① 银温泉、刘现伟：《完善产权保护法律制度是市场经济健康发展的制度基础》，《中国经济导报》2016 年 12 月 21 日。

② 《天津市工商联真功实效保护民企知识产权 全面支持企业依靠创新实现高质量发展》，《中华工商时报》2023 年 7 月 10 日。

③ 赵志华：《加强民营企业产权保护的必要性》，《中华工商时报》2019 年 3 月 20 日。

④ 曹帅、杜沂霖：《构建民营经济健康发展的法治环境》，《人民法治》2019 年第 2 期。

第二，知识产权保护法律建设需要进一步强化。知识产权又称为智慧财产权、智力成果权，涉及专利权、商标权、版权（也称著作权）等领域。知识产权保护法律建设事关保护人民创业的积极性，事关创新型国家建设，是社会主义市场经济法律制度建设不可或缺的重要组成部分。党的十八大以来，国家加大了知识产权保护力度。2015 年 12 月，国务院印发了《关于新形势下加快知识产权强国建设的若干意见》。不过从具体的法规层面来看，目前知识产权保护法律也有待进一步完善。主要表现为：一是缺乏完整体系的立法基础。"知识产权法律分散在不同领域、不同行业、不同部门，尚无统一的知识产权保护法典。"[①] 二是不同法律在规定上，存在不协调、不合理的现象。比如"商标法规定的商标侵权的法定赔偿额远远高于专利法规定的专利侵权法定赔偿额"。[②] 三是知识产权法律制度的保护范围较窄。尤其是在信息化深入推进，基因工程、生物技术深化发展情况下，现有的知识产权法规定的范围难以满足技术领域出现的新情况、新问题，知识产权保护面临着主体复杂化、侵权行为及方式多样化、线上线下维权取证难等问题。

第三，规范市场秩序的法律有待完善。建立统一、开放、竞争、有序的社会主义市场经济是社会主义市场经济建设的重要目标。不过，由于市场行为主体的复杂性，相关法律法规的滞后性是难以避免的。以《中华人民共和国反不正当竞争法》为例，反不正当竞争是维护市场公平秩序的必然要求。不过我们应该看到，随着市场经济的深入推进，不正当竞争的形式更加多样，比如有的企业打着"普及知识，惠

---

① 陈泉：《新时代强化知识产权保护对策研究》，《中国发明与专利》2018 年第 4 期。

② 陈泉：《新时代强化知识产权保护对策研究》，《中国发明与专利》2018 年第 4 期。

及群众""限时售赠"等旗号,虚夸企业产品性能、效果,误导消费者对产品的判断;部分经营者为了在竞争中打击对手,采用各种手段收集不利于竞争对手的信息,或者抓住个别消费者的申投诉,煽动、资助消费者把事情闹大,甚至授意部分"消费者"通过微信、微博等网络平台恶意进行诋毁宣传,以打击竞争对手商誉;有的企业为了抬高声誉,主动赞助或支持评奖,主办单位在收受赞助费后,有意向赞助商倾斜,人为操作出有利于出资企业的评比结果并在媒体上公布、公示,蒙蔽了社会大众的双眼,等等。而现行《中华人民共和国反不正当竞争法》对上述现象还缺乏规定,以至于一些新型不正当竞争行为无法定依据而得不到有效查处,制约了对公平市场经济秩序的维护。

2. 文化法律制度建设步伐相对滞后。为了推进社会主义文化事业的发展,党的十八大以来,以习近平同志为核心的党中央大力推进文化法律制度建设步伐。总的看来,当前文化法律制度还面临着不少的问题,主要表现为:

第一,文化法律制度的立法层次相对较低。目前,文化立法大部分是以"办法""通知""条例"等行政法规和行政规章形式出现的。如《文化行政处罚程序规定》(1997年)、《公共文化体育设施条例》(2003年)、《文化部社会组织管理暂行办法》(2013年)、《网络文化经营单位内容自审管理办法》(2013年)、《中华人民共和国博物馆条例》(2015年)、《中华人民共和国风景名胜区条例》(2016年修正本)、《娱乐场所管理条例》(2016年修正本)、《营业性演出管理条例》(2016年修正本)等。在文化法律制度中,由全国人大制定并颁布的法律法规相对较少,文化立法整体层次比较低。

第二,文化立法数量不足,不少领域还缺乏法律。以广播电视领域为例,改革开放以来我国广播电视事业快速发展,其基本成为人们生活不可或缺的部分，但是目前该领域的法规主要是《广播电视管理条例》《广播电视设施保护条例（修订）》等行政法规，《广播电视管理条例》仍处于缺位状态。党的十八大以来，我国文化产业快速发展，但《文化产业促进法》也还没有出台。近年来，随着信息化的快速推进，一些新兴产业快速发展，如文化数字产业、动漫和网游等，但文化立法也没有能够得到及时跟进。截至 2022 年 10 月，我国东部地区有 6 个省（市）（广东、上海、江苏、浙江、天津、北京）出台了地方性公共文化服务保障法规，西部地区共计 7 个省（市、自治区）（陕西、贵州、重庆、四川、甘肃、云南、宁夏）出台了该类法规。① 当前我国文化立法仍存在一些不足，例如"既有文化法在促进文化创新的方向上不聚焦，力度上不充足，当前的文化法只是将创新当作促进文化行业发展的手段，而没有将文化创新提升到文化行业、文化领域建设发展本质需求的层面进行相应的制度建构"②。

第三，文化立法的质量有待提高。主要表现为：文化法律的适应性有待提高，尤其是不少文化法规制度依然带有计划经济的思维和痕迹，在具体内容上，偏重于管理、规范、义务等方面的设定，而对于文化主体的权利保障、文化服务方面的规定则相对缺乏，以文化创意产业的立法为例，"从整体上看，我国文化创意产业的立法理念倾向于'重审批管理，轻保障促进'，法律法规侧重于管理、限制、惩罚、义务等。而对文化创意产业经营主体的权利保障和政策扶持较少提及。"③

---

① 汪全莉、陶庭玉：《我国东西部地区地方性公共文化服务保障立法比较研究》，《图书馆学研究》2023 年第 9 期。

② 蔡武进：《文化创新主旨下我国文化立法的价值维度及现实向度》，《山东大学学报（哲学社会科学版）》2021 年第 2 期。

③ 杜亚：《文化创意产业立法的反思和建构》，《人民论坛》2018 年第 16 期。

3. 民生法律制度建设任重道远。保障民生是实现社会公平正义的必然要求。改革开放以来，随着社会建设的推进，民生法律制度逐步完善，涉及教育、就业、慈善事业、医疗卫生、社会保障等各个层面。总的看来，民生法律法规建设依然任重道远，一些领域还存在空白。

第一，部分法律法规内容滞后于时代发展。以《中华人民共和国社会保险法》为例，该法是一部着力保障和改善民生的法律，于2011年7月1日实施。该法的实施对于保障人民共享改革发展成果，保障人民参加社会保险和享受社会保险待遇的合法权益都具有重要的意义。但也存在与培育和践行社会主义核心价值观不相适应的地方。如《中华人民共和国社会保险法》将城乡养老社会保险进行分割，党的十八大以来，城乡居民基本养老保险制度已经进行了整合。《中华人民共和国社会保险法》上述规定已经滞后于当前国家经济发展的形势，并且"社会保险法关于进城务工的农村居民、征地农民的社会保险规定，与城乡社会保险制度一体化进程相悖离"[①]。再以劳动者就业为例，尽管《中华人民共和国劳动法》《中华人民共和国就业促进法》等法律法规都对劳动者平等就业进行了规定，但在现实中也出现不少新的就业歧视问题。如户籍、地域、疾病等方面的歧视。

第二，不少领域存在立法空白。主要表现为：一是在劳动就业领域，目前还缺乏关于劳动报酬、劳动条件最低标准的法律规范，即《劳动基准法》。集体合同制度是维护劳动者权益的重要制度，但目前我国《集体合同法》尚未出台。二是在分配领域，当前我国还缺少规范收入分配方面的法律法规，如《收入分配法》或者《工资法》。三是

---

① 青连斌：《推进社会保障制度的法制化建设》，《中国特色社会主义研究》2017年第3期。

在社会保障方面，目前虽然已经制定了《中华人民共和国老年人权益保障法》《中华人民共和国妇女权益保障法》《中华人民共和国残疾人保障法》《中华人民共和国社会保险法》《中华人民共和国社会救助法》等，但在特殊人群保护方面，尚未制定《儿童福利法》。"尽管近年来儿童福利对象已经扩大到困境儿童，但普惠性福利很少。此外，我国已有困境儿童相关法规政策的福利供给水平较低。因此，《儿童福利法》立法也应关注如何提升福利项目的保障水平，以促进困境儿童健康成长。"[①]总的来看，目前我国民生法律制度与社会主义核心价值观制度化要求还存在一定差距。

4. 生态文明法律制度有待进一步推进。生态文明建设是国家发展的重大战略，是贯彻落实绿色发展理念的要求，也是保障人民发展权、健康权的重要举措。尤其是新时代，随着人们物质生活水平的提高，人们对环境的要求也越来越高，尤其需要通过法律法规的完善推动生态环境的持续改善。

党的十八大以来，生态文明法律法规建设得到很大推进。不过我们也要看到，当前生态文明法律制度依然存在着诸多的问题，"我国现行法律的设置是不完备的，没有充分对公民的权益进行保护，而现有的法律归责体系也还存在漏洞，需要加以科学完善。"[②]有的法律法规内容有待完善，如有关的法律法规对环境保护的预防原则缺失、资源使用的可持续利用原则缺失和环境权（包括人身权和物权领域）方面的规定缺失等。法律中没有明确有关物权的权利人在使用、占有、收益、处分等各项权能时必须遵守环境保护的义务，并且我国民事主体

①　姚建平：《福利还是保护？——中国〈儿童福利法〉立法问题研究》，《社会保障评论》2022 年第 1 期。

②　徐翔：《生态环境的刑法保护路径》，《重庆社会科学》2018 年第 2 期。

制度忽视了公众对干净的水、清新的空气、优美的环境等方面的物质和精神上的要求，对相关的环境权缺乏必要的保护措施。

第一，绿色消费法律制度方面。绿色消费是生态文明建设的重要内容，也是未来消费的大趋势。目前我国关于绿色消费的法律法规主要分散在《中华人民共和国消费者权益保护法》《中华人民共和国节约能源法》等法律法规中。当然还包括相关的行政法规，如《绿色市场认证管理办法》《绿色食品标志管理办法》等。但到目前为止也还没有专门的保护绿色消费的法律法规。

第二，在生物技术安全防范方面。当前科学技术日新月异，基因工程、细胞工程等科学技术的研究日益深入，其内在的不可预测的风险也在增大，但就目前我国这方面的立法情况来看，是非常缺失的。"生物技术主要包括基因工程、细胞工程、酶工程……而目前我国的立法仅仅涉及基因工程一项内容。"[①]

第三，关于自然保护区法律法规方面。建立自然保护区是人们保护自然环境的重要举措。自然保护区是生物多样性保护的核心区域，是推进生态文明建设、建设美丽中国的重要载体。全国已建成 2750 处自然保护区，总面积约占陆地国土面积的 14.9%。[②] 但到目前为止，关于自然保护区的法律法规主要是《中华人民共和国自然保护区条例》（以下简称《条例》）。该《条例》是由国务院于 1994 年颁布，并分别于 2011 年、2017 年进行了修订。其他相关的法律法规分散在《中华人民共和国森林法》《中华人民共和国野生动物保护法》《中华人民共和

---

① 张治宇、刘小冰：《论生物技术生态安全风险的法律防范》，《中国环境法治》（辑刊）2014 年第 2 辑，第 17 页。

② 张神根、张倔：《百年党史——决定中国命运的关键抉择》，北京，人民出版社 2021 年版，第 261 页。

国海洋环境保护法》等法律法规中。总的来说，关于自然保护区的法律法规较为分散，法出多门，还缺乏统一的法律法规。

第四，关于粮食安全的法律法规。民以食为天，粮食安全是一个国家的立国之本。应该看到，近年来随着国家城市化进程的加快，农村出现土地荒芜、劳动力流失的现象，与此同时国家耕地面积也呈现萎缩的态势，维护粮食安全，保证粮食生产稳定发展也越发重要。因此，2023 年 12 月 29 日，十四届全国人大常委会第七次会议审议通过了《中华人民共和国粮食安全保障法》，自 2024 年 6 月 1 日起施行。

第五，野生动物保护法律法规方面。党的十八大以来，已经分别于 2016 年、2018 年对野生动物保护法进行修改，当前野生动物保护法仍存在不足，主要表现为：一是在立法目的上，未将生态安全纳入立法目的；二是对"野生动物"的内涵界定较窄，没有把与公众健康和公共卫生安全有关的动物放进来，加之，重点保护野生动物名录更新迟缓，导致一些"野生的动物"没有纳入法律调整的范围，不能对相关交易、食用行为加以遏制；三是立法内容需要进一步完善。例如猎捕、杀害和贩卖野生动物行为之所以长期存在，主要原因在于野生动物及其制品的消费需求仍然存在。因此，《中华人民共和国野生动物保护法》于 2022 年 12 月 30 日再次进行修订。

（二）社会主义核心价值观融入党内法规需要继续深化

在我国，中国共产党作为中国特色社会主义的领导力量，既是法治化国家建设的客体，也是推动依法治国的主体力量。可以说，没有中国共产党的推动和自觉努力，法治化国家的建设就不可能实现。同样，全面推进依法治国必须充分发挥党内法规对国家法律的促进作用。

具体来说，主要表现为：一是通过党内法规制度建设，在党内养成按照党内法规制度办事的习惯，有利于培育党员干部的法规意识和制度意识，从而为全面依法治国的推进奠定思想心理基础；二是通过运用党内法规制度调整党内关系，规范党组织和党员的行为，进而规范执政公权力行为，无疑有利于全面依法治国的贯彻落实。中国共产党的历史发展也表明：如果党内法规执行得好，法律法规就能得到较好遵守，法治建设就能顺利推进；反之，如果党内法规执行不好，法律法规的权威也树立不起来，依法治国也就无法实现。

总之，党规与国法是辩证统一的，依法治国首先要依规治党。党的十八大以来，以习近平同志为核心的党中央高度重视党内法规制度建设。党的十八届四中全会将党内法规纳入中国特色社会主义法治体系中，将"形成配套完备的党内法规制度体系"作为全面依法治国的重要目标。为了推进社会主义核心价值观入规入法，也为了完善党内法规制度，2016年12月，中共中央办公厅、国务院办公厅发布的《关于进一步把社会主义核心价值观融入法治建设的指导意见》明确指出："构建起配套完备的党内法规制度体系，推动党员干部带头践行社会主义核心价值观。"①不过我们也应该看到，当前社会主义核心价值观融入党内法规也存在着不少的问题。

1.党内法规体系建设与社会主义核心价值观不适应。完善党内法规体系是中国特色社会主义法治体系建设的重要内容，也是培育和践行社会主义核心价值观的重要内容。应该看到，党的十八大以来，为了推进党内法规制度建设，以习近平同志为核心的党中央着眼于全面

---

① 《中共中央办公厅　国务院办公厅印发〈关于进一步把社会主义核心价值观融入法治建设的指导意见〉》，《人民日报》2016年12月26日。

从严治党，注重顶层设计，相继发布了《中央党内法规制定工作五年规划纲要（2013—2017 年）》（2013 年）、《中央党内法规制定工作第二个五年规划（2018—2022 年）》（2018 年），明确了党内法规指导思想、目标要求、重点项目和落实要求。2023 年 8 月，中共中央办公厅、国务院办公厅印发《关于建立领导干部应知应会党内法规和国家法律清单制度的意见》，要求将学习习近平法治思想、党内法规、国家法律作为学习重点。在实践中也加大了党内法规的"立废改"工作，基本形成了党内法规制度建设的基本框架。主要有：一是 2013 年发布了《中国共产党党内法规制定条例》（以下简称《条例》），为党内法规制度体系建设提供基本依据和规范。其后在 2019 年对《条例》进行了修订，进一步明确党内法规制度程序和保障机制，为党内法规制定提供更为明确的制度保证。二是与时俱进修订党章。尤其是党的十九大明确把培育和践行社会主义核心价值观写进党章，为社会主义核心价值观融入党内法规奠定了根本的法规制度基础。三是具体党内法规制度建设方面，发布了一系列涵盖党的政治、思想、组织、作风和反腐倡廉等方面的党内法规制度。党的政治建设方面的《中共中央关于加强党的政治建设的意见》（2019 年）、《关于新形势下党内政治生活的若干准则》（2016 修订）；党的思想建设方面的《中国共产党党员教育管理工作条例》（2019 年）；党的组织建设方面的《中国共产党党组工作条例》（2015 年制定，2019 年修订）、《关于加强新形势下发展党员和党员管理工作的意见》（2013 年）；党的作风建设方面的《十八届中央政治局关于改进工作作风、密切联系群众的八项规定》（2012 年）；党的纪律建设方面的《中国共产党纪律处分条例》（2015 年、2018 年、2023 年修订）；党内监督方面的《中国共产党巡视工作条例》（2015 发布，2017 年修订）、《中国共产党党内监督条例》（2016 年修订）；等等。但从体系化的视角来看，当前党内法规制度还存在着诸多的不足。主要表现为：

第一，党内法规依然面临不少短板，党内法规立法不平衡。首先，党内法规依然面临不少短板。以反腐倡廉制度为例，党的十八大以来反腐倡廉制度建设快速推进，但一些领域依然存在短板。如公权私用、利益冲突是导致腐败的重要原因，目前很多地方已开始制定有关防止利益冲突的制度，总的来说，目前缺乏关于防止利益冲突基础性的党内法规制度。在党的组织建设方面，对于不担当不作为干部的组织处理办法，目前还缺乏专门性的党内法规制度。在党的作风建设方面，还缺乏对领导干部"八小时"之外活动的作风规定，等等。其次，党内法规立法不平衡，一些基础性的主干法规制度缺失。主要表现为党的组织建设、作风建设、反腐倡廉党内法规制度方面的立法数量较多，但是在党的思想建设、党员权利保障、党的领导、党的宣传等领域法规制度建设相对滞后。以党的思想领域党内法规制度为例，党的十八大以来发布的党内法规制度主要是《中国共产党党委（党组）理论学习中心组学习规则》（2017 年）、《关于推进"两学一做"学习教育常态化制度化的意见》（2017 年）、《中国共产党党员教育管理工作条例》（2019 年）等，党的思想建设方面党内法规数量有限。此外，当前党的宣传工作、党的领导工作等方面也都缺乏基础性的党内法规等。

第二，有的党内法规滞后于时代的发展。以《中国共产党全国代表大会和地方各级代表大会代表任期制暂行条例》（以下简称《暂行条例》）为例，《暂行条例》是 2008 年制定的。在当时的情况下，《暂行条例》对党代表的权利、职责规定偏于原则宽泛。比如对于党代表大会闭会期间党代表的职责没有作出具体规定。《暂行条例》制定以来，各地对党代表任期制进行了积极的实践,"因实际情况不同,各地在探索实践党代表任期制过程中,也对党代表的主要职责产生了不同的认识"①。这就要求我们结合当前实践需要及时对《暂行条例》进行修订完善,但《暂行条例》的修订工作目前还没有开展。再以反腐倡廉法规制度为例,防止利益冲突是反腐倡廉的焦点、难点,也是预防腐败制度的重要内容。因为一些领导干部出现这样那样的腐败问题,常常表现为"利益冲突",或以权谋私,或为他人牟利等,但目前党内法规制度建设中还没有就防止利益冲突进行专门性的"立法"。再如,随着反腐败斗争的持续发力、纵深推进,腐败的手段越发隐形变异、翻新升级,一些腐败分子从"台前"隐于"幕后"、从"现身"变为"隐身",由亲属和特定关系人代言办事,隔断办事和收钱的直接联系。因此,如何完善惩治新型腐败和隐性腐败制度也是当前党内法规制度建设亟待解决的任务。

第三,有的党内法规内容还有不少改善的空间。主要表现为:一是有的党内法规制度设计弹性过大,过于原则、笼统,难以形成刚性约束。再以领导干部财产申报制度为例,2017 年发布的《领导干部报告个人有关事项规定》对领导干部收入和财产申报事项作了明确的规定,但对财产申报事项的规定中,存在"规定过于简单、财产范围尚显狭窄"②等问题。二是有的党内法规内容还有需要改进的空间,不能完全满足实践的需要。例如《中国共产党问责条例》第六条规定了要对党组织和党的领导干部"全面从严治党不力,主体责任、监督责

---

① 郑海洋、杨岚凯:《加强和完善党代表任期制的困境与出路》,《社会科学研究》2014 年第 5 期。

② 乔亚南:《我国财产申报内容的反思、重构及其精细化设计——全面申报原则的坚持及其实现》,《求是学刊》2018 年第 4 期。

任落实不到位"加以问责。总的来看，无论是《中国共产党问责条例》还是一些地方出台的责任追究的相关规定，都是一种依职权启动的问责方式。至于广大党员或人大等国家机关，甚至是普通民众可否申请启动问责，当前还缺乏相关制度规定，在实践中，上述主体要想发起问责，由于缺乏相关的程序性规定，往往要通过信访或者借助于媒体、网络曝光等方式，引起有关领导或党组织的重视，才能启动问责程序。

第四，党内法规制度"配套性"建设尚未及时跟进。党内法规体系是由不同位阶法规制度构成的，由上至下，效力层层递减。党内法规制度配套性不足，必然导致一些基础性的党内法规制度无所依托，不利于党内法规制度的贯彻落实。我们需要看到："长期以来，由于我们缺乏对配套党内法规的重视，导致现有的配套党内法规不仅数量少、质量不高。"①以党内关怀制度为例，建立健全党内关怀机制是增强党员归属感的现实要求，也是培育和践行社会主义核心价值观的重要方面，但是长期以来党内关怀"立法"一直滞后，党内关怀缺乏党内法规保障。2019年3月，中央组织部发布了《中国共产党党内关怀帮扶办法》（以下简称《办法》）。总的看来，《办法》还是总体上的规定，在具体实践中还需要各地方制定具体的实施细则。再以党的政治建设为例，2019年2月，发布了《中共中央关于加强党的政治建设的意见》（以下简称《意见》）。《意见》对于坚定党员理想信念，对于净化党内政治生态、正风肃纪都具有重要的意义。不过要保证《意见》贯彻落实也离不开各地区出台相应的配套制度，制定实施办法，分解任务，明确责任。

第五，有的党内法规运行保障性措施缺乏。以领导干部财产申报

---

① 伊士国：《论形成完善的党内法规体系》，《学习与实践》2017年第7期。

制度建设为例，我们知道，领导干部财产申报制度落实需要各部门相互支持。但当前不同部门之间的信息壁垒依然存在，由此影响领导干部财产申报制度运行成效。

2. **党内法规的法治化建设还面临不少问题。**以法治思维、法治精神推动党内法规制度建设，就是要使党内法规制度从制定到文本，以及党内法规内容本身都应体现出现代法治理念和法治原则。不过，我们也需要看到，当前党内法规法治化高水平还面临着不少的问题。

第一，有的党内法规制度表述模糊，如《中国共产党问责条例》第六条第五项规定的"推进党风廉政建设和反腐败工作不坚决、不扎实"，等等。这种表述模糊与党内法规制度的政治属性有着很大的关系，表现政治话语和政策性话语更多凸显"党言党语"的特点。不过在国家治理现代化深入推进，社会主义法治国家向纵深迈进的过程中，需要我们以法治思维和法治精神完善全面从严治党制度，在充分认识党内法规制度政治属性，坚持"党言党语"的前提下，融入现代立法理念和立法技术，尽可能地将一些模糊性的规定转换为具备明确性要求的规范，"包括党规文本中'法言法语'的转引、取舍、嵌入、借用、替代、衔接等"①，提高党内法规制度的明确性。

第二，有的党内法规制度的逻辑结构不完整。党的十八大以来，为了规范党内法规制度，2013 年，中共中央发布了《中国共产党党内法规制定条例》，对党内法规制度制定权限、党内法规名称和表述形式、制定程序以及法规备案等都作了规定，对于规范党内法规具有重要的意义。但到目前为止有的党内法规制度还存在逻辑结构

---

① 邹东升、姚靖：《党内法规"党言党语"与"法言法语"的界分与融合》，《探索》2019 年第 5 期。

不完整的问题。以文本规范为例，完整的党内法规都应具备法律规则中应有的"假定条件、行为模式、法律后果"三要素，但"有的党内法规只有关于假定、处理规定，没有规定违反党内法规的具体处置措施。"① 以 2022 年发布的《推进领导干部能上能下若干规定》（以下简称《规定》）为例，《规定》对干部的任期、调整的各种情形等都作了规定，对于违反《规定》的处罚措施，《规定》指出："对严重不负责任，或者违反有关工作纪律要求的，应当追究党委（党组）及其组织（人事）部门主要负责人和有关领导成员、直接责任人责任。"② 至于追究什么样的责任？追究责任的程序是什么，《规定》没有给予说明。有的党内法规也规定了处罚措施，但规定非常模糊，不利于贯彻落实。

第三，党内法规与国家法律衔接水平有待提高。党内法规与国家法律法规是相互依赖、相互支撑的。党的性质和宗旨决定，党纪要严于国法，两者统一于中国特色社会主义法治建设中。但是也要看到，当前党内法规与国家法律法规冲突的现象依然存在。主要表现为：一是内容上的冲突。如《中华人民共和国地方各级人民代表大会和地方各级人民政府组织法》规定人大具有本地行政区域重大事项决定权。但《中国共产党地方委员会工作条例》（2015 年）赋予了地方党委对本地区重大问题决策权。从字面上看，两者的规定是有区别的，但地方重大问题"决策权"和"决定权"有无清晰的划分？如果有，两者在具体实践中又如何衔接？从目前来看，我们实际上很难区分，容易造成党内法规与法律的冲突。二是衔接不足。主要表现为党纪与国法

---

① 蒯正明：《将党内法规纳入社会主义法治化国家建设中的若干思考》，《中南大学学报（社会科学版）》2017 年第 4 期。

② 《推进领导干部能上能下若干规定（试行）》，《人民日报》2015 年 7 月 29 日。

之间存在空当，违纪处罚与违法处罚之间衔接不畅。

（三）社会主义核心价值观融入公共政策有待强化

"公共政策是对社会的公众行为、价值、规范所做出的有选择的约束与指引，它通常是通过法令、条例、规划、计划、方案等形式出现。"[①]公共政策我们可以将之看作广义的制度法治文化，它与人民群众的生活息息相关。推进社会主义核心价值观融入公共政策之中是保证公共政策科学性的内在要求。对此，2016 年 12 月，中共中央办公厅、国务院办公厅发布的《关于进一步把社会主义核心价值观融入法治建设的指导意见》就明确了将社会主义核心价值观融入公共政策中的重要性，强调要"形成有利于培育和弘扬社会主义核心价值观的良好政策导向和利益引导机制"。但从现实来看，当前有的公共政策还不能完全体现社会主义核心价值观的要求，主要表现为：

1. 公共政策价值导向与社会主义核心价值观不吻合。第一，公共政策的"非公共性"。公共政策应以"公共性"作为自己的目标，平等对待所有的社会主体，这也是公共政策的本质。但从现实中看，很多地方公共政策并不能做到这一点。主要的表现就是利益集团的影响。利益集团在西方也称之为压力集团，它们在法律上是独立的，是通过影响政府决策满足自身利益诉求的社会团体。我国是社会主义国家，广大人民群众的根本利益是一致的，但并不排除一些社会阶层或社会团体在利益上的具体差别。这些利益群体往往采取"集体"行为，由于拥有更丰富的资源和社会资本，他们有更多的机会可以接近决策者，

---

① 陶春丽、武奎：《社会主义核心价值观软法化的内在逻辑及其具体路径》，《安庆师范学院学报（社会科学版）》2016 年第 2 期。

表达自己的利益主张，甚至将自己的利益夸大为公共利益，从而使公共政策的天平偏向自己。此外，一些地方存在的保护主义实际上也是公共利益偏离"公共性"的重要表现。地方保护主义最常见的就是画地为牢，阻挠外地产品进入，为本地区的企业和产品提供"保护伞"。上述做法不仅与公共政策的"公共性"属性相悖，也与社会主义核心价值观相悖。

第二，公共政策与社会公平偏离。如有的地方政府出台一项政策就是为了追求政绩、追求形象。政绩工程、形象工程是领导干部为追求政绩而实施的行为，它与公共政策应坚持"公平"价值导向明显偏离。一些具体政策制度也存在偏重于追求物质利益，而忽视社会效益等问题。如在教育领域，一些教育部门为追求经济利益在招生中收取"赞助费""合作费"等，有违教育公平。再如，在医疗领域，有的医疗机构为获取利润抬高药价，高昂的医药费使众多患者感到"看病贵、看病难"，增加了患者及家庭的负担。不仅带来巨大的经济压力，也使一些患者由于看不起病，身体健康受到损害。

第三，公共政策制定过程中的利益冲突问题。我们必须看到，从事公共决策的人也有自己的利益追求，或者部分利益的考量，造成公共决策"公共性"与决策者个人利益，或决策部门利益之间的冲突。有的决策者为照顾一部分群体的利益，或者为特定对象谋取非法私利，甚至故意设置各种门槛，将大多数人排除在外，所有这些显然是与社会主义核心价值观所倡导的价值追求相背离的。

2. 公共政策制度的民主化、科学化水平有待提高。公共决策与广大人民的切身利益息息相关，但从当前有的地方决策制度建设情况来看，决策制度依然存在不完善的地方，主要表现为：

第一，集体领导制度有待完善。民主决策是科学决策的前提和基础，总的看来，目前决策"选择性民主"的问题依然存在。民主化集体决策制度难以形成对"一把手"的有效制衡，以至于在实践中出现种种不良现象，如一些地方出现的"集体腐败"，浙江"临海市涌泉镇塘头村的'集体决定'却成了集体腐败，让集体研究变了质"①。有的地方党委由于"一把手"的专断作风，班子成员不敢表达不同意见，班子成员选择沉默，以至于集体决策变成集体沉默，难以保证决策科学化。

第二，进一步保障民众参与决策权利。主要表现为：一是有些领导干部对民众参政重视不够。没有意识到民众参与决策对决策科学化的重要意义，甚至在内心有抵触情绪，认为民众参与决策没有什么意义，是不必要的。二是相关的制度建设有待强化。如民众参与政府决策的程序是什么？如何保障民众的参政权利？如贵阳市《南明区重大行政决策听证规定》规定："听证人由听证机关指定。"听证人直接由政府指定，这样的听证会效力必然引起民众的质疑。

3.公共政策体系结构与社会主义核心价值观不适应。以社会主义核心价值观为引领要求公共政策必须坚持以人民为中心，协调推进中国特色社会主义经济、政治、文化、社会和生态文明建设，不仅满足人民物质方面"硬性基本需求"，还必须注重保障人民民主权利，满足人民精神文化需求，加大社会保障建设力度，以及保护生态环境等。但我们看到，当前有些地方公共政策在内容结构上还不尽合理。尤其在进一步全面深化改革大背景下，各地区都出台了一系列深化改革的政策法规制度，但大都是关于经济体制改革方面的，如政府行政审批

---

① 肖华：《"集体决策"不是"集体腐败"挡箭牌》，《检察日报》2015 年 10 月 20 日。

制度改革、推进民营经济发展制度等，但关于道德文化、社会分配制度、公共服务等方面的法规制度则相对较少。

三、社会主义核心价值观融入精神法治文化建设面临的主要问题

把社会主义核心价值观融入法治文化建设是一项长期的工作，尤其离不开社会主义核心价值观与精神法治文化建设的互动，需要在培育和践行社会主义核心价值观过程中增进人民的法治观念、法治意识，在推进法治文化建设中培育和践行社会主义核心价值观。不过，从当前来看，社会主义核心价值观与精神法治文化建设的互动还面临着诸多不畅。

（一）法治观念、法治意识与社会主义核心价值观要求不适应

法治不只是制度构成，而且是一种沉淀于人们内心的观念。法治观念、法治意识是人们基于自身的实践所形成的法治体验、法治认知，是精神法治文化的核心内容。人们的法治观念、法治意识决定和支配着人们的行为趋向和行为选择，同时也决定精神法治文化建设的成效，是一个国家法治建设的重要标志。应该肯定，随着中国特色社会主义法治建设的推进，当前人们的法治观念、法治意识得到极大提高，尤其是维权意识、学法意识都得到极大增强，但我们也应该看到，人们的法治观念、法治意识与新时代推进全面依法治国方略，培育和践行社会主义核心价值观都还有一定的距离。

1.权力至上，官僚主义。官僚主义的实质在于官本位思想严重、权力观扭曲。中国是一个受封建文化影响较深的国家，官本位的政治

文化在中国已有数千年的历史。时至今日，虽然人们的平等意识大大增强，但党内官本位思想、"圈子文化"、特权思想、"潜规则"意识等现象持续存在，尤其是有些领导干部热衷于追求权力，搞"一言堂"，漠视法规制度。正如习近平总书记强调的："现实生活中，有的法规制度意识淡薄，没有养成按照法规制度办事的习惯；有的对法规制度阳奉阴违，搞'上有政策、下有对策'；有的对法规制度采取实用主义态度，合意的就执行，不合意的就不执行；有的甚至根本没有把法规制度放在眼里，为所欲为、独断专行，将个人凌驾于法规制度之上，使法规制度形同虚设。"[①] 还有的领导干部热衷于跑关系、织圈子，为个人仕途搞拉帮结派、山头主义。领导干部的一言一行对群众都有着很大的影响，领导干部的法治意识薄弱对法治文化建设的影响尤深。

　　2. 法律知识有待提升。法律知识与法律意识息息相关，人们法治意识的提高是建立在人们对法律知识了解基础之上的。现实中往往存在有些人的行为已经违法，但自己却还不知道。笔者在关于"您知道自己有哪些权利义务"的问卷调查中，了解的占 8.13%；基本了解的占 16.14%；了解一点的占 55.26%；不了解的占 20.47%（见图 3-1）。在信息化、网络化深入发展的今天，人民对于网络法律制度的了解至关重要，也是今天法治国家建设的重点领域。笔者在关于网络法律制度知识的调查中，在问及"关于网络方面的法律法规您知道多少？"的问卷调查中，了解多的只占 6.81%，了解不多的占 69.13%；一点也不知道的占 24.06%（见图 3-2）。由此可以推测，当前大多数民众对网络法律法规的了解还不够。

----

　　① 习近平：《论坚持全面依法治国》，北京，中央文献出版社 2020 年版，第 154 页。

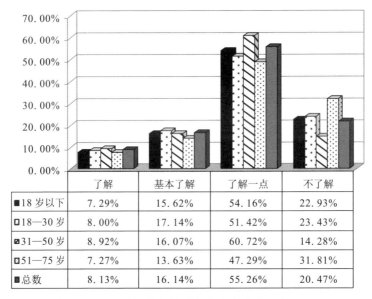

	了解	基本了解	了解一点	不了解
■18 岁以下	7.29%	15.62%	54.16%	22.93%
□18—30 岁	8.00%	17.14%	51.42%	23.43%
▨31—50 岁	8.92%	16.07%	60.72%	14.28%
□51—75 岁	7.27%	13.63%	47.29%	31.81%
■总数	8.13%	16.14%	55.26%	20.47%

图 3-1　不同年龄公民对自身权利义务了解情况

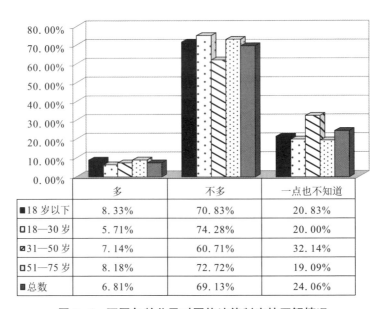

	多	不多	一点也不知道
■18 岁以下	8.33%	70.83%	20.83%
□18—30 岁	5.71%	74.28%	20.00%
▨31—50 岁	7.14%	60.71%	32.14%
□51—75 岁	8.18%	72.72%	19.09%
■总数	6.81%	69.13%	24.06%

图 3-2　不同年龄公民对网络法律制度的了解情况

3.法律法规意识有待提升。法律意识是人民法治观念的直接反映，但由于受传统法律工具主义观念的影响，人们的法律意识还有待提高，主要表现为：

第一，不相信法律的力量。在关于"您认为法律可以维护自身合法利益？"的问卷调查中，认为"可以"和"基本可以"总和为58.73%，认为"很难"和"不可以"的也占41.26%。说明，不相信法律的人占有很大的比重（见图3-3）。在关于"您对法律面前人人平等的看法是什么？"的问卷调查中，回答"可以实现"的只占12.67%，"基本可以实现"的占43.06%。而认为"很难实现"和"不可以实现"的总和占了45.08%（见图3-4）。这个比例实际上也是比较高的，反映了很大一部分人对法律权威的质疑。

第二，依法维权、依法办事的思维还没有完全形成，奉行潜规则意识较为普遍。由于受传统文化影响，尽管中国共产党人一直重视中

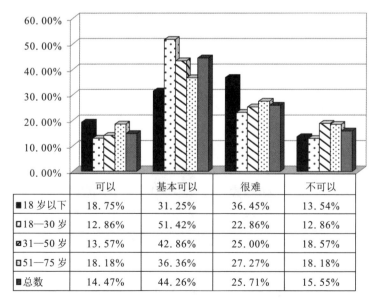

	可以	基本可以	很难	不可以
■18 岁以下	18.75%	31.25%	36.45%	13.54%
▫18—30 岁	12.86%	51.42%	22.86%	12.86%
▨31—50 岁	13.57%	42.86%	25.00%	18.57%
▦51—75 岁	18.18%	36.36%	27.27%	18.18%
▩总数	14.47%	44.26%	25.71%	15.55%

图 3-3　认为法律可以维护自身合法权益调查情况

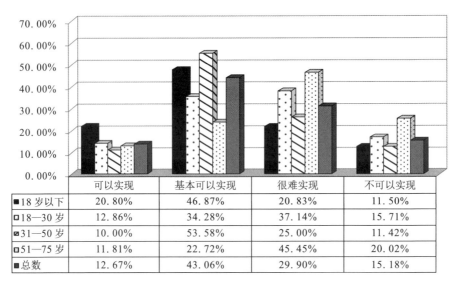

	可以实现	基本可以实现	很难实现	不可以实现
■ 18 岁以下	20.80%	46.87%	20.83%	11.50%
□ 18—30 岁	12.86%	34.28%	37.14%	15.71%
▨ 31—50 岁	10.00%	53.58%	25.00%	11.42%
□ 51—75 岁	11.81%	22.72%	45.45%	20.02%
■ 总数	12.67%	43.06%	29.90%	15.18%

图 3-4　不同年龄公民对法律面前人人平等的了解情况

国特色社会主义先进文化建设，但应该看到，中国仍是一个庞大的"人情社会"，"圈子文化"、特权思想、"潜规则"意识等现象持续存在。当前依法办事的法治良序还未完全建立，人们遇事"找人托关系"的习惯也还未彻底改变。根据调查显示，有 65% 的群众承认有过找关系的经历，有 96% 的群众认为重人情轻规则现象"比较严重"，有 69.1% 的群众认为重人情轻规则现象主要存在于"权力比较集中的部门"（多选，见图 3-5）。

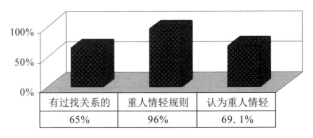

有过找关系的	重人情轻规则	认为重人情轻
65%	96%	69.1%

图 3-5　重人情轻规则状况调查情况

第三，法律法规运用功利化。主要表现为当法律法规能维护其切身利益时就非常重视法律法规的运用。但当法律法规与自身利益发生冲突时，或者有关法律法规约束自己的行为时，就会以自己喜欢的方式行事，寻找规避、变通、突破法律法规空间的可能。有的群众民主意识增强，但法律法规意识不够，在维权过程中采用的方式不当，找组织纠缠、无理取闹。有的领导干部处理问题不善于运用法律，不按照法律规定的职责行使权力。

（二）道德建设对精神法治文化的支撑作用有待强化

道德与法律是相互促进、相辅相成的。从维护社会治理秩序的作用来看，道德和法律如同车之两轮、鸟之双翼，不可偏废；从两者之间的关系而言，法律绝对不是冰冷的，是具有一定道德性的，我们要善于用道德性去评判一项法律到底是良法还是恶法。没有道德性的法律空有法律的躯壳，是不能够被遵从的。"任何法律都内含着道德判断、体现着道德取向、反映着道德价值。"[1]不仅如此，良好的道德熏陶还可以促使人们自觉遵守法律法规。"德治的扬善则是主动地防患于未然。"[2]"法律的约束力并不能必然产生道德，而道德的约束力一旦生成则可以形成内心的法律。"[3]总之，道德素养的培育，道德情感的养成都会促使人们自觉遵守现有的社会秩序和法律法规，形成对法治文化

---

[1] 陈勇、武曼曼等：《论增强法治的道德底蕴》，《思想理论教育导刊》2016 年第 2 期。

[2] 陈勇、武曼曼等：《论增强法治的道德底蕴》，《思想理论教育导刊》2016 年第 2 期。

[3] 陈勇、武曼曼等：《论增强法治的道德底蕴》，《思想理论教育导刊》2016 年第 2 期。

的坚强支撑。党的十八大以来，中国共产党人在推进全面依法治国的过程中，也加大了社会主义道德建设力度，总的来看，进一步提升道德对法治文化的支撑作用，还有不少需要努力的地方。

1.价值取向功利化。发展市场经济对人们价值信念的影响是双重的。从积极影响来看，发展市场经济能促进生产力的发展、促进人们思想观念的更新，它消除了人们头脑中的等级意识、保守心理，而代之以平等观念和竞争意识。它肯定和尊重人的价值，推动人们去努力实现自身价值。同时不可避免地带来价值取向功利化的问题，使一些人世界观、价值观和人生观逐步偏离正确的方向。习近平总书记强调："中国特色社会主义是我们党带领人民历经千辛万苦找到的实现中国梦的正确道路，也是广大青年应该牢固确立的人生信念。"①但我们也应该看到，人们的思想观念与树立中国特色社会主义共同理想、培育正确的世界观、人生观、价值观还有诸多不相适应的地方。在问卷调查"您知道中国特色社会主义共同理想是什么吗？"中，准确知道的占总数的50.66%。有20.70%回答"不清楚"（见表3-1）。在问及"假如理想与现实冲突，您会选择？"的问卷调查中，选择坚持理想的占18.87%，放弃理想的占39.00%（见表3-2）。在问及"您认为当前领导干部能践行为人民服务的宗旨吗？"的问卷调查中，回答"可以做到"与"基本可以做到"之和为68.23%。但也有21.61%的人认为"做不到"（见表3-3）。

表3-1　对中国特色社会主义共同理想了解情况调查表

		频率	百分比
有效	使人民富裕起来	127	15.28%
	实现富强、民主、文明、和谐、美丽的社会主义现代化强国	421	50.66%

① 《习近平谈治国理政》第1卷，北京，外文出版社2018年版，第50页。

续表

		频率	百分比
有效	实现共产主义	111	13.28%
	不清楚	172	20.70%
	合计	831	
缺失	系统	5	
	合计	836	

表 3-2 "假如理想与现实冲突，您会选择？"的情况

		频率	百分比
有效	坚持理想	157	18.87%
	放弃理想	326	39.00%
	视情况而定	169	20.21%
	不清楚	180	21.63%
	合计	832	
缺失	系统	4	
	合计	836	

表 3-3 "您认为当前领导干部能践行为人民服务的宗旨吗？"的情况

		频率	百分比
有效	可以做到	134	16.18%
	基本可以做到	431	52.05%
	做不到	179	21.61%
	不清楚	84	10.14%
	合计	828	
缺失	系统	8	
	合计	836	

2. 社会公德、职业道德、家庭美德建设依然面临不少问题。社会公德、职业道德、家庭美德是社会主义道德建设最基本的内容，也是衡量现代社会道德水平的重要指标。当前，我们既要看到社会公德、职业道德、家庭美德建设取得的成就，也要看到其中的不足。

第一，社会公德。"社会公德是指为维护、保证社会公共生活的正常秩序，每个社会成员在公共生活中应当遵守的最起码、最基本的道德准则和规范。"[①] 社会公德通过舆论、习惯等规范人们的行为，培育人们良好的道德品质。总的来看，当前公民社会公德状况良好，逐步树立了助人为乐、文明礼貌、爱护公物等良好社会风尚，但也有不乐观之处，公共道德失范的现象时有发生，主要包括：一是危害公共安全的失范行为。如媒体时常报道的食品安全环境污染等问题。二是破坏公共秩序的行为。如"中国式排队""中国式过马路"，再如当前共享单车使用中出现的乱停乱放、私锁共享单车等现象。三是损害公共形象的行为。如公共场合大声喧哗、吵闹，干扰人们正常生活等行为。四是逃避公共责任的行为。表现为道德冷漠、自私等行为，他人有难与我无关，"各人自扫门前雪，莫管他人瓦上霜"；"遇到小偷行窃不敢阻止，不闻不问"；遇到坏人行凶不敢制止，事不关己，高高挂起；还有一些人不敢助人为乐，怕担风险；等等。

第二，职业道德。职业道德是从业人员在某一职业领域应遵守的行为道德规范，它既是一种道德要求，也是一种职业底线。因为职业活动是人类生存发展的最基本的活动，职业道德涉及每个从业者，这也决定职业道德在社会道德建设中占有特殊重要地位。总体上来看，

---

① 王立东：《马克思主义伦理学十讲》，北京，冶金工业出版社2011年版，第137页。

目前我国职业道德建设取得的成就是显而易见的，但职业道德也面临市场逐利性挑战，受金钱至上、唯利是图、损公肥私等思想观念的影响。具体在不同行业表现也有所差异。如教师行业中，有的教师为人师表意识淡薄，缺乏敬业精神，存在不尊重学生、学术不端等行为；医生行业中存在部分医生情感淡漠、功利主义思想严重等；财会行业中，有的财务人员利用职务之便做假账、虚开发票等。

第三，家庭美德。家庭是社会的细胞，是人类生活的基地。小家联大家，大家联国家。家庭道德不仅关系到家庭幸福，也关系到整个社会主义道德建设。习近平总书记高度重视家庭道德建设，强调要"注重家庭、注重家教、注重家风……促进家庭和睦，促进亲人相亲相爱"[1]。他尤其强调领导干部要重视家庭道德教育，指出："领导干部要努力成为全社会的道德楷模……带头注重家庭、家教、家风。"[2]不过也要看到当前家庭美德建设也有其自身的问题。如一些家长存在"重智轻德"的理念，认为只要小孩学习好，其他的一些问题都不是大问题，认为孩子未来当老板、当官，才是成才。有的家庭存在老人得不到善待，有的青年人视"啃老"为正常现象，对家庭缺乏责任心，等等。

第四，个人品德。主要表现为个人品德淡化，日常生活被金钱和私欲支配，低级趣味和审丑文化流行，道德底线丧失，极端个人主义和利己主义盛行等。

3. 社会信用缺失问题尚未根本扭转。人无信不立，国无信则衰。注重诚信是中华民族的优良传统，诚信不仅是衡量个人品德的重要标尺，更是关系人民群众生活品质和幸福指数的民生问题。中国共产党

---

① 习近平：《在 2015 年春节团拜会上的讲话》，《人民日报》2015 年 2 月 18 日。

② 《习近平谈治国理政》第 2 卷，北京，外文出版社 2017 年版，第 135 页。

在治国理政的过程中高度重视社会诚信建设，尤其是党的十八大以来，以习近平同志为核心的党中央进一步加快社会诚信建设步伐，我国社会信用体系建设在很多基础领域和关键环节取得重要进展。但我们也需要看到，目前我国社会信用缺失问题还没有取得根本性的扭转，全国范围内的"不能失信、不愿失信"的社会氛围还远未形成。根据调查结果显示，在问及"您对当前社会的平均诚信度满意吗？"的问卷调查中，表示"满意"和"基本满意"之和只有49.21%，表示"一般"的占34.57%（见表3-4）。

表3-4 "您对当前社会的平均诚信度满意吗？"的情况

		频率	百分比
有效	满意	89	10.68%
	基本满意	321	38.53%
	一般	288	34.57%
	不满意	135	16.20%
	合计	833	
缺失	系统	3	
	合计	836	

从具体实践来看，目前社会诚信面临的问题主要表现为：一是在产品信用方面，依然存在虚假广告宣传、虚假商品质量保证的承诺等，一些假冒伪劣产品充斥市场，各种制假售假手法花样百出；二是从企业信用情况来看，存在少数企业拖欠赖账、合同违约，甚至偷税漏税、财务造假等问题；三是在教育科研领域，存在考试作弊、抄袭论文、违规招生、文凭造假等问题；四是在政府诚信方面，存在数字造假，搞虚假政绩，以及部分领导干部言行不一等问题。

从当前我国社会信用体系建设角度来看，目前社会信用体系建设也存在诸多的不足：一是诚信立法总体层次还比较低，法律位阶最高的只是国务院颁布的《征信业管理条例》。二是从诚信覆盖的领域来看，目前诚信法规制度主要规定的对象是企业和个人，而对于政务诚信、司法诚信立法还比较缺乏。"对如何提升政府公信力和司法公信力并没有给予应有的关注。"[①]三是覆盖全社会的征信系统尚未形成，如关于企业征信方面，目前主要关注的是企业基本信息和银行信贷信息，对于非银行负债信息，如民间借贷方面缺乏应有的关注。

（三）道德教育与法治教育缺乏有效衔接

道德和法律相辅相成，但它们又各具有其特殊的地位和功能。道德教育是意识形态建设的重要内容，道德教育是法治教育的基础，通过道德教育有利于夯实法治教育的基础，同样法治教育有利于提高人们的自律意识，切实培养人们的法治信仰，从内心自觉树立起对法律法规的敬畏和尊重，进而进一步增强道德教育效果。党的十八大以来，为了增强德治与法治教育衔接，教育部于 2016 年印发《关于 2016 年中小学教学用书的有关事项的通知》，将义务教育阶段的《品德与生活》《思想品德》教材名称统一更改为《道德与法治》。中小学教材这种变动，并不仅仅是简单的"更名"，更是推进德治教育与法治教育衔接的有效举措。在高校，中共中央宣传部、教育部于 2020 年 12 月印发《新时代学校思想政治理论课改革创新实施方案》，把《思想道德修养与法律基础》课程更名为《思想道德与法治》，自 2021 年秋季起正

---

① 杨福忠：《诚信价值观法律化视野下社会信用立法研究》，《首都师范大学学报（社会科学版）》2018 年第 5 期。

式实施，为促进高校道德教育与法治教育衔接奠定了很好的基础。不过从实践来看，目前道德教育与法治教育不仅两者自身有需要强化的地方，而且两者衔接方面也存在不完善之处。

1.道德教育与法治教育推进不平衡。我国自古就重视道德教育，其中学校的道德教育是主渠道。虽然目前国家已经将道德教育与法治教育结合起来，组成一门课程，对大中小学生同时开展道德教育和法治教育，但总的来看，两者推进是不平衡的。主要表现为：一是道德教育内容偏多，而法治教育内容相对较少。如高校《思想道德修养与法律基础》中，关于"法治教育"只安排了3章，导致教师没有足够的时间来进行法治教育。不仅如此，目前大多思政课教师没有法学背景，在教学实践中往往又会有意偏重于道德教育，进一步拉大了两者的不平衡。二是教学质量推进也不平衡，主要表现为道德教育师资力量更胜一筹，而在法治教育方面，"现阶段中小学校的法治教育教师普遍为各学科的教师兼任"，[①] 由此必然制约教学质量。不仅如此，现在大中小学的法治教育往往侧重于法律知识的传授，而忽略法治观念和法治信仰的培育。

2.道德教育与法治教育的融合度有待提升。目前虽然在课程知识安排上，已经实现道德教育与法治教育的结合，但从内容结构上，两部分依然是分割的，没有形成一个统一的整体。这不仅体现在大中小学教材体系中，也存在于当前党员干部的教育之中。当前党员干部教育中，也存在偏重理想信念、价值观的教育，而法治教育却没有有效融合，不利于党员干部法规制度意识的培育。

---

① 王婷婷：《中小学法治教育现状思考》，《智库时代》2018年第50期。

四、社会主义核心价值观与行为法治文化建设互动面临的主要问题

实现社会主义核心价值观与行为法治文化建设互动就是将社会主义核心价值观贯穿于立法、执法、司法和全民守法的全过程，以高质量立法、规范执法、公正司法和公民个人守法保证社会主义核心价值观的贯彻落实。不过，从现实来看，尽管党的十八大以来全面依法治国深入推进，但行为法治文化与培育和践行社会主义核心价值观要求还存在距离。

（一）立法体制不完善，立法工作有待改进

立法是通过法定程序将党的主张和人民意志法律化、制度化的重要政治活动。党的十八大以来，以习近平同志为核心的党中央就如何提高立法质量进行了积极的思考和探索，科学立法、民主立法和依法立法得到很大推进。不过，我们也不能否定目前立法领域中还存在着与培育和践行社会主义核心价值观要求不适应的地方。对此，习近平总书记指出了新时代立法工作存在的问题，表现为"法律规范体系不够完备，重点领域、新兴领域相关法律制度存在薄弱点和空白区"[①]，等等。总的来看，新时代立法领域存在的问题主要表现为：

1.全国人大及其常委会的立法权冲突。从全国人大及其常委会在立法中的权限划分来看，我国是人民当家作主的社会主义国家，全国人民代表大会是国家最高权力机关和立法机关，人民通过人大代表行

---

① 习近平：《坚持走中国特色社会主义法治道路　更好推进中国特色社会主义法治体系建设》，《求是》2022 年第 4 期。

使权力。完善我国立法体制，实现科学立法、民主立法首先必须强化全国人民代表大会在立法中的主导作用。从立法权限来看，《中华人民共和国立法法》（2023 年修正）规定："全国人民代表大会和全国人民代表大会常务委员会根据宪法行使国家立法权。"也就是说，人大及其常委会都具有最高立法权。虽然两者都具有最高的立法权，但立法权的享有上，全国人大应是主要的。可是，在实践中则往往出现常委会替代人大立法，人大立法权行使不充分的问题。"从改革开放以来国家立法权的行使状况来看，常委会立法相当活跃，立法数量远远超过大会立法数量。"①具体来说，从权限划分来看，按照《中华人民共和国宪法》和《中华人民共和国立法法》的规定，涉及基本法律的制定主体只能是全国人大，但现实中本该由全国人大制定的基本法却由常委会制定。如《中华人民共和国民事诉讼法》就是由人大常委会制定的。不仅如此，在现实中"基本法"如何界定？如《中华人民共和国国家安全法》实质上就是为维护国家安全而制定的基本法，但这部法律也是由人大常委会制定的。同样，《中华人民共和国城市居民委员会组织法》也是直接由全国人大常委会制定的。目前实行的《中华人民共和国村民委员会组织法》是 2018 年 12 月 29 日第十三届全国人民代表大会常务委员会第七次会议修订实施的。

2. 政府立法所占比重过高，存在立法部门化倾向。目前绝大多数行政立法都是由行政主管部门先行起草，有些法律法规，尤其是涉及公民基本权利的法律法规，如《城市房屋拆迁管理条例》等，应该属于人大及其常委会立法，但目前是由国务院发布的。"据不完全统计，在十一届全国人大常委会立法规划确定的 64 项法律中，有 48 部法律

---

① 封丽霞：《以科学立法引领良法善治》，《领导科学论坛》2018 年第 10 期。

是由主管行政部门起草的，比例高达 75%。"① 由于我国现行立法非常依赖政府立法，使一些体现部门利益的条文自然写进法律草案，容易导致立法部门化倾向，以及借立法扩权卸责的立法"部门保护主义"，出现了"国家立法部门化、部门立法利益化"的不正常现象。在地方立法中，部门起草法规的比重更大，一些地方的法规起草权几乎全部在部门手中，直接导致部门利益法定化。

3. 有的法律解决实际问题的有效性不足，可操作性不强。立法必须充分考虑法律实施，提高其有效性、可操作性，不过目前这方面问题还没能完全避免。主要表现为：一是有的法律条款本身太宽泛、太笼统，只做一些原则性的规定，使法律法规成为宣示性规定。以《中华人民共和国国家赔偿法》为例，其规定了赔偿义务机关可以与赔偿请求人就赔偿方式、赔偿项目和赔偿数额进行协商，但细观其法条不难发现，法规对协商程序只是作了原则性的规定，法条本身可操作性不强。二是有的法律法规权责不清晰、不利于贯彻落实。如"城市园林绿化，有的地方性法规规定林园局是主管部门，但是在遇到破坏城市园林绿化设施时，林园局却无执法权"②。三是地方配套性法规制度建设面临不少问题。主要表现为有些地方性法规没有将重点放在如何贯彻落实上，或者没有依据本地特点作出创新性的规定，只是照搬照抄上位法，由此也影响了法律法规的可操作性。

4. 立法冲突现象依然存在。立法冲突的类型有多种，如行政立法与全国人大及其常委会立法之间的冲突。除此之外，还表现在上下级法律法规之间的不协调、不配套。按照法律规定，地方立法属于低端末位立

---

① 彭波、张潇月：《立法岂能部门化》，《人民日报》2014 年 11 月 19 日。

② 里赞、孟甜甜：《论科学立法在地方立法中的实现》，《地方立法研究》2018 年第 2 期。

法，必须坚持宪法至上、法律优位原则，国家的基本事项不能在地方立法中去规定、公民的基本权利和义务更不能在地方立法中去设定，例如涉及限制市民人身权和财产权，需遵循全国人大制定的上位法规定，地方无权限制。但是，目前一些地方立法中依然存在与国家法律法规冲突的现象。如"《甘肃祁连山国家级自然保护区管理条例》历经三次修正，部分规定始终与《中华人民共和国自然保护区条例》不一致"①。

5. 公众参与立法的路径有待优化。党的十八大以来，为了提高立法透明度，扩大群众参与度，立法机关付诸了一系列的努力，不过总的来看，"开门立法"依然有不少改进的空间，主要表现为：

第一，群众参与途径不畅。一是参与途径相对单一。在参与形式上主要包括立法调研座谈会、网络公开征求意见等，立法听证会主要适用于法律"存在重大分歧""涉及重大利益调整"情形。实际的问题是座谈会、论证会等毕竟有限，公众难以广泛参与。利用网络来征询意见，又会遇到上网主体的普遍性以及代表性、真实性等问题。另外，公众参与立法还缺乏程序性保障，如法律草案的调查中究竟应该选择什么样的对象？如何确保立法听证会代表的广泛性、代表性等。二是参与阶段不全面。公众的参与主要在法律起草等前期阶段，公民参与途径随着立法程序的推进而逐步收窄，呈现"虎头蛇尾"的特征。"这样前宽后窄漏斗型的公众参与途径使公众始终无法进入到立法的核心地带，公众参与对立法的影响力也像水波一样，越推越远。"②

---

① 习近平：《论坚持人与自然和谐共生》，北京，中央文献出版社 2022 年版，第 47 页。

② 方益权、金渊：《地方立法过程中的公众参与及其优化路径研究》，《法治社会》2017 年第 6 期。

第二，群众参与的积极性不高。立法单靠立法者本身是不够的，尤其需要调动群众的积极性参与到立法中。但应该看到，当前群众对立法不关心、抱着"事不关己高高挂起"的态度，表达意见热情不高，尤其是在网络征求意见环节，即使立法机关将法律法规放置网上予以公布，但又有多少人认真阅读法律法规，并予以回应？以至于现实中经常出现网络征求意见流于形式。

第三，公民参与成效有待提升。公民参与立法的重要目的是希望自己的意见引起立法机关的重视，积极吸纳和回应民众意见是提升民众参与实效的必然要求。当前，存在的问题是立法机关往往没能对民众的意见进行有效回应。"大量的网上立法征求意见系统处于闲置或半闲置状态"[1]。立法机关一方面希望广大群众参与立法，提出立法意见，但又不积极回应群众的意见。在部分意见的回复中，可能处于简单的同意与否的处理上，"缺少一个信息输入、交流辩论、形成意见的过程"[2]。

（二）执法法治化、规范化水平有待提升

党的十八大以来，以习近平同志为核心的党中央在全面深化改革过程中，在推进全面依法治国中为推进依法行政，规范执法行为进行了积极的探索，但总的看来依然有待完善。

1. 综合执法体制改革面临不少深层次问题。针对多头执法、重复执法等问题，党的十八大以来，以习近平同志为核心的党中央在全面深化改革的过程中，对行政执法体制改革进行了积极的探索，积极构建综合行政执法体制，推进跨部门综合执法。各地区为此进行了创造性的实

---

[1] 夏雨：《行政立法中公众参与的难题及其克服》，《法治研究》2019年第2期。
[2] 夏雨：《行政立法中公众参与的难题及其克服》，《法治研究》2019年第2期。

践。例如，宁夏回族自治区在总结前期吴忠市试点经验的基础上，正式在石嘴山、固原、中卫等地市启动深化市辖区跨领域跨部门综合执法改革工作，依托市辖区综合执法局集中行使下放执法事项，实行一支队伍管执法，打破了以前部门"条线为主、各管一摊"的执法工作局面，有力提升了执法效能。① 此外，2022 年以来，浙江省湖州市持续深化行政执法体制改革，尤其以浙江省"大综合一体化"行政执法改革为契机，结合实际，全面启动"大综合一体化"改革，通过队伍、事权的"物理整合"，实现跨部门跨层次执法的"化学融合"，最终破解基层"看得见、管不好"的执法难题。数据显示，综合行政执法事项覆盖 65% 执法领域，近九成执法力量下沉县乡，"一支队伍管执法"实现乡镇街道全覆盖。② 其他地区也都进行了类似的探索。实行综合执法对于克服多头执法，优化职能配置，以及提高执法水平都具有重要意义。但从当前各地探索实践来看，依然面临不少需要深化解决的问题，主要表现为：一是综合执法机构的独立执法权有待提升。从目前来看，综合执法机构在有些执法事项上依然无法单独处理。以河道违法建筑的拆除为例，其本身可能涉及国土、建设、房管、水务等多个部门，按照目前的行政综合执法实践，可以交由城市管理综合执法予以实施，不过要真正予以拆除，还需要通过部门间的协商，请求有关部门予以配合。③ 二是有的部门将行政执法权划转给综合执法机构，但却未将有关执法力量和技术支

---

① 周一青：《宁夏深化市辖区跨领域跨部门综合执法改革成效显著》，《宁夏日报》2022 年 7 月 26 日。

② 王炜丽、施妍：《"物理重塑"激活"化学反应"——去年湖州"大综合一体化"执法效能指数排名全省第一》，《湖州日报》2023 年 2 月 4 日。

③ 白杨、陶进华等：《成都市城市综合行政执法相关问题研究》，《成都行政学院学报》2018 年第 5 期。

持（技术人员、机构、设备等）转移，这种情况在城市管理、资源环境管理等执法领域都不同程度地存在。三是综合执法机构的职责偏多。尤其是城管综合执法机构的职责范围过于宽泛，与执法力量不匹配。加之执法人员数量不足，外聘执法协管员的数量不断扩大，这些因素也必然对行政执法产生影响。

2. 严格规范公正文明执法存在诸多不足。第一，执法不严。"人无信不立，法无信不施。"严格执法是法律尊严确立的前提，也是最有效的普法。尽管在全面依法治国过程中，法律权威得到极大提升，但在某些领域依然存在着有法不依，执法不严的问题。对此习近平总书记指出："有法不依、执法不严、违法不究现象在一些地方和部门依然存在……一些公职人员滥用职权、失职渎职、执法犯法甚至徇私枉法严重损害国家法制权威。"①2014年9月5日，习近平总书记在庆祝全国人民代表大会成立60周年大会上的讲话中再次强调要"坚决纠正有法不依、执法不严、违法不究现象"②。从实践中看，执法不严现象表现在各个方面，较为常见的就是打招呼、递条子、说人情，使违法者大事化小、小事化了。有的领导干部甚至亲自为自己亲属、朋友的违法行为打电话、说人情。当然也有一些由于执法成本较高、执法困难导致执法不严的情况。比如，目前网上出现侵犯他人隐私、散播谣言的行为，由于这方面现象多、工作量大、成本高等，也客观造成执法不严的问题。此外，在基层执法过程中还较为常见的是有案不立、拖案不办、压案不查，应当起诉的不依法起诉等问题。

---

① 《十八大以来重要文献选编》（上），北京，中央文献出版社2014年版，第87页。

② 《十八大以来重要文献选编》（中），北京，中央文献出版社2016年版，第56页。

第二，违规执法。主要表现为：一是有的执法机关超越法定职权范围，乱罚款、乱处罚、乱收费，擅自越权执法。二是明显违反法定程序，如超期羁押、超期审判、久拖不结。三是擅自改变法定程序规定，尤其在执法遇到困难时，往往不是通过正常程序、正常方法解决困难，而是想尽快突破。四是有的单位部门一味下达罚款指标，将是否完成罚款任务作为考核标准，将经济利益作为执法导向，处罚裁量制度形同虚设，处罚基准不能有效执行，执法人员被迫以"罚"代法，"选择式""钓鱼式"执法行为屡禁不止。

第三，执法不公。公正执法是指政法机关作为执法主体，以追求个案公平和社会正义为宗旨，严格依照法律的规定和程序规则执行法律的行为和结果。具体来说，就是执法机关和执法人员要自觉用公平正义的理念指导执法活动，不断致力于公正执法，维护和实现全社会的公平正义。应该看到，当前执法不公的现象时有发生，最为常见的就是随意性执法、选择性执法等问题。根据调查显示，认为有关部门随意性执法、选择性执法"有，且比较严重"的占1%，认为"偶尔存在，不严重"的占24%（见图3-6）。

图3-6　认为有关部门执法是否存在随意性执法、选择性执法等问题

随意性执法、选择性执法重要原因是执法人员在"情"和"法"关系上放弃了原则，钟情于情义，在执法过程中办人情案、关系案。比如，有的行政处罚却忽视了法定或酌情的从重、从轻情节等相关因素。有的行政处罚决定畸轻畸重、时轻时重，同事不同罚，过罚不相当；对同类违法行为，有的情节较轻，却给予较重处罚，而情节较重的，却给予较轻处罚，使执法结果显失公平公正。对此，2016 年 1 月 12 日，习近平总书记在十八届中央纪律检查委员会第六次全体会议上的讲话中指出，有的基层领导干部"执法不公，甚至成为家族势力、黑恶势力的代言人，横行乡里、欺压百姓"①。为此，他强调："对基层贪腐以及执法不公等问题，要认真纠正和严肃查处，维护群众切身利益。"②

第四，不文明执法。表现为有些执法人员在面对群众执法时态度较差，工作作风不够扎实，尤其是执法的过程和语言粗俗、手段过于简单粗暴。还有部分执法者在执法中仍然习惯于"我说你听"的说教，甚至带有强制色彩和专制性，与群众缺乏思想上的互动性，尤其是在处理群体性的突发事件中没有洞察民意的敏锐性，缺乏考虑民众自身的苦难和实际情况。

（三）深化司法体制改革，优化司法行为面临不少新情况、新问题

问题是时代的声音，成绩是解决问题的条件。尽管党的十八大以来，我们在司法体制改革、践行司法为民理念、优化司法行为等方面取得了显著的成就，有效地弘扬了社会主义核心价值观，但不可否认，要实现司法实践、司法行为与社会主义核心价值观有效互动还面临着

---

① 习近平：《在第十八届中央纪律检查委员会第六次全体会议上的讲话》，《人民日报》2016 年 5 月 3 日。

② 习近平：《在第十八届中央纪律检查委员会第六次全体会议上的讲话》，《人民日报》2016 年 5 月 3 日。

不少的问题。

1. 司法理念与培育社会主义核心价值观要求还有不少差距。司法理念是司法实践的重要组成部分，缺乏正确的司法理念，必然使司法实践迷失方向。以社会主义核心价值观引领司法工作，要求司法工作人员坚守公正、廉洁、为民司法的司法理念，但从当前实践来看，部分法官的司法理念还有待提升，司法机关党风廉政建设还需要进一步深入推进，具体表现为：

第一，部分司法机关工作人员的群众观念、群众意识有待强化。尤其是有的青年法官由于与群众思维方式、观念、语言等差异，与群众交流缺乏耐心；一些法官习惯于"坐堂问案"，不习惯于深入基层，深入群众便民利民；也有一些法官习惯于下结论、作判决，不习惯于关注民生、保护弱势群体的实体权益等。

第二，部分司法工作人员存在以案谋私现象。在市场经济条件下，对利益正当追究无可厚非，关键是能否正确处理个人利益追求与维护公共利益之间的矛盾。这种问题在司法实践中也是较为常见的。部分法官不能做到严以用权，在司法审判中偏向与自己利益相关的一方，办人情案、金钱案、关系案。

第三，司法机关党风廉政建设仍需强化。司法机关党风廉政建设状况是司法理念与司法实践是否得到有效践行的一个重要标尺。虽然新时代中国共产党人在推进全面从严治党过程中加大党风廉政建设力度，但党风廉政建设本身是一个长期的过程。总的来看，目前的问题主要表现为：一是部分司法人员的生活作风腐化问题。二是司法腐败时有发生。司法公正是社会公正的最后一道防线，司法腐败必然出现"卖法换钱"的现象。从 2018 年至 2022 年的 5 年内，"最高人民法院查处本院违纪违法干警 61 人，各级法院查处利用审判执行权违纪违法干警8589人，追究刑事责任1727人。"[①]

2. 司法人才队伍质量问题制约司法能力的提升。党的十八大以来，虽然我们在推进司法能力建设方面付诸了很大的努力，但是在新时代疑难、复杂、新类型的案件日渐增多，对法官的素质和能力提出了更高的要求情况下，部分人民法院，尤其是基层法院的司法能力与快速发展的社会政治经济形势要求、与人民群众对司法的期望还存在差距，与培育和践行社会主义核心价值观要求都还存在一定的距离。主要表现为：

第一，案多人少的问题突出。主要表现为司法人员配置与当前人们的司法需求不相适应。特别是近年来，群众法治意识提高，法院受理案件数量大幅增长。加之，改革案件受理制度，大大降低了立案门槛，进一步促进案件数量的增长。2018年至2022年，最高人民法院受理案件14.9万件，审结14.5万件，比上一个5年分别上升81.4%和81.5%；地方各级人民法院和专门人民法院受理案件1.47亿件，审结、执结1.44亿件。[②]

第二，法官素质参差不齐。主要表现为经验丰富的法官成长缓慢，一线办案人员缺乏，尤其是司法责任制要求法官依法独立办案，裁判文书自行签发，并对案件办理自负其责。司法责任制对法官知识和能力要求更高，但从现状来看，一些法官因自身法律知识、办案实践经验等问题，还不能主动适应司法责任制和随机分案的要求，对独立承担办案的信心不足，对办案质量终身负责制和错案责任追究制感到压

---

① 周强：《最高人民法院工作报告——二〇二三年三月七日在第十四届全国人民代表大会第一次会议上》，《人民日报》2023年3月18日。

② 周强：《最高人民法院工作报告——二〇二三年三月七日在第十四届全国人民代表大会第一次会议上》，《人民日报》2023年3月18日。

力巨大，一定程度上影响办案进度甚至办案质量。

第三，法官队伍缺乏应有的生机和活力。主要表现在部分法院法官年龄结构老化，加之法官职业准入门槛较高，司法人员后备人才严重不足问题进一步显现。近年来，随着资深优秀法官逐渐退位，断层现象十分明显。在一些基层法院，由于待遇不高，地理位置偏，人才流失严重。随着青年优秀人才的流失，将进一步影响基层法院的办案质量和办案能力。

3. 以司法责任制为核心的综合配套改革面临不少新问题。司法体制改革是优化司法行为极为重要的途径，其中，司法责任制改革是司法改革的"牛鼻子"。目前，全国已经普遍推进司法责任制改革，它对于促使司法人员审慎办案，倒逼法官及相关司法人员提高办案质量、减少错案，进而保证社会主义核心价值观在司法领域得到践行具有极为重要的意义。不过从目前各地实践情况来看，还面临着不少新的问题。

第一，如何正确处理放权与监督的关系。司法责任制改革的目标在于"让审理者裁判，由裁判者负责"，真正做到"去行政化"。但在改革中，如何妥善处理法官依法独立履职与院、庭长管理监督之间的关系是当前司法责任制改革实践中的难题。司法责任制改革之前，对于一些重大的，尤其是社会关注度高的案件，往往由院、庭长对案件进行指导协调，在司法实践中也起到了较好的效果。司法责任制改革改变了之前院、庭长对案件的审批把关制度，在此情况下，如何保证司法裁判质量？在强调事后监督和追责的条件下，如何实现必要的事前、事中对裁判质量监督控制？目前，院、庭长因管理、监督的职责不明确，有的地方出现了院、庭长对于相关人的投诉或者反映的问题不愿管、不积极回应等情况，这是在当前司法责任制实践中需要思考和关注的重要问题。

第二，立案登记制改革面临不少新问题。立案登记制是指对当事人的起诉仅进行形式审查，对起诉符合形式要求的，应当予以立案登记。立案登记制对于破解"立案难"，更好地保障当事人的诉权无疑具有重要的意义。不过，随着立案登记制的推行，新的问题也逐渐显现。一是人案矛盾更加突出。随着立案审查制改为立案登记制，人民法院受理案件大幅度增加，基层法院审判、执行工作面临新的压力和挑战。二是缠诉、滥诉问题较为突出。有的当事人利用立案登记制的低门槛，虚假甚至恶意起诉、缠诉，法院根据法律规定进行解释或依法裁定不予立案或驳回起诉后，仍然多次反复就同一诉求要求法院登记立案；有的案件已经经过一审、二审、再审处理，但因当事人对发生法律效力的判决结果不服，通过更改材料等方式要求起诉。

第三，错案责任追究制度有待完善。建立健全追究错案责任制度是推进司法责任制不可或缺的重要组成部分，有利于增强司法人员责任心，提高办案质量和司法公信力。基于此，党的十八届四中全会明确要求，"实行办案质量终身负责制和错案责任倒查问责制"。在此基础上，最高人民法院、最高人民检察院分别出台了专门责任制认定制度。从实践中看，目前错案责任追究制度也有需要进一步完善的地方。主要表现为：一是错案标准需要进一步完善。当前在司法责任制的规定中没有明确定义何为"错案"，并且不同的法规制度对于认定错案责任的标准也不一样。尤其《最高人民法院关于完善人民法院司法责任制的若干意见》（2015 年）、《最高人民检察院关于完善人民检察院司法责任制的若干意见》（2015 年）（以下简称"两高"《意见》）与《中华人民共和国法官法》的不一致。"我国《法官法》对法官的惩戒已有十分明确的规定……现行的'两高'及地方的某些规定在某种程度上有违反上位法之嫌。"①此外，中央和地方在认定的标准上也存在着差异。尤其是地方将"案件被改判、发回重审、引起国家赔偿"作为错案认定标准，这与"两高"《意见》也存在着差异。二是认定程序有待完善。目前对法官的追责主要由法官惩戒委员会进行认定，但《中华人民共和国法官法》对法官惩戒的程序并没有具体规定。现阶段我国对法官的惩戒程序基本上沿用《人民法院监察工作暂行规定》和《人民法院查处违纪案件的暂行办法》的规定。我国对法官的惩戒方式与对普通的公务员惩戒方式相同。对惩戒程序如何提起、怎样收集证据、具体的调查手段、被惩戒的法官有什么权利和义务等都没有具体的法律规定。

---

① 李文静：《我国错案责任追究制的文本考察及制度构建》，《北京行政学院学报》2019 年第 1 期。

第四章　推进社会主义核心价值观融入物化法治文化建设路径探析

在长期法治文化建设中，物化法治文化建设没有得到充分的重视，存在重精神文化建设轻物质文化建设现象。新时代在推进全面依法治国的大背景下，推进社会主义核心价值观与法治文化互动首先必须推动社会主义核心价值观与物化法治文化互动，着力做到：一是强化物化法治文化阵地建设，形成浓厚的法治宣传氛围。通过法治场馆、法治公园、法治文化广场建设，打造法治文化阵地精品工程；通过多点布局与纵向延伸，扩大法治文化阵地覆盖面。二是改善法院建筑，推进法院文化设施建设。包括改变法院建筑样式照搬照抄西方建筑的做法，体现中国元素；扩大法院场所的开放性，增强法院建筑的教育功能，以及推进法院内部文化设施建设等。

一、强化物化法治文化阵地建设，营造更加浓厚的法治氛围

物化法治文化阵地是集文化熏陶、法治观念培育等功能于一体的基础设施建设，也是法治宣传教育的重要载体和普法成果的直观体现，是群众接受法治信息、感知法治文化的重要场所。通过法治文化阵地

建设可以营造浓厚的法治氛围，使人们在潜移默化中增强法治观念、法治意识。新时代以来，各地区都对法治文化阵地建设作了积极的探索，取得了很大的成就，笔者认为要持续推进法治文化阵地建设还需要做到以下几个方面。

（一）强化物化法治文化阵地建设的经费保障

推进法治文化阵地建设首先需要满足相应的经费要求。为此，需要各级政府把法治文化阵地建设所需经费列入同级财政预算，根据建设实际需要拨付资金，保障建设资金实际拨付到位，确保法治文化阵地建设推进有力。

当然，为了保证法治文化建设经费专款专用，提高资金使用效率，需要做好建设立项、维护方案等措施，制定切实可行的考核标准，切实把法治文化阵地建好管好。

此外，为了拓展资金使用来源，还可探索建立健全政府支持、企事业单位自筹、社会各方面赞助的经费保障机制，进一步强化法治文化阵地建设的经费保障。

（二）打造法治文化阵地精品工程，突出地区特色

各地区在法治文化阵地建设中要注重立足本地区的实际，制定法治文化阵地建设长远发展目标规划，注重将不同类型、不同特色、不同规模的法治场馆、法治公园、法治文化广场等纳入相应的建设规划当中。

法治场馆、法治公园、法治文化广场等法治文化阵地建设要注重坚持"品牌化、特色化、主题化"的方向，努力打造"法治文化建设示范点"。通过打造精品法治文化阵地，实现以点带面、示范引领。对

此，有关部门可以每年授权一批单位和场所为法治文化阵地建设示范点，给予经费方面支持。同时，通过强化考核，保证法治文化阵地示范点有序推进。

当然由于各地区、各单位的具体情况不同，因此法治文化阵地建设需要结合本地区、本部门的实际。各地政府也应该鼓励各单位创新性地探索实践，对于成效显著的单位予以表彰和奖励。如在云南省曲靖市富源县营上中心法庭探索建立的"法文化广场"，就是法治文化阵地建设的创新性举措，具体的做法是：在法庭内建开放式的法文化广场。在法庭调解中，将当事人带到广场上，坐在"和谐亭"里进行调解，这种方式既有利于促进法治文化传播，也有利于营造调解矛盾、化解冲突的氛围。

案例：云南富源建成法文化广场　以文化感召彰显司法理念[①]

在云南富源县法院营上中心法庭内建有一个开放式的法文化广场，内有法文化照壁、浮雕，以景观呈现历史典故，讲述中西方法制文化史、法制历史故事、法为人民的事迹……

据统计，2017 年 1 月至 6 月底，富源法院新收离婚案件 376 件，其中有一方或者双方在外地打工案件占到 70%。夫妻长期分居，导致婚外情、与婚外异性同居的概率增大，导致出现夫妻感情危机。因此，调解婚姻家庭类案件是富源县基层法官常常面临的难题。营上中心法庭副庭长盛立东说，在调解婚姻纠纷时，自己经常把当事人带到广场上，坐在"和谐亭"里，给他们讲司马相如和卓文君的故事。在法官的

---

① 《云南富源：法文化广场彰显司法理念》，中国青年网，2017 年 7 月 15 日，http://news.youth.cn/gn/201707/t20170715_10300264.htm。

劝解下，许多矛盾得到了化解，一些家庭也得以保全。

此外，营上中心法庭法文化广场针对不同的社会矛盾有着不同的设计，突出基层法庭面临的社会矛盾纠纷化解模式。

（三）扩大法治文化阵地覆盖面

法治文化阵地是宣传法治文化、培育法治意识的重要平台。在全面依法治国的今天，既要注重打造经典的具有示范性的法治文化阵地，又要注重扩大法治文化阵地的覆盖面，推进法治文化阵地横向扩展和纵向延伸。

第一，在横向上，扩大法治阵地的覆盖面。除了注重打造较为集中的法治文化阵地，除法治场馆、法治公园、法治文化广场之外，还需要做好多点布局，如在繁华地段、商场广场（集市）、车站（汽车停靠点）、交通干道设立长期的法治户外广告、法治宣传栏等公益普法设施。还可以考虑在原有一些自然景观与人文环境中注入新的法治文化元素，如设置法治文化展板、法治漫画草坪牌、法治文化背景墙等，进一步营造法治文化氛围。

第二，在纵向上，推进法治文化阵地向基层延伸。从当前来看，尤其要注重强化县级以及县级以下法治文化阵地建设，按照主题鲜明、因地制宜、量力而行、注重实效的原则，建设好法治文化传播的末梢阵地。在推进法治文化阵地建设中可以将法治文化阵地建设与"新型城镇化建设""美丽乡村建设"等紧密结合，统筹规划，合理布局，建设与本地城乡建设、环境建设、园林建设相融合、切实形成具有地域特色的法治文化阵地。当然，基层法治文化阵地建设形式可以更加多样。既可以在一些乡镇打造精品法治文化阵地，也可以利用村委会固定宣传栏、宣传橱窗加以宣传，还可以依托社区文化中心和"农家书屋"等载体，扩大法治文化宣传面。

二、改善法院建筑，推进法院文化设施建设

任何建筑都是一定理念的表达。法院建筑不仅是钢筋水泥简单的功能性叠加，而是最直观的物态法治文化符号，是一种法律符号，一种法律象征。从深层次来看，它更是一定法治理念的表达。法院建筑和法院文化设施是物化法治文化的核心内容。新时代构建与社会主义核心价值观相适应的物化法治文化必然要求改善法院建筑，推进法院文化设施建设。

（一）优化建筑风格，体现中国元素

尽管中西方都强调法治，但在价值观上却存在根本的差异。并且，中西方的法律制度、历史文化传统也存在着巨大的差异，因此，我们的法院建筑没有必要，也不能完全照搬西方的法院建筑。应该看到，在改革开放过程中，我们出现过大量模仿西方建筑的现象，包括法院建筑。如上海闵行区人民法院、南昌市中级人民法院、浙江东阳市人民法院等。新时代以来，文化自信已成为中国特色社会主义文化的主旋律，物化法治文化建设也应克服一味模仿西方建筑风格的做法。进一步说，以社会主义核心价值观统领物化法治文化要求法院建筑必须契合中国特色社会主义文化，体现本土特色。

强调法院建筑的中国元素并不是对现有法院建筑的完全否定，也不是否定对现代西方建筑风格的借鉴，而是考虑在现有的基础上加以改进，进一步体现中华文化的内涵，助力培育和践行社会主义核心价

值观。以广东省高级人民法院为例。法院总平面就呈"山"字形，寓意执法如山。再以深圳市中级人民法院为例，"法律面前"人人平等就体现在主楼的设计之中。大法庭屋顶上意向性的"天平"以及方正的高层主楼也强化了这一主题。

当然，不仅法院的主体建筑应体现中国元素、中国本土特色，法院的附属建筑、内部装饰设计也应体现中华文化的理念。如最高人民法院在大楼前草坪上有两个"山"字形的喷泉造型，寓意为法律的威严"坚如磐石"；在主楼的门前，有两个原型来源于汉代石画像的铜雕，分别代表着中国古代的主掌刑事和民事的法律之神，等等。① 除此之外，法院建筑设计还可以考虑与本地区的历史、文化结合起来，与周边环境相融合。如襄樊市中级人民法院的大楼设计就受到襄樊最具历史代表性的古城墙及城楼的启发，较好地将建筑风格与当地的历史文化结合起来。②

当然，近年来随着社会主义民主的发展和人们审美观念的提升，法院大楼设计在注重保持庄重、严肃等要求，以及体现公平正义理念的同时，开始注重融入亲和、亲民、信任等元素，进行一些亲民的设计，展现司法为民的宗旨理念。以遵义市中级人民法院为例，法院整体建筑通过凹凸的造型和色彩的分隔表达了"正义之门"的喻义。同时，法院建筑还融入现代元素，展现现代建筑风格，给人一种亲近感。这种法院建筑风格也是值得加以借鉴和推广的。

---

① 赵明胜：《我国法院建筑的法文化分析》，《西安建筑科技大学学报（社会科学版）》2015年第6期。

② 尹勤旺、王慧：《诠释秩序、公正——法院建筑文化初探——襄樊市中级人民法院审判综合大楼设计浅析》，《华中建筑》2009年第5期。

（二）扩大法院场所的开放性，增强法院建筑的教育功能

目前，我国大多数法院都设有围栏与外界隔离，广大群众除了涉及法律纠纷才能进入法院，一般难以进入法院，这实际上不利于法治文化的宣传、教育，使法院建筑的教育功能受限。实际上，从世界上其他一些国家来看，法院一般没有用栅栏把法院与外界隔开，法院广场是开放的。

当然，开放法院广场也会带来不少的问题，比如安全问题。但可以利用现代科技手段、强化管理得到解决。如通过视频监控，或者在法院外设置一道电子化的安全门等方式，解决开放广场带来的安全问题。对于一般的市民进出法院广场不进行限制，有利于增强法院建筑的教育功能，促进法治文化传播和发展。

（三）推进法院文化设施建设

物化法治文化建设不仅要从整体上优化法院建筑设计，而且要推进法院内部文化设施建设，当然，这本身也构成法院文化建设的重要内容。

法院文化建设不仅对于司法人员内部，对于带动整个社会法治文化建设，培育和践行社会主义核心价值观都具有重要的意义。针对当前一些法院尤其是基层法院文化设施缺失现状，需要有关部门加大财政支持力度。法院领导班子也要重视内部文化设施建设。一是加强对审判区、调解室、当事人休息区等区域的法治文化氛围的营造。二是加强法院内部图书馆（阅览室）建设，配备好法律业务和其他各类专业的图书，逐步扩大和充实藏书数量，为法院工作人员学习、工作提供良好的工作条件。三是鼓励有条件单位设立院史室、陈列室等，以

图文解说等方式，在介绍本单位历史发展的基础上，全方位、多角度展现法治理论、现代廉政制度、廉政格言，正反面的典型案例。院史室、陈列室等不仅对于法院文化具有重要的促进意义，同时在对外开放的过程中，也有利于社会成员法治观念和法治意识的培育。

第五章　推动社会主义核心价值观融入制度法治文化建设路径探析

　　培育和践行社会主义核心价值观不仅仅是宣传教育问题，在很大程度上，需要构建与之相适应的法律制度支持体系。通过党的十八大以来的多方面努力，目前我国已初步构建起与社会主义核心价值观相适应的法律法规制度，社会主义核心价值观与制度法治文化互动效应也初步显现，但也存在着不少的问题。新时代要构建社会主义核心价值观与制度法治文化互动机制，不仅需要我们推动"立法修法"工作，促进社会主义核心价值观融入法律法规，同时也要积极推动社会主义核心价值观融入党内法规和社会公共政策之中。

一、推动社会主义核心价值观入法入规，为培育和践行社会主义核心价值观提供法律保障

（一）完善社会主义市场经济法律制度，规范社会主义市场经济秩序

　　新时代健全的社会主义市场经济制度必须完善社会主义市场经济法律。针对当前市场经济法律制度存在的问题，笔者认为要促进社

会主义核心价值观融入市场经济法律制度，尤其需要做到以下几个
方面。

1. 完善平等保护各类市场主体产权法律制度。产权法律制度是关
于产权界定、运营、保护的一系列制度安排。完善平等保护各类市场
主体产权法律制度是完善市场经济秩序、提高运用法治方式、保护产
权主体的必然要求，要求我们必须在思想上深刻认识到公有制经济财
产权不可侵犯，非公有制经济财产权同样不可侵犯，秉持公平、公正
的立法理念，加快相关法律的修订工作，着力做到：一是通过对各类
法律法规的修订，清理、废除对非公有制经济各种形式的不合理规定，
包括在市场准入、生产要素使用、财税金融投资价格等政策方面区别
性、歧视性对待不同所有制经济主体的规定；二是全面保护民营企业
物权、债权、股权，实现各类市场主体诉讼地位平等、法律适用平等、
法律责任平等；三是依法保护民营企业的合法权益。严格区分个人财
产和企业法人财产、区分违法所得和合法财产、区分涉案人员个人财
产和家庭成员财产。

关于民营企业的发展，中央已经出台了一系列的政策，很多地方
在法律法规建设方面也进行了积极的探索。2023 年 7 月，中共中央、
国务院出台《中共中央　国务院关于促进民营经济发展壮大的意见》，
从持续优化民营经济发展环境、加大对民营经济政策支持力度、强化
民营经济发展法治保障等八方面提出 31 条具体要求。2023 年 9 月，
山东省委、省政府印发《中共山东省委、山东省人民政府关于支持民
营经济高质量发展的若干意见》；2023 年 11 月，安徽省委、省政府印
发了《关于促进民营经济高质量发展的若干措施》，提出 38 条促进民
营经济高质量发展的具体举措；2023 年 12 月 1 日，山西省十四届人
大常委会第六次会议审议通过《山西省民营经济发展促进条例》。总的

来看，目前我国并没有一部关于民营经济的、国家层面的专门立法。

在国家立法方面，目前关于民营企业的法律法规主要是 2017 年修订通过的《中华人民共和国中小企业促进法》。不过《中华人民共和国中小企业促进法》不是专门针对民营经济的，也包括集体经济。因此，为了进一步完善平等保护各类市场主体产权的法律制度，有必要在目前各地探索的基础上总结经验，适时在国家层面制定《民营经济促进条例》或《民营企业法》，为民营企业公开公平公正参与市场竞争提供法治保障，为民营企业营造公平、透明、可预期的发展环境。

2. 完善知识产权保护法律制度。当前中国经济正处在推动高质量发展的关键阶段，强化知识产权保护尤为重要。针对当前知识产权法存在的问题，笔者认为当前要加快相关法律法规的修订工作，尤其要做到：一是统筹协调各单行法的内容。如针对当前专利侵权的赔偿额比商标侵权的赔偿额还要低的问题，要适时开展对《中华人民共和国专利法》《中华人民共和国商标法》的修订工作。二是扩大知识产权保护范围。要加大知识产权保护力度，就要勇敢迎接、认真研究新技术发展对知识产权制度的挑战，对于科技发展涌现的新的技术领域，以及信息化深入推进带来的新情况新问题，应适时地制定一些配套的规范或司法解释，将其归入知识产权制度领域。三是在新修订的《中华人民共和国知识产权保护法》中可以考虑进一步加大知识产权侵权行为惩治力度。探索以知识产权的市场价值为参照确定损害赔偿额度，积极推动在专利权、著作权等领域确立惩罚性赔偿制度，提高知识产权侵权成本，解决侵权成本低、维权成本高等问题。四是针对当前知识产权法律分散、缺乏统一的问题，可以考虑启动《知识产权法典》制度工作。"《知识产权法典》，一方面可以协调《专利法》《著作权法》《商标法》和《反不正当竞争法》等单行法律的规定，使之形成一个完整的内在结构和规定协调的知识产权保护体系。"①

3. 完善社会主义市场秩序法律制度。社会主义市场经济的健康发展必须注重以完善法律法规规范市场秩序，市场经济本质上就是法治经济。应该看到，当前随着市场经济深入推进，有些法律法规已滞后于时代的发展，不符合社会主义核心价值观的精神要求，因此，必须加快《中华人民共和国反不正当竞争法》《中华人民共和国证券法》《中华人民共和国反垄断法》等法律法规的修订工作。在法律的修订过程中，尤其要注意两个方面：一是要将社会主义核心价值观中"自由、平等、公正、法治"等价值追求转化为社会主义市场经济法律制度的原则要求，并使具体的法律内容与社会主义核心价值观的基本精神相一致。二是要根据新时代我国经济社会发展的新特点对相关的法律法规进行修订。针对当前互联网金融的快速发展，金融活动日益频繁，金融诈骗时有发生等问题，要对《中华人民共和国刑法》等法律法规进行修订完善，包括金融犯罪的构成要件、量刑标准等。也可以考虑推进专门的互联网金融立法，通过法律法规对互联网金融中的交易模式进行规范，强化对互联网金融企业运行模式监督管理，引导其健康发展。

（二）加快文化法律制度建设，促进社会主义文化健康发展

文化建设是社会全面发展和进步的重要组成部分，是满足人们精神文化需求的必然要求。针对当前人们文化需求日益强烈，文化领域情况复杂，以及文化立法相对滞后的现实，要求我们必须加快文化法律制度建设步伐。

---

① 李明德：《国家知识产权战略与知识产权法制建设》，《西北大学学报（哲学社会科学版）》2018 年第 5 期。

1. 提高思想认识，统筹规划。我们必须深刻认识当前文化法律制度建设的现状，认识到当前文化法治建设滞后性和薄弱性的现实，从社会主义文化大发展大繁荣，以及保障人们文化权利的高度认识到新时代完善文化法律制度的意义，加快文化立法规划总体研究，统筹文化立法修法工作。一是组织力量对文化法律法规的现状进行充分的调查研究，了解文化法律制度建设现实。二是确立明确的文化立法目标，依据文化改革发展需要以及文化领域立法现状，确立立法规划及年度立法计划，明确立法工作思路和阶段性目标。在文化法律制度建设的调查研究和规划制定的过程中都要坚持社会主义核心价值观的引领，将社会主义核心价值观的价值追求作为检验文化法律的重要标准。

2. 提高立法质量，增强文化法律内容的适应性。当前有些文化法律内容还存在与培育和践行社会主义核心价值观不适应的地方，因此，必须按照民主立法、科学立法的要求，增强文化法律内容的适应性。一是坚持权利与义务并重，既注重对文化发展的管理，又注重对文化主体权利的保障。二是既要注重文化的传承，又要注重文化的创新。不仅要重视对新兴产业、新兴行业开展立法修法工作，又要注重对传统文化领域，如非物质文化遗产保护等领域的立法修法工作。在立法修法的步骤上，应遵循循序渐进的原则，分步实施，对于一些争议较大，技术含量较高，可以经过较长时间的讨论，广泛征求意见。对于现实急需的，且争议较少的，应尽快纳入立法议程。

3. 提高文化立法的效力层次，完善文化法律体系。当前我国文化立法层次相对较低，这对于社会主义文化健康发展无疑是不利的。笔者认为，新时代提高文化立法的效力层次，可以考虑研究制定文化"基本法"，即"中华人民共和国文化法"。"文化法的基本原则应该包括文化自由原则、切实公平享用原则、产业促进原则、文化多样性原则以及精神价值优先原则。"①在此基础上，针对当前文化法律制度的薄弱环节，完善法律体系。包括：一是填补重要文化领域的立法盲区盲点。如为了推进文化产业发展，规范文化市场秩序，应加快制定文化产业促进法；为规范网络秩序，应抓紧制定信息保护法、数据安全法、电信法等；为推进中华优秀传统文化传承，建立健全有利于中华优秀传统文化传承发展的法律制度；等等。二是推动已出台法律的配套规章、实施细则的制定。以《中华人民共和国公共图书馆法》为例，地方政府应对具体责任没有细化的标准和规范进行进一步明确，尤其对本地公共图书馆法规、条例开展制定或者修订，搭建自上而下完善的纵向法律体系，增强法律在本地的实际可操作性。

（三）推进民生立法，推进以民生为重点的社会建设

在全面依法治国大背景下，无论是从贯彻落实全面依法治国角度，还是从培育社会主义核心价值观角度来看，新时代推进以民生为重点的社会建设都需要加快民生立法。

推进民生立法首先要明确民生立法的原则。民生事关人民群众切身利益，民生立法是社会主义核心价值观与制度法治文化最直接的体现，基于此，新时代民生立法应遵循权利保护原则、强化政府责任原则、基本保障原则，同时遵循普惠性与特殊性相结合的原则。即一方面注重保护最大多数人的利益，另一方面更要注重保护残疾人、未成年人、老年人等群体的利益。在此基础上，结合当前我国实际情况加快推进民生立法修法进程。

1. 完善劳动就业领域法律法规。结合当前劳动就业领域的新情况

---

① 宋惠献、周艳敏：《论文化法的基本原则》，《北方法学》2015 年第 6 期。

新问题，适时出台相关的法律法规。如针对当前我国出现的新型就业歧视问题，可以对《中华人民共和国劳动法》《中华人民共和国就业促进法》等法律法规作出修订，增加不因"户籍、地域、疾病、身高"等歧视的规定，或者"在条件成熟情况下，应该尽快形成全面统一的消除就业歧视法。"①同时，针对当前劳动就业领域缺乏"劳动基准法""集体合同法"的现实，应加快法律制定进程。在法律制定中既要注重我国现实国情，也要注重劳动者权益的保护，既注重维护企业利益，又注重保护劳动者的利益。

2. **完善收入分配领域法律法规。**收入分配与人民的利益得失直接相关，也直接关乎新发展理念的贯彻落实。收入分配立法有利于从根本上消除不合理、不科学的收入分配体制。"个人收入分配制度事关全民福祉，属于基本经济制度范畴，理应上升到法律层次。"②为此，可以考虑制定专门的"收入分配法"。"收入分配法"建立在我国按劳分配为主体，多种分配方式的基础之上，着眼于初次分配和再分配环节的调整，通过法律规范国家财政供养人员在职、退休后的工资、福利，明确个人收入分配争议的处理程序，违反法律法规的处罚措施等。

3. **完善医疗卫生领域法律法规。**近年来，我国把保障人民健康放在优先发展的战略位置，基本医疗卫生法律制度逐步健全，医药卫生体制改革纵深推进，公共卫生服务能力显著增强。同时，我国医疗卫生改革进入深水区，健康中国的任务目标和人民群众日益增长的卫生健康需求，都需要更高水平的法治来保障。如为了推进公共卫生服务均等化，突出公共卫生服务的公益性要求，有必要制定"公共卫生

---

① 裴建国：《消除我国就业歧视的探索》，《新东方》2015 年第 1 期。

② 万川：《理顺个人收入分配关系需要法制手段》，《人民法治》2016 年第 3 期。

法"。此外，针对当前医患矛盾中医疗卫生人员安全时常受到冲击的情况，也应通过立法保护医疗卫生人员的人身安全，使其人身安全、人格尊严不受侵犯，自身的合法权益受到法律保护。

（四）注重完善生态文明法律制度，大力推动人与自然和谐发展

1. 完善绿色消费法律法规。党的十九大报告强调，要"实行最严格的生态环境保护制度，形成绿色发展方式和生活方式"①。作为一种新型的消费方式和未来消费的趋势，绿色消费离不开法律法规的保障，尤其需要专门的"绿色消费促进法"以促进绿色消费，加快生态文明建设。同时为了完善绿色消费法律体系，也要抓紧修订《中华人民共和国节能法》《中华人民共和国循环经济促进法》等法律，研究制定《节约用水条例》《限制商品过度包装条例》等，增加绿色消费的有关要求，明确生产企业、零售企业、消费者、政府机构等主体应依法履行的责任义务，构建与绿色消费相适应的法律法规体系。2020年3月，国家发展改革委、司法部也印发《关于加快建立绿色生产和消费法规政策体系的意见》的通知，促进建立绿色生产和消费法规政策体系。

2. 完善自然保护区法律法规。自然保护区的立法工作，是合理保护利用自然保护区资源的基础和保障，针对当前在自然保护区法律法规中存在的层次不高、立法分散的现实特点，有必要整合自然保护区方面的法规制度，制定统一、高位阶的综合立法——《自然保护区域法》，使之成为这个领域的一项基础性法律。推动自然生态保护工作

---

① 习近平：《决胜全面建成小康社会　夺取新时代中国特色社会主义伟大胜利——在中国共产党第十九次全国代表大会上的报告》，北京，人民出版社2017年版，第24页。

更加系统、完整，建立起权责一致的管理工作体制，并统一管控理念、管控要求和相关工作制度。

3. **完善粮食安全法律法规体系。**粮食安全关系经济社会发展全局，关系人民群众切身利益。针对当前我国粮食安全法律法规现状，首先要加快制定《粮食安全保障法》，对粮源保障、粮食储备、粮食流通、应急与监管等方面作出基本规定，明确相应的法律责任，鼓励粮食加工业和食品工业发展、粮食品牌建设，促进绿色有机粮食供应等。同时完善与粮食安全相关的法律制度，构建粮食安全法律体系。如完善《外资并购法》，建立外资并购境内涉农企业的安全审查机制；制定农业基本补贴法，规范农业补贴政策。

4. **完善野生动物保护法律法规，正确处理人与自然关系。**保护野生动物是维护自然生态平衡，推进人与自然和谐发展的必然要求，更是保护人类自身的重要举措，尤其是野生动物携带各种各样的病毒，容易引发传染疾病。2022 年 12 月 30 日，《中华人民共和国野生动物保护法》由十三届全国人大常委会第三十八次会议修订通过，这次修订主要是加强对野生动物栖息地的保护，并细化野生动物种群调控措施；同时明确了政府应该根据实际情况和需要建设隔离防护设施、设置安全警示标志等，预防野生动物可能造成的危害。[①]不过要保证全面禁止食用野生动物原则的贯彻落实还需要进一步完善野生动物保护法律法规，进一步做到：一是扩大《中华人民共和国野生动物保护法》适用的范围。尤其是在对"野生动物"界定上，只要是在野外生长的动物都应纳入《中华人民共和国野生动物保护法》的规制范围。同时对人工繁育国家重点保护野生动物也应纳入保护范围。二是加大法律

---

① 《中华人民共和国野生动物保护法》，《人民日报》2023 年 2 月 20 日。

惩罚力度，提高违法成本。对于食用野生动物而引发传染病的，由于对公共安全造成了危害需要承担相应的刑事责任。三是强化监管力度。一方面要强化执法检查，禁止网络交易平台、商品交易市场等为其提供交易服务；另一方面要拓展民众监督渠道，建立健全信息公开制度和举报奖励制度。

二、推动社会主义核心价值观融入党内法规，强化社会主义核心价值观法规制度保障

在我国党内法规和国家法律法规是辩证统一、相互促进的。新时代中国特色社会主义法治建设，不仅要有完善的国法（法律规范体系），还要有完善的党规（党内法规体系）。推动社会主义核心价值观与制度法治文化互动，不仅需要促进社会主义核心价值观融入国家法律法规，还需要促进社会主义核心价值观融入党内法规。

（一）构建与社会主义核心价值观相适应的党内法规体系

经过长期努力，尤其是党的十八大以来党内法规"立废改"工作的推进，中国共产党已逐步形成了与全面从严治党相适应的党内法规体系。同时党内法规的科学化水平也得到极大地提高，不过还有不少改善的空间。总的来说，新时代促进社会主义核心价值观融入党内法规，构建与社会主义核心价值观相适应的党内法规体系，尤其需要做到以下几个方面。

1. 以党的政治建设为统领。任何政党都有自己的政治属性。作为有鲜明立场的马克思主义政党，中国共产党更应旗帜鲜明地讲政治。党的建设历史经验表明，党的建设存在的很多问题都与党的政治建设有关，

党的政治建设决定党的建设方向和成效，在党的建设总体布局中具有根本性地位。总的来看，中国共产党人对党的政治建设有一个逐步深化的过程。尽管自党中国共产党成立就非常重视政治建设，但直到 20 世纪 90 年代，中国共产党人才将党的政治建设与思想、组织、作风建设并列提出，党的十八大之后，以习近平同志为核心的党中央依据新时代党的建设总要求，进一步将党的政治建设提升到党的建设统领地位。

从党的政治建设内涵来说，长期以来党的政治建设主要指路线、方针、政策的制定、执行，以及维护党的团结等一系列活动。党的十八大以来，党的政治建设的内涵大大拓展，包括把握政治方向、坚定政治信仰和政治立场，加强党的全面领导，维护党中央权威，净化政治生态，增强政治能力等。

就党的政治建设与社会主义核心价值观的关系来说，两者是密切联系，相互促进。首先在价值导向上，两者都坚持以人民为中心的价值立场。社会主义核心价值观具有鲜明的人民性特点。对于党的政治建设而言，政治立场是党的政治建设的灵魂，党的政治立场就是人民立场。对此，1939 年，刘少奇在《论共产党员的修养》中就指出："共产党员应该具有人类最伟大、最高尚的一切美德，具有明确坚定的党的、无产阶级的立场（即党性、阶级性）。"[1]"一个共产党员要有比较好的马克思列宁主义的理论修养，就必须有崇高的无产阶级的立场。"[2] 1942 年，毛泽东在延安文艺座谈会上的讲话中不仅明确提出为人民服务的命题，而且明确指出："我们是站在无产阶级的和人民大众的立场。"[3] 在此基础上，党的七大将为人民服务上升到全党的宗旨，

---

① 《刘少奇选集》上卷，北京，人民出版社 1981 年版，第 113 页。

② 《刘少奇选集》上卷，北京，人民出版社 1981 年版，第 115 页。

③ 《毛泽东选集》第 3 卷，北京，人民出版社 1991 年版，第 848 页。

使党的政治立场更加清晰、完整。在之后党的建设中，中国共产党人始终把维护人民利益作为一切工作的出发点和落脚点。尤其是党的十八大以来，习近平总书记明确指出："人民立场是中国共产党的根本政治立场，是马克思主义政党区别于其他政党的显著标志。"[①]其次，两者在内容上相互支持。社会主义核心价值观所倡导和内含的道德要求有利于推进党内政治文化，净化党内政治生态，有利于党员自觉遵守党的纪律，维护党的团结，等等。同时通过党的政治建设，使广大党员树立正确的政治意识，树立正确的世界观、人生观和价值观，对于培育和践行社会主义核心价值观具有极为重要的作用。新时代以党的政治建设统领党内法规制度建设，要求党内法规制度建设必须坚持以下几个方面的基本要求。

第一，坚持以人民为中心的根本立场。以人民为中心是社会主义核心价值观的根本立场，也是中国共产党人的奋斗目标。党内法规也理所当然应该坚持这一根本立场。坚持以人民为中心的立场，意味着党内法规建设必须摆脱功能主义的价值倾向，着眼于回应全面从严治党的需求，着眼于保持党的先进性和纯洁性，坚守党的政治立场，以党内法规建设规范党员行为，维护党的团结统一，通过行为边界的设定，使党员干部真正做到情为民所系，权为民所用，利为民所谋。

第二，以强化党的政治领导为根本目标。办好中国事情关键在党。党的领导地位是在长期革命斗争中形成的，是历史和人民的选择。"加强党的政治建设的核心和目的是强化党的政治领导。"[②]党的政治领导是实现党的政治目标的根本保证，党的政治建设的关键就是要维护党

---

① 《习近平谈治国理政》第 2 卷，北京，外文出版社 2017 年版，第 40 页。
② 丁俊萍、李雅丽：《党的政治领导与政治建设之关联》，《思想理论教育》2019年第 7 期。

中央权威和集中统一领导，保证党的路线方针政策贯彻落实，实现全党团结统一、行动一致。新时代构建与社会主义核心价值观相适应的党内法规制度，也同样需要致力于维护党的团结，切实做到"两个维护"。坚持"两个维护"与坚定党的政治立场是统一的。党的十八大以来，以习近平同志为主要代表的中国共产党人，坚持把马克思主义基本原理同中国具体实际相结合、同中华优秀传统文化相结合，深刻总结并充分运用党成立以来的历史经验，从新的实际出发，科学回答中国之问、世界之问、人民之问、时代之问，创立了习近平新时代中国特色社会主义思想，实现了马克思主义中国化时代化新的飞跃。党的二十大报告强调要"坚持不懈用新时代中国特色社会主义思想凝心铸魂"，要求"坚持用新时代中国特色社会主义思想统一思想、统一意志、统一行动，组织实施党的创新理论学习教育计划，建设马克思主义学习型政党"[1]。习近平新时代中国特色社会主义思想是历史性与现实性、理论性与实践性、继承性与创新性、人民性与科学性紧密结合的完整的、系统的和科学的思想理论体系。党的二十大报告明确指出："'十个明确'、'十四个坚持'、'十三个方面成就'概括了这一思想的主要内容，必须长期坚持并不断丰富发展。"[2]此外，党的二十大报告提出了习近平新时代中国特色社会主义思想的世界观和方法论。继续推进理论创新的科学方法，即必须坚持人民至上、必须坚持自信自立、

---

① 习近平：《高举中国特色社会主义伟大旗帜　为全面建设社会主义现代化国家而团结奋斗——在中国共产党第二十次全国代表大会上的报告》，北京，人民出版社2022年版，第65页。

② 习近平：《高举中国特色社会主义伟大旗帜　为全面建设社会主义现代化国家而团结奋斗——在中国共产党第二十次全国代表大会上的报告》，北京，人民出版社2022年版，第17页。

必须坚持守正创新、必须坚持问题导向、必须坚持系统观念、必须坚持胸怀天下。切实做到"两个维护"有利于将坚持党的领导与坚定人民理想信念结合起来,将对上负责与对下负责结合起来。因此,新时代加强党内法规制度建设理应做到"两个维护",通过党内法规制度建设维护党的团结,严肃党的纪律,保证党的集中统一领导。

第三,以永葆清正廉洁的政治本色为重要任务。党的政治本色,源于党的性质、宗旨和奋斗目标。中国共产党作为马克思主义政党,清正廉洁是党最基本的政治本色,集中体现了党保持先进性和纯洁性的基本要求。实际上,中国共产党成立之初,为了防止腐败产生,1926 年 8 月就发布了《关于坚决清洗贪污腐化分子的通告》,之后逐步丰富党内法规制度完善权力监督制约机制。党的十八大以来,以习近平同志为核心的党中央以强烈的历史责任感、深沉的使命忧患意识和顽强的意志品质,大力推进党风廉政建设和反腐败斗争。习近平总书记多次强调反腐败的重大意义,在党的二十大报告中明确指出:"腐败是危害党的生命力和战斗力的最大毒瘤,反腐败是最彻底的自我革命。只要存在腐败问题产生的土壤和条件,反腐败斗争就一刻不能停,必须永远吹冲锋号。"[①] 在反腐败的要求方面,党的二十大报告尤其强调要"坚持不敢腐、不能腐、不想腐一体推进,同时发力、同向发力、综合发力。以零容忍态度反腐惩恶,更加有力遏制增量,更加有效清除存量,坚决查处政治问题和经济问题交织的腐败,坚决防止领导干部成为利益集团和权势团体的代言人、代理人,坚决治理政

---

① 习近平:《高举中国特色社会主义伟大旗帜 为全面建设社会主义现代化国家而团结奋斗——在中国共产党第二十次全国代表大会上的报告》,北京,人民出版社 2022 年版,第 69 页。

商勾连破坏政治生态和经济发展环境问题，决不姑息"①。坚持不敢腐、不能腐、不想腐一体必然要加强党内法规制度建设。新时代完善党内法规制度的重要目标就是继续扎牢不敢腐、不能腐、不想腐的制度"笼子"，完善反腐倡廉教育、预防、监督、惩治制度，扎牢权力运行的制度"笼子"。正基于此，党的二十大报告尤其强调要"完善党的自我革命制度规范体系""坚持制度治党、依规治党，以党章为根本，以民主集中制为核心，完善党内法规制度体系，增强党内法规权威性和执行力，形成坚持真理、修正错误，发现问题、纠正偏差的机制"②。

第四，以净化政治生态为重要使命。党的政治生态是党风、政风的综合反映，反映了党的政治建设的总体面貌。良好的政治生态有利于在党内形成重品行、正操守的道德风尚，以及严肃党的政治纪律，清正廉洁的良好氛围，反之，则人心涣散、风污气浊。与此相适应，党的政治建设的基础必将遭到削弱，对党的政治建设全局产生不良影响。中国共产党一向重视党内政治生态建设，尤其是党的十八大以来，习近平总书记明确指出，全面从严治党"必先正风俗"③，提出"全面净化党内政治生态"④的任务。对于政治生态与党的政治建设之间的关系，习近平总书记明确指出："营造良好政治生态是一项长期任务，必

---

① 习近平：《高举中国特色社会主义伟大旗帜　为全面建设社会主义现代化国家而团结奋斗——在中国共产党第二十次全国代表大会上的报告》，北京，人民出版社2022年版，第69页。

② 习近平：《高举中国特色社会主义伟大旗帜　为全面建设社会主义现代化国家而团结奋斗——在中国共产党第二十次全国代表大会上的报告》，北京，人民出版社2022年版，第65—66页。

③ 《习近平关于党风廉政建设和反腐败斗争论述摘编》，北京，中央文献出版社、中国方正出版社2015年版，第16页。

④ 《习近平谈治国理政》第2卷，北京，外文出版社2017年版，第45页。

须作为党的政治建设的基础性、经常性工作。"①党的政治生态建设如同维护自然生态一样，需要久久为功，尤其要注重党内法规制度对党内政治生态的保障作用。新时代党内法规制度建设也应以净化党内政治生态为自身的重要使命，这不仅是党的政治建设要求，对于培育和践行社会主义核心价值观也具有重要的意义。

2.遵循现代法治基本要求，坚持权利与义务相统一。坚持法律面前人人平等，权利与义务相统一是现代法治的基本原则和要求。党内法规作为中国特色社会主义法治的重要组成部分，也需要坚持这一基本要求。"党内法规体系建设既要设定党员的义务，建构不敢腐、不能腐、不想腐的机制，也要保障党员的权利，充分调动党员的积极性，不能忽视其政治能动性。"②具体来说，需要做到：一是在具体党内法规内容中要坚持权利义务相统一的原则，既注重党员履行相应的义务，更注重保障党员民主权利。二是在立法规划和党内法规体系构建上既要注重党的纪律方面法规制度建设，也要注重完善党内民主法规制度，完善党内选举制度、党的集体领导制度、党的代表大会制度，以及党内协商等方面的法规制度。

3.坚持系统思维，构建科学完善的党内法规体系。加快补齐党内法规短板。加强党内法规建设既要重视全面规划，又要重视单项建设，尤其是针对当前党内法规薄弱环节，要加快补齐短板。如在党的思想建设领域，在坚持《中国共产党党员教育管理工作条例》（2019年）等法规制度基础上，需要进一步丰富发展党员学习激励制度、学习管理

---

① 习近平：《增强推进党的政治建设的自觉性和坚定性》，《求是》2019年第14期。

② 石佑启、陈可翔：《新时代党内法规体系建设的价值取向与路径选择》，《求索》2019年第1期。

制度、完善党员教育考核评价机制等具体制度，以此推动党的思想建设制度化、常态化。在党的组织建设方面，要进一步强化流动党员管理等方面的党内法规制度建设；在党的作风建设方面，需要进一步完善领导干部联系、服务群众制度，治庸治懒治散制度，党员干部"八小时以外"监督制度等。

特别是在反腐败斗争领域，建立和完善防止利益冲突制度的重要作用。从我国的现实情况来看，重人情、重关系是中国文化的重要特征之一。改革开放以来，尽管市场经济的发展扩大了人们的交往空间，改变了人们的交往方式，提高了人们的规则意识和法治意识，但是也应该看到，时至今日，遇事找关系的思维方式依然普遍存在。对领导干部而言，其生活环境就是由"工作圈"和"生活圈"组成的，一些领导干部在行使公共权力的过程中也会自觉、不自觉地考虑到与自己有各种"关系"的人；有的领导干部在思想深处认为"多个朋友多条路"，奉行"熟人好办事"的观点，在日常工作中特别注意利用职权编织各种关系网。这种情况很容易在观念上和行为上导致领导干部的利益冲突，当利益冲突情境激起领导干部作为政治理性人的自利本性时，就可能导致腐败的发生。从现实中看，有的党员干部正是在种种的"关系圈"中混淆了"公"与"私"的界限，只讲"朋友交情"不讲法规制度，最终陷入腐败犯罪的深渊，同时也使公共权力的运行偏离为民众服务的轨道。正是基于此，习近平总书记多次强调防止利益冲突的重要性，他指出："同学、同行、同乡、同事等小圈子聚会也值得警惕……有的这种聚会里面有潜规则。"[1]"有些干部聚在一起，搞个

---

① 《习近平关于党风廉政建设和反腐败斗争论述摘编》，北京，中央文献出版社、中国方正出版社 2015 年版，第 76—77 页。

同乡会、同学会，一段时间聚一下……这种聚会最好不要搞，这种饭最好不要吃。"①总之，在利益关系多样化的今天，要预防和反对腐败，就必须完善预防利益冲突制度，最大限度地把各种"关系"与党员领导干部的职务行为隔离开来，推动反腐倡廉建设。

改革开放以来，针对市场经济发展可能导致的利益冲突问题，中国共产党人在防止利益冲突制度建设方面进行了积极的探索。总的来看，相关的法规制度主要包括以下几大方面：一是对领导干部与其家庭成员、亲属的相关规定。如早在1985年，中共中央、国务院就发布了《关于禁止领导干部的子女、配偶经商的决定》。之后，随着金融、证券行业快速发展，1993年，又发布了《关于党政机关工作人员个人证券投资行为若干规定》。之后，1997年，中共中央下发的《关于对违反〈党政领导干部选拔任用工作暂行条例〉行为的处理规定》对干部选拔任用中可能涉及与家庭成员、亲属之间的利益冲突问题进行了规定。2001年，中纪委又发布了《关于省、地两级党委、政府主要领导干部配偶、子女个人经商办企业的具体规定（试行）》。2016年发布的《中国共产党纪律处分条例》，规定了领导干部配偶、子女出现的利益冲突情况的具体处罚措施。二是对领导干部兼职的有关规定。1988年，中共中央办公厅、国务院办公厅发布了《关于县以上党和国家机关退（离）休干部经商办企业问题的若干规定》。1989年，中共中央办公厅、国务院办公厅又发布了《关于清理党和国家机关干部在公司（企业）兼职有关问题的通知》。之后，发布的相关法规制度主要有：《关于党政机关兴办经济实体和党政机关干部从事经营活动问题的

---

① 《习近平关于严明党的纪律和规矩论述摘编》，北京，中央文献出版社、中国方正出版社2016年版，第26页。

通知》（1992 年）、《关于党政机关领导干部不兼任社会团体领导职务的通知》（1998 年）、《关于对党政领导干部在企业兼职进行清理的通知》（2004 年），2016 年发布的《中国共产党纪律处分条例》中包括对"违反有关规定在经济实体、社会团体等单位中兼职"等违纪情况的处罚措施。三是建立了干部回避制度。建立健全干部回避制度是预防和遏制干部选拔任用中可能出现的不正之风和腐败的重要举措，也是防止利益冲突制度建设的重要内容。总的来看，关于干部回避制度，改革开放以来发布的法规制度主要有：《党政领导干部任职回避暂行规定》（2006 年）、《公务员回避规定（试行）》（2011 年）、《党政干部选拔任用工作条例》（2014 年修订）等。此外，国家法律法规也对此进行了规定。如 2005 年颁布的《中华人民共和国公务员法》对公务员执政公务的回避作了明确的规定。四是对领导干部工作可能出现的利益冲突情况的规定。如 1980 年，中央纪律检查委员会就发布了《关于杜绝接待工作中不正之风的通知》，1984 年再次发布了《关于重申严禁接待工作中不正之风的通知》。之后，又相继发布了《关于严禁对领导干部请客送礼的通知》（1985 年）、《关于对党和国家机关工作人员在国内交往中收受的补品实行登记制度的规定》（1995 年）、《关于严格禁止利用职务上的便利谋取不正当利益的若干规定》（2007 年）等；党的十八大之后，又制定了《中共中央政治局关于改进工作作风、密切联系群众的八项规定》，所有这些对于推进党的作风建设，对于防止利益冲突都起到非常重要的意义。

总的来看，改革开放以来，为了防止利益冲突，中国共产党人对利益冲突制度建设作了积极的探索和实践，相继发布了一系列的法规制度。不仅如此，目前有些地方在防止利益冲突的探索中还制定了专门的防止利益冲突制度。如 2011 年浙江省制定的《党员领导干部防止利益冲突暂行办法》；2013年辽宁省制定的《党员领导干部防止利益冲突若干规定》。与此同时，一些地市一级的地区，如苏州市也制定了《党员领导干部防止利益冲突暂行办法》（2013年）；威海市制定了《党政领导干部防止利益冲突暂行规定》（2013年）；温州市制定了《国家工作人员利益冲突回避暂行办法》（2009年）。所有这些对于防止利益冲突制度建设，预防腐败都起到非常积极的意义。总的来看，当前防止利益冲突制度建设还面临着不少的问题，尤其是缺乏防止利益冲突的专门性法规制度。

虽然，目前很多地方对构建专门的防止利益冲突制度进行了积极的探索，但是不同地区的探索呈现出很大的差别。比如威海市发布的《党政领导干部防止利益冲突暂行规定》（以下简称《暂行规定》）分总则、利益冲突的基本表现、防止利益冲突的主要措施、发生利益冲突的处理和责任追究几大部分；辽宁省制定的《党员领导干部防止利益冲突若干规定》（以下简称《若干规定》）分为总则、防止利益冲突的行为限制与监督实施等部分；温州市发布的《国家工作人员利益冲突回避暂行办法》（以下简称《暂行办法》）分为总则、行为规范、回避实施几部分。上述制度首先在防止利益冲突制度主体规定上存在较大的差别。如威海市发布的《暂行规定》适用的对象主要是副县（处）级以上领导干部。而辽宁省发布的《若干规定》规定的对象是泛指所有的党员干部。温州市的《暂行办法》规定的对象则是指所有国家机关中从事公务的人员。其次，而且在具体规定上的差别也是明显的。有的地方发布的法规制度还有明显的缺陷。如温州市的《暂行办法》大都规定"不得"各种情况，没有规定明确的处罚措施。因此，要从整体上推动防止利益冲突制度建设，就需要我们系统地总结实践经验，强化顶层设计，适时出台专门的防止利益冲突法规制度。从当前来看，首先发布防止利益冲突的党内法规制度，从整体上推动防止利益冲突制度建设。总的来看，这一制度最起码包括以下几个基本要求：防止利益冲突的主体；防止利益冲突的各种限制性行为的规定，包括任前、任中、离任的规定；利益回避的具体要求；利益处理，包括发生利益冲突的处理和责任追究办法等。从长远来看，需要进一步将防止利益冲突制度上升为国家法律法规，制定《防止利益冲突法》，进一步增强制度的权威性。

第一，坚持继承性和创新性相统一的原则，适时创新党内法规。从当前来说，尤其做好党内法规制度"立废改"常态性工作。一方面，积极鼓励地方探索落实全面从严治党有效途径，注重将有益经验做法上升为制度，促进党内法规制度的创新发展；另一方面，要进一步扩大制度修改覆盖面，如当前就要做好《中国共产党党员权利保障条例》（2004 年）、《中国共产党基层组织选举工作暂行条例》（1990 年）、《中国共产党全民所有制工业企业基层组织工作条例》（1986 年）等党内法规制度的修订工作。

第二，进一步完善党内法规内容，不断提高党内法规科学化水平。一方面，要克服一些党内法规过于原则性等问题，努力提高制度的可操作性；另一方面，注重以问题为导向，深入开展对党内法规的研究，不断推动党内法规内容的完善。以党的问责制度为例，如上所述，当前对党组织、领导干部的问责规定中，启动问责方式主要是依职权启动问责。那么，是否需要对申请问责及其程序作出规定？如何进一步完善责任追究程序作出详细规定，包括调查处理程序、申诉复查程序、组织处理程序等。

第三，注重配套性法规建设。党内法规配套是完善党内法规体系的必然要求，有利于保证党内法规上下贯通，推动党内法规的贯彻落实。加强党内法规配套性建设要力争做到基础性党内法规与配套性法规制度同步规划。"党内法规制定部门在制定基础主干党内法规的同时，要对其相关配套党内法规的制定工作做出安排部署。"① 对于一些较为薄弱领域的党内法规，暂且难以做到同步规划的，要注重根据实践探索，加以丰富完善。以党的政治建设为例，目前党的政治建设制度主要是 2019 年制定的《中共中央关于加强党的政治建设的意见》。因此，有必要"完善有关'准则''条例'，以此作为支撑性制度，从而对具体的建设内容进行详细阐述"②，真正实现党的政治建设有章可循、有据可依。同样，对于中央制定的党内法规，各地区应结合自身的实际，出台相应的实施办法。

第四，注重完善党内法规制度运行保障体系。如在干部财产申报制度方面，要加大对干部填报信息的抽查核实力度，扩大随机抽查比例。同时，要加强公民信用制度和金融实名制度等配套制度建设，保证干部财产申报制度得到贯彻落实。

（二）推动党内法规与国家法律的衔接

1. 提高党内法规自身的"法律化"水平。全面依法治国是培育和践行社会主义核心价值观的内在要求。推进全面依法治国要求将党内法规纳入国家法治化建设的轨道，提高党内法规自身的"法律化"水平。新时代提高党内法规自身的"法律化"水平尤其需要我们着力做好以下几方面：一是要按照《中国共产党党内法规制定条例》的要求规范党内法规文本，包括党内法规名称、明确适用范围、施行日期等。

---

① 伊士国：《论形成完善的党内法规体系》，《学习与实践》2017 年第 7 期。

② 陈宏宇：《党的政治建设：理论逻辑与实现路径》，《学习论坛》2019 年第 10 期。

二是努力促进党内法规"语言表达"的明确性。如上所述，目前很多党内法规存在语言表达模糊性问题。党内法规的这种现象与其自身的政治属性有着很大的关系，即具有明显的"党言党语"的特点，不过即使如此，在全面依法治国大背景下，党内法规也应尽力纳入法治国家总进程，尤其需要借鉴现代"法言法语"表达方式，在坚持"党言党语"的基本前提下，提高党内法规的明确性。三是在党内法规内容上，尤其要规定明晰的违法责任和处罚办法，完善党内法规的逻辑结构，保证党内法规内容的科学性。四是要注重程序性党内法规建设，对侵犯党员权利、违反政治规矩、违反组织制度等违反党内法规制度行为的处理要设定专门的程序性条款。

2. 推进党内法规与国家法律对接。新时代推进党内法规与国家法律对接尤其要做到：一是立法上的衔接。立法上的衔接是党内法规与国家法律衔接的前提和基础。从当前来看，要建立和完善党内法规与国家法律交流沟通机制。党内法规及草案的制定要征询人大、政府有关部门，以及有关专家的意见，避免因党内法规起草中考虑不周而出现合法性障碍。从长远来看，可以考虑成立专门的领导机构或者协调机构，构建党内立法与国家立法之间的联动机制，既有利于推进党内法规的"法律化"，更有利于推进党内法规与国家法律对接。二是推动党内法规适时向国家法律转化。要认真分析当前党内法规与法律之间可能存在的空当，研究哪些可以继续由党内法规来规定，哪些可以、需要转化为国家法律。对于比较成熟的，且现实需要转化为国家法律的要通过法定程序转化为国家法律。三是建立党内法规的违法审查、违法纠错机制。目前党内法规的备案审查机制已经初步形成，但还有很大改进空间。可考虑设立专门的党内法规备案审查机构，配备相应的专业人员，专门负责党内法规的审查以及相应协调工作，构建党内法规与国家法律审查联动机制。"党内法规和规范性文件备案审查机构应当会同国家法律的制定和解释部门，对涉案文件认真研究，讨论解决方案。"[①]同时，要着力完善党内法规备案审查的程序机制，明确党内法规备案审查的范围、步骤、处理办法等。

三、推进社会主义核心价值观融入公共政策，以公共政策弘扬社会主义核心价值观

推进社会主义核心价值观融入公共政策，既有利于弘扬公序良俗，促进德法共治，也有利于在实践中潜移默化培养人们的制度意识、法治思维。推进社会主义核心价值观融入公共政策和社会治理制度之中，要求公共政策在目标设定上要充分体现公平正义和社会责任，努力符合不同社会群体的利益需求，注重协调国家、集体、个人之间的利益，同时要求进一步健全公共政策决策制度，完善公共政策体系结构。

（一）强化公共政策的价值导向

社会主义核心价值观是制度法治文化的价值导向，理所当然也是公共决策的价值导向。这就要求我们制定各类政策时要坚持以人民为中心的根本立场，既注重维护社会主义市场经济秩序，又注重维护社会主义市场经济公平秩序；既注重经济效益，又注重社会效益。

1.平等对待一切市场主体，遵循公平性与竞争性原则。从当前来看，要以深化供给侧结构性改革为重点，正确处理政府和市场的关系，

---

① 马立新:《党内法规与国家法规规章备案审查衔接联动机制探讨》,《学习与探索》2014 年第 12 期。

尤其通过深化行政审批制度改革，实现政府的"自我革命"，减少政府的权力，进一步发挥市场在资源配置中的决定性作用。以河北省定州市为例，定州市深化行政审批制度改革，推行"高效办成一件事"，推进线下办事"只进一门"、线上办事"一网通办"、各类诉求"一线应答"，让企业群众快办事、少跑腿。①新时代推进行政审批制度改革，除了加大简政放权之外，还需要全面实施市场准入负面清单制度。实行统一的市场准入负面清单制度，有利于明确政府发挥作用的职责边界，有利于对各类市场主体一视同仁，实现规则平等、机会平等、权利平等，更有利于营造公平竞争的公正市场环境，使市场主体各归其位、优胜劣汰。

2. 平等对待社会主体，坚持公共政策"公共性"价值准则。公共政策的"公共性"是公共政策的基本特征，也是其得到人民认同的根本原因。要保证公共政策"公共性"就必须力争平等对待一切社会主体。比如，在公平竞争方面，要逐个清理和取消不合理的限制条件，取消和减少民营企业进入基础设施等领域的隐形门槛，让实力强、信誉好的民营企业参与项目竞拍；在企业融资方面，要着力解决贷款银行等金融机构"重大轻小""嫌贫爱富""规模歧视"的问题。再如，户籍制度建设上，针对长期以来户籍制度引发的社会不公现象，也积极推动户籍制度改革。当然，由于当前各地区客观情况不一，因此，户籍制度改革要充分考虑当地经济社会发展水平、城市综合承载能力，即使如此，也应尽可能以居住证制度为依托，保障外来人员、农民工子女等在入学、医疗社保等方面的权益，解决他们的突出困难。

---

① 林凤斌、谷晓丹：《优服务强保障，推动项目落地落实》，《河北日报》2024年2月22日。

（二）完善民主化决策制度，保证公共决策科学性

建立科学民主决策制度是保证公共决策科学化的前提和基础，也是防止决策寻租的重要举措。

1. 完善民主集中制。新时代完善民主集中制尤其需要做到：一是完善集体决策的决策程序。决策程序是各级党委和地方政府实现有序决策、合理决策、科学决策、民主决策的基本保障。从当前来看，需要按照"集体领导、民主集中、个别酝酿、会议决定"的 16 字方针，规范集体领导的议事和决策程序，未按程序提出或临时动议的，原则上不讨论，从根本上杜绝临时动议现象。对于有分歧的重大问题，一般来说，应暂缓作出决定，等待进一步的调查研究，形成新的共识。二是完善议事规则。党委会议的议题一般应由党委书记或者受党委书记委托的会议召集人确定。涉及重大问题的，必须有 2/3 以上的党委成员到会方能举行。为了保证集体领导成员充分表达意见，在决策过程中，"一把手"的意见一般最后表达，防止"一把手"的意见变成"定性"，左右领导班子成员意见的表达。对于重大问题的表决要严格实行票决制。三是完善有关的会议制度。在会议纪要基础上，进一步创新会议记录，如探索视频音响等保存会议资料的方式。

2. 实行重大决策咨询、专家论证和听证制度。在社会分工越来越细的今天，领导决策不可能完全做到亲力亲为，必须站在战略的高度对政策专家制定的各种决策方案进行择优选择。为此，必须构建完善的由各类专家组成的政策咨询系统，为领导者提供决策所必需的信息，或直接为决策提供专业技术方面的咨询、论证和评估。尤其是重大工程项目和涉及群众切身利益的项目，需要决策前通过召开座谈会以及组织专家论证，充分听取各方面的意见，在经过专家充分论证并对不同方案的比

较之后的基础上作出决策。在具体的实施中尤其要注重做到以下几个方面：一是各级政府要建立统一的决策咨询论证专家库，专家库的组成人员应当包括不同行业的专家和法律专家，以行业专家为主。同时还要注重完善决策咨询专家诚信考核和退出机制。二是合法性审查，通过对重大事项的决策权限、内容和程序等进行合法性审查，不仅有利于提高决策的科学化水平，也有利于增强党政机关运用法治思维和法治方式研究解决问题的能力。因此，在决策方案审议前，应进行合法性审核。三是完善决策的听证制度，决策听证是决策咨询的延伸，指在重大决策出台之前或实施之后，就决策动议、决策方案或决策效果听取相关人员的意见。通过决策听证有利于听取不同方面的意见，也有利于保障民众的合法权益，对于保证决策的科学化都有着重要的意义。

3. 完善群众参与制度。一是明确民众参与政府决策的范围、内容和方式。民众参与是政府决策科学性的重要保障，但并非所有的决策都必须民众参与，为此必须做科学的分类。二是政府应主动了解民情民意。凡涉及民众重大利益关系的决策，要开展广泛深入的调查研究，充分听取各方意见。同时政府也要充分尊重民众的知情权。尤其在信息化今天，在有关决策确定前可以将决策方案通过网络加以公开，充分征求群众意见。三是将民众参与"否决权"刚性纳入政府决策程序中。新时代完善民众参与政府决策机制可以考虑赋予民众参与决策的"否决"权力。"每项公共政策的制定和执行都不可能满足所有人的偏好和需求，有可能使一部分社会成员的利益受损，那些利益受损的群体将会拿起参与的武器，成为公共政策的'否决者'"①。这就是"否

---

① 吴锦旗：《论公民参与过程中公共政策否决点的形成》，《新疆社科论坛》2010年第 2 期。

定点"的存在。当前,作为尝试性探索,不是要在所有决策中都赋予民众"否决权",可以考虑在一些重大的、与民众利益息息相关的重大决策中尝试建立民众参与决策的否决权制度。

4. 利用大数据推动科学决策。科学决策是维护群众利益的基本要求,是党和国家各项事业取得成功的前提和基础。在决策过程中自觉遵循科学的思想和理论,广泛收集相关信息是实现科学决策的基本要求。大数据不仅是一场技术革命,也不仅是一场管理革命或者治理革命,它给人类掌握决策知识、提高认知能力带来深刻变化。以往人们决策只能基于视野之内有限的局部信息,往往不具备全样本数据分析能力,始终面临掌握决策事实和数据的难题。加之,公共决策本身需要对社会大众多元、复杂的利益加以协调与整合,进一步增加了实现科学决策的难度。大数据遵循数据说话,其对决策科学化的作用主要包括:一是通过海量数据嵌入决策流程可以有效拓展数据的来源,扩大数据的覆盖面,避免决策者的主观感知偏误,增强对公共问题的理性认知。二是可以利用人工智能,自动采集决策对象与问题的历史数据、价值信息、构建决策模型,更清晰地判断决策的潜在风险和预测决策可能的结果,帮助及时优化决策方案。三是运用大数据跟踪决策实施。在决策实施过程中,通过大量客观数据的快速跟踪反馈,能够更及时、更全面地掌握决策实施的实际效果,为下一步决策推进或改进指明方向。可以说,大数据是人类认识世界和改造世界能力的一次升华,也为进一步推动科学决策提供重要机遇。

我们应该看到,近年来随着大数据快速推进,各地区围绕数字政府、智慧城市建设都进行了积极的探索,并取得显著的成就,但距离实现大数据支撑、科学化决策的要求还有一定差距,大数据决策支持体系建设还存在诸多的不足。一是一些领导干部还习惯于经验决策、会议决策等传统方式，不会利用大数据进行精准分析和辅助决策。二是数据共享基础条件参差不齐。有的部门进展较快，建成了统一的信息管理系统，实现了本行业数据实时集中。有的部门还未建成统一的信息管理系统，或已有数据还存在不及时、可用性不强等问题，数字共享基础有待强化。三是"数据孤岛"广泛存在，目前大量数据资源掌握在各级政府部门中，但现实中我国政府部门实行"条块"管理，横向部门之间数据交互共享率较低，各部门信息系统相互割裂、自成体系，"部门墙""行业墙""地区墙"阻碍了数据的流动共享。少数政府部门认为数据来源于本部门工作的积累，属于"部门私有"，这与大数据时代的基本理念和要求相悖。新时代利用大数据推动科学决策尤其需要做到：

第一，新时代推动大数据决策要求树立政务数据"公有"的理念，破解大数据共享难题，强化大数据决策系统建设。对此，习近平总书记就强调，"要开发适用于政府服务和决策的人工智能系统，加强政务信息资源整合和公共需求精准预测，提高决策科学性"[①]。因此，各级领导干部需要充分认识互联网对于群众工作的重大意义，在实际工作中要积极践行网络群众路线，充分利用网络去了解民意、汇集民智、解决民忧，及时回复群众利益的诉求，注重在线答疑，解疑释惑。"各级党政机关和领导干部要学会通过网络走群众路线，群众在哪儿，领导干部就要到哪儿。"[②]

第二，建立健全数据共享高位推进机制。推动大数据决策首先要破除政务数据"部门私有"的旧观念，树立数据"共享增值"的理念，

---

① 《习近平关于网络强国论述摘编》，北京，中央文献出版社2021年版，第12页。
② 《习近平关于网络强国论述摘编》，北京，中央文献出版社2021年版，第12页。

从整体上加以规划，推动数字资源可跨部门、跨地区、跨层级共享。一是要建立更高层次的推进机制。如可以考虑从国家层面建立政务信息资源共享目录体系，各政府部门按照国家信息资源目录编制规范的要求编制本部门公共信息资源目录，确保政务信息资源的及时、准确和完整。二是强化信息化项目管理。坚持统一推进和急用先行相结合的原则，从政策、协调、技术等方面发力，支持数据共享需求迫切且具备数据共享条件的部门先行实现共享；暂不具备条件的部门要积极创造条件推进，逐步实现数据共享成果的拓展、深化。三是深化数字对接和联通。鼓励各部门"点对点"对接、双向互动，协调建立数据共享交互渠道，持续扩展数据共享交换的服务范围，实现政府信息系统与党委、人大、政协、法院、检察院等信息系统互联互通和数据按需共享。

第三，加快各地区数据中心建设。一是明确大数据中心的职责，包括参与研究所在地区电子政务、数字政府、智慧城市战略规划；承担统筹政务云、大数据交换平台、物联网平台、网站等信息化平台的建设与运行维护等职责。二是加快基本建成基础数据库步伐，包括建立人口库、法人库、电子证照库、空间地理信息库、宏观经济库、社会信用信息库等。此外，为了进一步突出大数据中心平台服务决策的功能，还需要按应用领域进行数据关联整合，形成政务服务、医疗健康、社会保障、生态环保、文化旅游、安全生产等主题数据库。三是推动大数据安全技术防护体系建设。要完善以病毒防范、漏洞管理、入侵防范、信息加密、访问控制等为重点的安全防护体系，确保电子政务系统不被破坏和数据不被窃取泄露。此外，为了保证数据中心平台的有效运行，为党和政府的决策提供有力支撑，还需要配套成立专家咨询组、绩效评估组、政策法规组等。

5.建立健全有效的决策跟踪和执行监督机制。决策的意义就在于付诸实施,如果没有有效地执行,再好的决策也只是一种美好的设想。毛泽东就曾指出:"如果有了正确的理论,只是把它空谈一阵,束之高阁,并不实行,那么,这种理论再好也是没有意义的。"①决策执行的过程不仅是贯彻落实决策主张的过程,也是对决策科学性的检验。在一定意义上,科学的决策机制就是"决策—执行—再决策—再执行"这样一种不断循环的过程。要对政策措施执行情况定期检查,专项督查,及时收集基层的反馈信息。定期对重大决策执行情况进行检查考核。邀请社会各界的群众等代表人士,对本部关于维护和保障群众利益各项决策执行情况进行考核评价,对考评中代表提出的意见建议,督促有关人员认真整改,确保执行决策不走过场、不流于形式。

(三)完善公共决策体系结构,维护社会公正

1.完善社会收入分配制度。完善社会收入分配制度是推进社会公平正义,实现共同富裕的必然要求,也是新时代培育和践行社会主义核心价值观的重要表现。当前完善社会收入分配制度,要求将公平理念贯穿于收入分配的全过程。对此,党的二十大报告就指出要"坚持按劳分配为主体、多种分配方式并存,构建初次分配、再分配、第三次分配协调配套的制度体系"②。

第一,持续优化初次分配格局,在初次分配中兼顾效率与公平。初次分配是依靠市场机制进行的分配,主要依据土地、劳动力、资

---

① 《毛泽东选集》第1卷,北京,人民出版社1991年版,第292页。

② 习近平:《高举中国特色社会主义伟大旗帜 为全面建设社会主义现代化国家而团结奋斗——在中国共产党第二十次全国代表大会上的报告》,北京,人民出版社2022年版,第47页。

本、技术、数据、管理等生产要素在生产过程中的贡献程度来决定分配。初次分配若存在严重不公或者不合理现象，会对后续再分配作用的发挥产生很大影响，因而初次分配在收入分配体系中起着基础性的关键作用。当前，初次分配既要调动各种生产要素的积极性，也要注意效率与公平的关系，充分发挥市场在初次分配中的决定性作用。为此，需要优化发展环境，为生产要素合理配置提供保障，并在此基础上做到：一是需要完善按要素分配政策制度，健全各类生产要素由市场决定报酬的机制，拓展城乡居民财产性收入渠道。目前我国居民的财产性收入来源比较单一，主要集中于利息和租金收入，股息、红利、专利收入、出让纯收益等收入占比较少，投资渠道狭窄，投资回报率偏低。对此，党的二十大报告就提出"多渠道增加城乡居民财产性收入"[①]的要求。当前，拓展城乡居民财产性收入渠道要从农村土地、金融资产入手，探索通过土地、金融资产等要素使用权和收益权增加中低收入群众要素收入。如在农村，通过盘活农村生产要素，有序推动农村宅基地出租、流转、抵押等给予农民更加充分的财产权益；通过深化农村集体产权制度改革，推动资源变资产、资金变股金、农民变股东，完善农民对集体资产股份占有、收益、继承权等。此外，还要推动资本市场改革，丰富居民可以投资的金融产品种类，创新更多顺应家庭财富治理需求的金融产品，拓展城乡居民财产性收入渠道。二是完善工资合理增长机制。建立具有科学性、合理性、增长性的薪酬制度体系，推动劳动者报酬和生产率提高同步，是提高低收入群体收入，扩大中等收入群体的必然要求。就当前来说，尤其需要完善最低

---

① 习近平：《高举中国特色社会主义伟大旗帜　为全面建设社会主义现代化国家而团结奋斗——在中国共产党第二十次全国代表大会上的报告》，北京，人民出版社2022年版，第47页。

工资调整机制。新时代最低工资标准的调整需要统筹考虑企业和劳动者双方利益，既不能给企业过大的压力，也要保证劳动者的基本生活水平。三是要深化企业工资集体协商制度建设。进入新时代，很多地区都制定了专门的关于企业工资集体协商的办法和条例，如《四川省企业工资集体协商办法》（2013 年）、《吉林省企业工资集体协商条例》（2018 年）等。不过，目前看来，由于多方面因素制约，企业工资集体协商制度运行还存在诸多问题，如企业主和一些劳动者缺乏协商的积极性和内在动力，以及劳动者由于话语权缺失，协商机制作用难发挥等问题。新时代深化企业工资集体协商制度建设需要通过加大对企业工资集体协商制度的宣传和引导、加强企业工会建设、完善协商程序等措施，全面推动企业工资集体协商制度的发展完善。

第二，加大二次分配的调节力度，将新发展理念落到实处。再分配是通过税收、财政转移支付、各类社会保障和社会救助等手段对初次分配结果进行调节的过程。再分配的一个重要目标就是通过政府对收入分配差距的调节促进社会公平公正，新时代落实共享发展理念，实现共同富裕，最关键的就是要加大二次分配的调节力度，完善二次分配制度。要进一步深化税制改革，强化税收的调节功能。税收在再分配中起着基础性的作用，税收制度会深刻影响二次分配的调节力度和调节效果，因此必须随着经济社会的发展变化不断调整和完善税收制度，提高税收制度与经济运行状况的适配性，包括：一是完善个人所得税制度。新时代，为了完善个人所得税制度，2019 年我国开始实施新的《中华人民共和国个人所得税法》。不过，从实现共同富裕的角度来说，目前个人所得税制度还有进一步完善的空间，如对于个人经营所得还没有纳入征收范围、子女教育专项附加扣除较为单一等。完善个人所得税尤其需要做到：首先，要扩大综合所得的征税范围。包括将经营所得纳入综合所得课税范围，避免个人所得税变成"工薪税"，逐步将高收入群体的财产性所得、资本收益纳入综合所得征税范围。其次，要进一步改革完善税前费用扣除制度。如将学龄前婴幼儿的照看费、托儿费等教养支出，比照现行子女教育专项附加扣除标准纳入抵扣范围。最后，要加大对个人家庭医疗支出的税收优惠。如将父母子女大病支出纳入个税抵扣范围之内，探索大病医疗费用的弹性扣除比例等。二是持续完善小微企业税收优惠政策。一方面要进一步扩大优惠政策的范围，加大小微企业增值税期末留抵退税政策力度，对小微企业的应纳税所得额给予一定的优惠减免，通过减税降费来激发小微企业的经营活力；另一方面还需要加强涉企收费目录清单管理，所有涉企收费目录清单及其具体实施情况要纳入政务公开范畴，各地区、各部门必须严格执行目录清单，坚决制止各类针对企业的乱收费、乱罚款和摊派等行为，提高涉企收费政策的透明度。三是落实众创空间税收优惠政策。为激发全社会创新创业活力，形成大众创业、万众创新的生动局面，就要加大对众创空间的税收优惠政策。在企业初创期，除了普惠式税收优惠，符合条件的小型微利企业或者吸纳特殊群体就业（高校毕业生、失业人员、残疾人等）还能享受特殊的税费优惠，比如减免房产税、土地使用税和增值税等。四是完善消费税制度。消费税对于缩小贫富差距具有重要的作用。从当前来看，完善消费税制度尤其需要适当扩大征收范围。

第三，探索完善第三次分配机制，营造良好的社会帮扶和助弱环境。第三次分配是由社会机制主导的资源分配，以包括企业、社会组织和个人在内的社会力量为主体，以自愿和爱心为主观基础，是各种主体对社会资源的主动让渡，通过慈善捐赠和志愿服务等方式实现个人已有社会资源的重新配置。第三次分配有效补充了初次分配和再分配，对于协调社会矛盾，缩小贫富差距都具有重要的意义。虽然实现共同富裕的关键是再分配，但是政府财力的限制决定再分配不可能做到面面俱到，尤其是面对突发性、特殊性、个性化的救助需求时，需要充分发挥第三次分配功能作用。一是培育和扩大社会慈善主体，推动慈善组织健康发展。第三次分配的基本原则是自愿原则和责任原则。也就是说，第三次分配一定程度上是自发的，有赖于企业、社会组织、家庭和个人的责任感。从主体来看，第一次分配侧重于发挥市场的力量；第二次分配主体是政府；第三次分配则更加重视社会公益力量，包括企业、公益慈善组织、志愿服务团体和个人等。推动第三次分配尤其需要打破第三次分配仅仅是富人和企业的责任的传统意识，积极培育各类慈善组织的发展。在培育对象上，要重点培育扶贫济困、扶老救孤、扶残助弱、弘扬正义、助学类等慈善组织发展，同时积极引导企业、企业家和高收入群体积极参与设立基金会。二是创新慈善活动实践，激发社会慈善活力。第三次分配是社会力量的自发行为，党和政府应积极鼓励各种社会组织创造性实践，激发基层活力。从当前来看，尤其注重做到以下几个方面：

一是大力发展慈善信托，汇聚慈善力量。慈善信托是一种符合现代社会特点的公益机制，相比于慈善捐赠，在善款的使用方面，设立慈善信托可以更好地体现委托人的意愿，保障委托人慈善目的的实现。对于实现共同富裕来说，慈善信托是缩小收入差距、提升社会治理、促进共同富裕的新型工具，是我国慈善事业的重要组成部分，也是实现第三次分配的重要方式。为此应鼓励和支持社会各界运用慈善信托方式参与慈善活动，鼓励设立与区域慈善需求相一致的信托项目，发挥慈善信托在慈善行业建设中的特殊功能。鼓励有条件的企事业单位、社会团体和个人以专项救助基（资）金、定向公益性项目或以冠名等形式进行慈善捐助。政府要优化审核确认程序，落实部门责任，强化规范管理，加强相关工作的服务。对于参与捐助的单位、团体或者个人给予扶持和表彰，提高社会力量和市场主体进行慈善捐助的积极性。二是积极搭建慈善活动平台，丰富慈善服务实践阵地。积极搭建慈善平台有利于扩大各种慈善活动的影响力、辐射面，也有利于各类慈善活动持续开展。当前，搭建慈善平台首先要搭建城乡基层慈善平台，充分利用党群服务中心、新时代文明实践中心（所、站）、社区服务中心、社会工作服务中心、邮政便民服务站等建设街道（乡镇）慈善工作站、爱心驿站，构建城乡基层慈善综合服务平台。此外，在网络化、信息化深入推进的今天，很多公众都习惯于通过网络参与公益活动，为此，需要积极发展和打造网络慈善平台，推动各类慈善主体力量线上线下融合。依靠线上平台系统提供政策法规宣传、项目推介、慈善信托、信息公开等综合性服务，推动慈善服务供给需求的"一站式"对接。当然，在这一过程中尤其要加强对网络慈善平台的监督。除上文提及的完善慈善组织的社会监督机制之外，还需要通过运用"双随机、一公开"监管、信用监管等方式，为网络公益慈善的健康发展护航，打造良好的网络慈善生态系统。三是完善志愿服务体系，推动公益慈善和志愿服务有效结合。志愿服务扎根基层，分布广泛、方式灵活，能够倾听不同诉求，破解人民生活难题，是推进社会治理不可或缺的力量，也是慈善事业的重要组成部分。近年来，我国志愿服务事业快速发展，志愿服务活动在服务百姓生活、解决群众实际问题中越来越得到群众认同。

新时代推动共同富裕过程中，需要积极推动志愿服务与慈善活动有效结合，在实践中做到：一是健全志愿服务组织孵化机制。如依托区域性社会组织孵化中心（基地）和志愿服务联合会，吸纳志愿服务组织进驻，在活动场地、活动资金、人才培养、项目开发等方面提供支持，大力培育志愿服务组织。二是广泛开展各类志愿服务活动。鼓励和支持志愿组织团体广泛了解和收集群众需求信息，围绕低保人员、孤寡高龄老人、残疾人、困境儿童等困难群体和特殊群体开发志愿服务项目，利用线上志愿服务信息系统和手机 APP、线下社区志愿服务站（点），建立志愿者、服务对象和服务项目对接平台，构建群众点单、服务站派单、志愿者接单、群众评单的服务模式。三是建立健全志愿服务积分兑换激励制度。各地区可根据自身实践情况出台专门"积分换实物"和"积分换服务"的实施办法，建立志愿服务行为"核算—转化—回馈"机制和积分兑换体系，引导广大群众积极参与志愿服务活动，让大家付出的热心和爱心得到相应回报，让参与志愿服务成为一种生活习惯，实现"我为人人、人人为我"爱心双向循环。

积极发展慈善文化。慈善文化是慈善事业发展的精神动力和原动力，也是慈善事业的灵魂所在。如果慈善事业缺少慈善文化的支撑，那么慈善事业必定是不可持续的，会成为无源之水、无本之木。新时代推动慈善事业发展必须加大慈善文化建设力度，营造"人人慈善"的慈善文化氛围，提高群众对慈善工作的知晓度，增强对慈善工作的认同。为此需要做到：一是加强慈善文化的宣传，鼓励传统媒体和新兴媒体设立慈善文化宣传专栏，扩大慈善活动的影响力；也可以利用城市地标、公共交通等载体平台，开展现代慈善文化主题宣传；支持慈善文艺作品创作，以优秀文化作品、生动感人的事迹带动慈善文化的发展。二是通过开展慈善活动宣传慈善文化。如通过定期发布"慈善榜"，启动"慈善奖"评选，对优秀慈善组织、慈善人物进行表彰等措施，营造全社会共同参与慈善工作的文化氛围；通过开展慈善文化进社区、进乡村、进机关、进企业、进学校等活动，进一步扩大慈善文化影响力。三是积极引导、鼓励企业将慈善精神融入企业文化建设，使慈善文化成为企业文化的有机组成部分，推动企业家从慈善走向企业慈善，等等。

2. 完善财政制度，加大民生方面的投入。新时代随着人民生活水平的提高，人们对基本公共服务需求更为强烈。他们不仅希望有更高的收入，还希望有更便捷的交通，更好的生态环境，同时人们对社会公平正义的需求也非常强烈。尤其是促进全体人民共同富裕进入新的时期，人们对民生建设也会有更高的要求。这就需要政府将更多财政资金投向公共服务领域，调整和优化财政支出结构，把更多的财政资源用于加强社会薄弱环节、用于改善民生和发展社会事业，着力解决困难群众基本生活问题。

3. 统筹城乡社会保障制度。社会保障制度建设与每个人生活息息相关。统筹城乡社会保障制度是缩小城乡差距，促进社会公平公正的重要着力点。应该看到，改革开放以来，尤其是党的十八大以来，城乡社会保障制度建设取得很大的成就，城乡社会保障公平度也得到极大地提高，但也应该看到目前城乡社会保障的差距是客观存在的。新时代要完善公共决策体系结构，全面建成小康社会需要进一步加大统筹城乡社会保障制度建设力度，不仅加大对农村社会保障的投入，同时要加大社保覆盖面，把当前游离于城乡二元结构之间的农民工、失地农民等纳入城市社会保障体系，实现城乡居民养老保险制度的统一和管理机构的统一。在此基础上，逐步提高社会保险统筹层次，尤其考虑从国家层面进行顶层设计，尽快建立统收统支的全国统筹，通过统一政策、统一基金、统一信息，实现社会保险关系和基金在全国范围的无障碍转移接续，以适应城镇化推进所带来的人口转移流动变化。

4. 加大对公共卫生体系建设力度。应该看到，自 2003 年非典疫情后，受益于居民增长的医疗需求、医保体系的日益完善、国内医药企业研发水平得到很大提升，但是 2020 年年初新冠疫情的暴发也暴露出我国公共卫生体系的诸多不足，主要表现为：预防体系薄弱，应急能力欠缺，医疗物资不足；基层医疗水平不足，分级诊疗的转诊机制不够充分等。当前各级政府在注重经济发展的同时，要加大对公共卫生体系的建设力度。一是强化信息网络建设。坚决贯彻预防为主的卫生与健康工作方针，充分发挥基层公共卫生服务体系网络建设的作用，畅通信息上传下达的渠道和信息处理机制。此外，在信息化深入推进的今天，为了进一步提高医疗效率和质量，还需要逐步推广应用"AI+健康医疗"模式，如 AI+ 疾病诊疗、AI+ 医学影像识别、AI+ 健康管理、AI+ 机器人等。二是进一步完善以大病统筹为主的新型合作医疗制度和医疗救助制度。尤其在进一步全面深化改革大背景下，各地区更需要加大对卫生医疗事业的投入，统筹城乡医疗资源，逐步推进医疗卫生和医疗服务一体化。三是进一步加强人才队伍建设。人才队伍建设关系医疗卫生服务质量，关系医疗卫生事业的长远发展。为此，各级政府和卫生主管部门都要把医疗卫生人才队伍建设摆在重要位置，围绕培养、吸引和使用人才的 3 个环节，加大人才队伍建设力度，提高公共卫生人才队伍质量。

第六章　推动社会主义核心价值观融入精神法治文化建设路径探析

　　社会主义核心价值观是凝聚全党和全国人民的精神力量，引领着精神法治文化的发展方向。精神法治文化是法治文化构成要素中的最核心要素，是培育和践行社会主义核心价值观的重要载体。精神法治文化发展状况一方面直接影响人们的法治观念、法治意识，另一方面又潜移默化影响人们的行为，在一定程度上发挥着与法律制度同样的作用。社会主义核心价值观与精神法治文化互动效应具有更深层次的影响。

　　新时代推动社会主义核心价值观与精神法治文化互动，尤其要做到：一是将社会主义核心价值观贯穿于精神法治文化的全过程，推动精神法治文化的繁荣发展，不断提高人们的法治理念、法治精神；二是促进社会主义核心价值观道德化，通过提高社会大众的思想觉悟、道德水准、文明素养，进一步为精神法治文化发展提供精神支撑；三是实现德育与法治教育相衔接，进一步促进社会主义核心价值观与精神法治文化互动。通过上述努力，一方面将社会主义核心价值观的精神、要求融入法治文化建设之中，夯实精神法治文化的道德基础；另一方面在精神法治文化潜移默化、滋润人心的同时，推进社会主义核心价值观内化于心、外化于行，实现社会主义核心价值观与精神法治文化"双赢"。

一、以社会主义核心价值观为引领，大力推进精神法治文化建设

社会主义核心价值观是法治文化建设的价值遵循和基本依据，这就要求我们在推进法治文化建设过程中始终以社会主义核心价值观为主线，在法治文化建设目标、方式、策略等方面都以社会主义核心价值观为引领。

（一）将社会主义核心价值观贯穿于精神法治文化的全过程

价值观是精神法治文化的思想基础和精神实质之所在。社会主义核心价值观是当前全体人民共同的价值追求，理应贯穿于社会主义精神法治文化建设全过程。尤其在面对经济全球化深入发展，西方法治文化话语影响深刻的条件下，只有坚持社会主义核心价值观的引领，才可以确保我国法治文化体现社会主义的性质和基本要求，使新时代中国特色社会主义精神法治文化始终坚持以人民为中心的根本立场，以法律面前人人平等为原则，以追求公平正义为重要目标，形成崇尚宪法、维护法律的良好风尚。

1.将社会主义核心价值观贯穿于精神法治文化的全过程要求我们从思想上纠正各种不正确的思想认知。主要包括：一是特权思想。表现为有部分领导干部从内心认为自己高人一等，认为法律是专门用来管理人民的，而自己似乎可以不受法律约束，将个人凌驾于法律之上，置于监管和制度之外。这种观念实质上是将自己与普通群众割裂开来，在实践中必然形成"破窗效应"，不利于精神法治文化建设。二是法律工具论。有些人把法律当作自己手中推行工作的工具、手段，法律符合自己的意

图则按照法律行事，反之，法律就被政策、命令所取代。法律工具论不仅可能造成执法的随意性，也会导致民众迷信熟人、迷信关系，进一步影响精神法治文化建设成效。为此要求我们必须首先从思想上全力消除人治思维和特权思维，特别是就党员领导干部，必须坚持以人民为中心的根本立场，树立平等意识、权利意识、规则意识、制度意识，消除不尊法不崇法不畏法，职位比法大的思维，带头营造对"人"的尊严的普遍尊重和人的权利的普遍保护的良好社会氛围。

2. 将社会主义核心价值观贯穿于精神法治文化的全过程要求我们充分吸收中华优秀传统文化资源。法治文化建设关键在人，而人又是生活在一定的文化环境中。现代意义上的法治文化是西方文明的成果，中国特色社会主义法治文明建设理所当然应借鉴现代资本主义文明优秀成果。但是任何国家文化建设都不可能割断自身的历史，割裂自身的文化发展基因，尤其对于中国这样有着几千年文明发展历史的国家，不结合自身的传统文化，现代社会主义法治文化不可能取得成功。"在中国这样的国度建设法治，要想使其具有现实性、可操作性就必须要与其传统相对接，即在传统的视野下构建中国的法治之路。"① 当然，我们对待中华优秀传统文化也不能是直接的"拿来主义"，而需要结合社会主义法治文化建设需要作创造性转化、创新性发展。比如将中华传统文化强调为政以"仁"，民为邦本进行创造性转化，使之成为现代法治文化终极关怀的文化资源，更有利于领导干部确立宗旨意识，真正做到以人民利益为重，做人民利益的捍卫者；中国古代虽然没有现代意义上的法治，但也注重形式意义上的"法制"，主张统治者要"尚法""尊法"，强调"不别亲疏，不殊贵贱，一断于法"，这些思想与现代意义民主法治

① 李拥军：《中国法治主体性的文化向度》，《中国法学》2018 年第 5 期。

结合，有利于人们树立现代意义上的平等意识，确立法治思维和法治精神。再如，中国传统文化极为强调明德慎刑，重视法律的教育功能，如荀子就提出"故不教而诛，则刑繁而邪不胜；教而不诛，则奸民不惩"的观点，这些思想对于今天推进法治教育也具有重要的借鉴意义。

3. 将社会主义核心价值观贯穿于精神法治文化的全过程要求我们将法治宣传教育、法治信仰培育与现代公民素质提升结合起来。不仅要注重法律知识的宣传教育，更要注重法治精神、法治信仰的培育。不仅要注重培育法治精神、法治信仰，还要将精神法治文化建设与公民素质提升结合起来，以法治文化熏陶公民道德。从社会主义精神法治文化自身来看，社会主义精神法治文化本身其实就内含着道德要求，它对于优化人们的法治行为，推动现代法治人格的形成具有极为重要的意义。不过精神法治文化内涵的道德要求还只是一种较低层次的道德。"社会主义核心价值观的伦理境界以善为核心，以帮助他人为基本出发点。"① 以社会主义核心价值观引领精神法治文化，要求精神法治文化建设目标不应该只是局限于单纯的公民法治意识的培养，还要求大力宣传公平、自由、公正的价值观，以培育公民"爱国、敬业、诚信、友善"的道德品格为价值追求，将提高公民法治素养与培养担当民族复兴大任的时代新人结合起来，努力促进人的全面发展。

（二）依据新时代基本国情，大力推动社会主义法治文化繁荣与发展

新时代我国生产力已经取得显著的成就，人们对保护自身利益，

---

① 李其瑞、王金霞：《社会主义核心价值观融入法治文化建设研究的现状、意义及前景》，《陕西师范大学学报（哲学社会科学版）》2018 年第 4 期。

维护自身合法权益要求更加强烈，需要我们在更高的要求上，采取综合措施进一步推进社会主义法治文化繁荣发展。

1. 完善"谁主管谁普法，谁执法谁普法"责任机制。实行普法责任制是促使国家机关自觉承担普法工作责任，保证普法工作贯彻落实的重要举措。对此，2017 年，中共中央办公厅、国务院办公厅还特别印发了《关于实行国家机关"谁执法谁普法"普法责任制的意见》，明确规定，国家机关要把普法作为推进法治建设的基础性工作来抓，纳入本部门工作总体布局，做到与其他业务工作同部署、同检查、同落实。在这里，国家机关首次被明确为法治宣传教育的责任主体，这是对普法工作的重大理念创新和制度创新。新时代落实普法工作责任制要求国家机关把普法作为推进法治建设的基础性工作来抓，定期制定本部门普法规划，明确普法责任清单以及具体责任部门和责任人员。同时要注重完善普法工作联席会议制度，督促各部门落实普法责任，统筹协调部门普法；建立责任落实评价制度，引入第三方评价机制对部门普法责任落实情况进行客观评估。通过以上措施，切实推动普法责任制的贯彻落实。

2. 多点布局，强化法治文化宣传。强化法治文化宣传是群众接收法治信息、感知法治文化的基本途径。新时代强化法治文化宣传除了上文提及强化物化法治文化阵地建设之外，还尤其需要做到：一是巩固传统媒体阵地，主要是在报纸、电视、广播等传统媒体开设"法治时空""现声说法""法治经纬"等专题专栏，全方位、多层次、多渠道开展以案释法及法律宣传工作，筑牢传统媒体法治文化阵地。二是结合新时代信息化的新条件，积极推进"互联网＋"推进法治文化宣传的新模式，使法治宣传教育向数字化、科技化方向迅速迈进，把法律知识送进千家万户，增强法治宣传效应。

3. 推动以案释法，创新法治文化建设形式。以案释法是指法官、检察官、律师等结合办理的案件，围绕案件事实、证据、程序和法律适用等问题进行释法说理、开展法治宣传教育的活动。"以案释法通过办案过程中的精准普法，实现了双向性、参与式的法律知识互动，提升了法治教育的实效性和新颖性。"①因此，以案释法对于普及法律知识，进行警示教育，进而对于培育和践行社会主义核心价值观都具有极为重要的意义。从当前来看，推动以案释法工作，讲好法治故事尤其需要做到：一是落实以案释法的责任。按照"谁执法谁普法"要求，明确人民法院、人民检察院、行政执法机关和司法行政部门的主要责任人，并要求各责任单位把以案释法工作作为法治宣传教育的一项长期工作和重要抓手，制定本单位以案释法工作实施方案、任务清单，落实具体工作部门和人员，推动以案释法工作的贯彻落实。二是建立以案释法典型案例宣讲机制。人民法院、人民检察院、行政执法机关和司法行政部门要积极推行以案释法宣讲制度，选择司法实践中具有典型指导意义的案例，依托普法讲师团和资深法官、检察官、律师等专业人士的力量，通过定期举办法治讲座、普法报告会，以身边人说身边事，推动法治宣传教育贴近基层、贴近百姓、贴近生活。三是完善以案释法的平台。如通过开设专门的以案释法网站，利用微博、微信等网络平台，定期向公众推送以案释法典型案件，开展以案说法工作。人民法院、人民检察院、行政执法和司法行政等部门要加强与新闻媒体、网络的联系协调，拓展以案释法的平台。

4.丰富法治文化产品供给，打造法治文化精品。好的法治文艺作品能够感染人们的思想，推进法治文化的传播，引导人们崇德尚法、践行法治。推进法治文化建设理所当然要鼓励创作以社会主义法治建设为主

---

① 张晶：《以案释法：普法宣传教育的好方法》，《学习时报》2017 年 8 月 14 日。

题的文学、戏剧、曲艺、影视作品。这就要求我们大力丰富法治文化产品，讲好法治故事，传播好法治声音。为此需要做到：一是加大法治文化产品的投入。近年来，随着国家和各地对社会主义文化建设的投入力度不断加大，在这一过程中，可以考虑在经费上适当地向法治文化产品的投入倾斜，这既是发展社会主义先进文化的需要，更是落实新时代全面依法治国方略，全面建设社会主义现代化国家的要求。二是完善法治文化产品创作机制。发展文化产品仅有经费的保证是不够的，国家和地方政府还需要出台法治文化作品创作扶持政策，完善法治文化产品创作机制，如通过设立法治文化建设项目，开展群众特色鲜明的法治文化作品征集活动，将法治文化产品纳入政府购买公共文化服务目录等途径，引导、鼓励和支持各类社会组织、文化团体、个人创造性地开展各类群众法治文化创作，繁荣法治文化作品。三是实施文化精品工程。建立健全群众社会法治需求征询机制，通过多层次、多渠道开展社会调研，切实了解群众的思想状况和实际需求。在此基础上，有计划地开展法治文化作品的创作和生产，重点推出一批反映时代精神、富有生命力、群众喜闻乐见的法治文化精品。同时要建立科学的文化精品评价机制和评价标准，把群众评价、专家评价、政府评价与市场检验结合起来，对于优秀的法治文化产品，要给予奖励，树立出精品的创作方向。

二、以社会主义核心价值观引领道德建设，强化道德对精神法治文化的支撑

（一）社会主义核心价值观与道德关系分析

道德因人而存在，是人类文明生活的永恒主题。社会主义核心价

值观是人们对社会主义价值观的根本看法和总的观点，它坚持以人民为中心的根本立场，决定着社会主义文化的发展方向，是社会主义道德建设的重要依据。

德有大小之分。何为大德？国家和社会层面的"德"就可以视为"大德"，因为它决定国家的发展方向，发展的价值取向。个人的"德"是私德，是"小德"。习近平总书记指出："核心价值观，其实就是一种德，既是个人的德，也是一种大德，就是国家的德、社会的德。"①社会主义核心价值观是"大德"与"小德"的统一。"大德"指的是国家的"德"和社会的"德"。表现在国家层面，以实现"富强、民主、文明、和谐"为社会主义国家奋斗目标，它从根本上回答了国家如何建设、如何发展的战略问题。这一目标与中国共产党人为人民服务的宗旨是高度契合的，也是维护人民利益的基础。在社会层面，主张以"自由、平等、公正、法治"引领社会建设，体现了社会维度的"公德"。在个人层面，主张"爱国、敬业、诚信、友善"的公民价值准则。以社会主义核心价值观引领社会道德建设有利于做到明大德、守公德、严私德。总之，社会主义核心价值观融合了国家道德、社会道德、公民道德，三者互相支撑、互为前提。

明大德是根本，国无德不威，但"大德"最终要依靠每位社会个体来完成。人无德不立，私德是对个体行为的严格约束。以社会主义核心价值观引领公民道德建设，有利于我们把握社会主义道德建设总的方向和总体要求，有利于我们了解和把握公民道德建设准则。同时加强公民道德建设，也有利于社会主义核心价值观的培育，有利于增

---

① 习近平：《青年要自觉践行社会主义核心价值观——在北京大学师生座谈会上的讲话》，北京，人民出版社2014年版，第4页。

强人们自我约束意识、制度意识等，进而夯实法治文化基础。新时代以社会主义核心价值观引领道德建设要求我们创新发展道德规范体系，同时针对当前道德领域存在的问题，深入实施公民道德建设工程，提高全民的思想道德素质。

（二）构建与社会主义核心价值观相适应的道德规范

社会主义核心价值观是法治文化建设的重要支撑力量，而这种支撑力量要得到切实发挥就需要将社会主义核心价值观转化为新时代中国特色社会主义的道德规范，通过道德调节功能发挥其应有的支撑功能。社会主义道德规范需要坚持集体主义的根本原则，但就内容来说，它本身是一个开放的体系。尤其是中国特色社会主义进入新时代，新的时代必然要有新要求，社会主义道德规范也需要与时俱进。守法不仅是法律义务，也是重要的道德要求。新时代社会主义道德规范体系建设需要在坚持集体主义根本原则的基础上，以"爱国、敬业、诚信、友善"为基本规范，深化公民具体道德规范建设。具体来说，尤其要将现代法治精神、法治理念和遵纪守法要求纳入公民道德要求中，比如，在"爱国"方面，不仅要将"忠于祖国，忠于人民"，而且要将"恪守宪法原则，遵守法律法规"纳入"爱国"内容中。关于"敬业"的内容规定中，也要将公民遵纪守法、维护社会秩序等要求融入各行业的职业道德规范中。

总之，新时代构建与社会主义核心价值观相适应的道德规范，夯实精神法治文化基础，需要将遵纪守法贯穿于社会主义道德基本的规范之中。同时也可以根据新时代构建良好社会风尚的要求，将"树立正确义利观""不得假公济私""坚守廉洁自律"等纳入新时代道德规范中。通过构建与社会主义核心价值观相适应的道德规范，增强人们的法治观念、法治精神，进一步提升人们的道德素养，推动全社会形成守规则、严律己、讲诚信、有责任、重礼仪的良好道德风尚。

（三）深入实施公民道德建设工程

公民道德是我国社会主义道德、社会主义先进文化的重要内容。为了深入推进公民道德建设，2001 年，中共中央就印发了《公民道德建设实施纲要》，2019 年 10 月，中共中央、国务院又印发《新时代公民道德建设实施纲要》。党的十八大以来，面对思想道德领域存在的问题，以习近平同志为核心的党中央把推进社会主义核心价值观融入社会实践、把加强公民道德建设作为精神文明建设的一项基础性战略性长期性的工程来抓，爱国主义思想逐步深入人心，公民更加崇尚公平正义的社会信念，社会道德风尚发生深刻变化，道德楷模不断涌现，公民道德更具有时代特点。新时代深入推进公民道德建设需要在以下 5 个方面着力。

1. 建立健全道德建设的长效机制。一方面要注重完善公民道德建设的领导体制。各级党委和政府要从培育和践行社会主义核心价值观的高度，从培养担当民族复兴大业的新时代人高度，把加强和改进公民道德建设放到更加突出的位置。针对当前公民道德建设存在的问题，统筹谋划、统一部署，成立专门领导小组，统筹协调宣传、教育、文化等部门的关系，形成各部门各尽其职、相互配合，运行有序的工作格局。另一方面，要建立健全公民道德建设的责任机制。不仅要以制度的形式明确各部门的责任、分工，推动道德建设得到切实的贯彻落实，同时还需要定期组织有关成员单位，对影响道德风尚的社会热点问题进行评议，将公民道德建设状况纳入干部考核之中，推动公民道德建设得到切实贯彻落实。

2. 发挥社会优秀典型示范引领效应。一个典型就是一面旗帜。实践证明，运用群众身边好人的先进事迹进行公民思想道德教育，是道德建设的重要途径和有效抓手。为此，需要我们在推进道德建设中善于发现典型、培育典型。一是要完善道德典型的发现机制。以"先进性、时代性、群众性、客观性"为标准，通过定期开展先进典型评选活动，鼓励基层广泛开展道德评议，层层评选"身边好人"，形成多头并进、上下贯通道德评选机制。基层党组织也要注重挖掘典型，对发现的先进典型要深入走访，认真筛选，通过实际考察、工作考评，把真正具有代表性、典型性和宣传价值的先进典型作为精心培育的对象。二是完善典型报送、考察、审批、反馈制度，保证道德典型可以"立"起来，把群众认可的道德典型树立起来。三是完善典型宣传机制，把推出来的身边好人宣传出去，让典型"亮"起来。

3. 建立正确社会舆论导向。要充分发挥新闻舆论的引导作用，在新闻舆论的宣传中可以专门开辟加强公民公德建设的专题栏目，大力宣传自觉遵守和践行社会公德、职业道德、家庭美德和具有良好品德的好人好事，揭露、抨击不文明行为。尤其在当前网络化普及，并深刻影响人们思想观念的时代条件下，要加大对网络宣传的利用和管理，充分运用网络阵地宣传社会道德规范，拓展道德建设新空间新领域，推动互联网与道德建设深度融合。通过讲好网上故事，用网络新技术制作微视频、微电影，传播道德模范、优秀志愿者等先模群体的感人故事，增强生动性和感染力，提高舆论宣传效果。此外，还要善于打造网上品牌，打造一批有影响力的特色网站、微信公众号，用响亮品牌带动道德宣传。

4. 完善道德建设奖惩机制。在社会主义道德建设中，做到奖惩分明，奖惩并举有利于在全社会树立正确的价值导向，形成良好的社会氛围，推动公民道德的养成。总的来说，尤其需要做到：第一，在奖励方面，中央和地方政府可以考虑设立道德建设专项基金，用于褒奖见义勇为、匡扶正义、扶危济困、惩恶扬善的行为，或者用于资助、褒奖道德典型。例如南京市见义勇为基金会成立于 2000 年，历经五届理事会，现如今逐步形成了较为完善的见义勇为工作体系，即市、区成立基金会，相关部门下设办公室，乡镇街道成立工作站，社区设立工作室，为开展见义勇为工作提供了有力保障。①这一举措对于推进道德建设，营造良好社会氛围无疑具有重要的意义。第二，在道德失范行为的惩罚方面，要注意完善道德失范的惩罚制度，明确违反社会公德、职业道德、家庭美德等失德行为的惩罚措施。主要包括：一是完善社会公德惩处制度。社会公德惩处制度建设不仅要明确违反公共秩序、扰乱社会治安、侵犯他人人身权利等方面处罚措施，而且要注意将公民的不文明行为、失信行为等纳入个人征信系统。当前各地区也需要建立健全公民不文明行为、失信行为记录制度，明确公民个人不文明行为的具体情形、失信行为具体情形，通过制定《失信惩戒责任追究办法》等，使禁止不文明行为、失信行为等做到有法可依。在具体处罚措施上，可以通过公布"黑名单""不良记录"，给予警告、罚款、惩罚、制止违法违规的失德行为。二是在职业道德方面，要明确不同行业，如教师、医疗卫生、公职人员违反职业道德的处理办法。三是家庭美德方面，要将家庭暴力、不赡养老人等违反家庭美德行为纳入法律调整范围，创新惩戒办法，如对于加害人实施家庭暴力，受到治安管理处罚的，有关部门或者机构应当依法将其纳入社会信用信

---

① 《〈南京市见义勇为基金会专项奖励办法〉施行》，《南京晨报》2024 年 4 月 17 日。

息平台，实行失信联合惩戒。

5.加强文化市场管理，规范文化市场秩序。文化市场是社会主义精神文明建设的重要阵地，也是实施公民道德工程不可或缺的领域。一是以"扫黄打非"为重点，加大对文化市场的整治。"制黄""贩黄"是寄生于文化市场肌体上的毒瘤，严重影响社会精神文明的健康发展。为此，需要加大对"制黄""贩黄"的行为进行惩处力度，对存在问题的经营单位要按要求限期整改，整改后仍不达标者，要坚决依法取缔。二是有计划地实施整治活动。文化市场整治活动要以互联网上网服务营业场所、图书报刊音像制品经营单位、书摊、歌舞娱乐场所为重点，同时也要对校园周边的所有文化经营单位进行常态化检查。三是强化网络监管。应该看到，随着信息化发展，网上"制黄""贩黄"是非常严重的，尤其是近年来移动互联网的发展，通过移动客户端"制黄""贩黄"现象尤为严重，为此，需要加强信息监管，建立健全信息预警机制和快速的处置机制，净化网络空间，规范文化市场秩序。

三、在德育与法治教育结合中促进社会主义核心价值观与精神法治文化互动

道德教育是有目的、有计划地进行道德教化，使人了解道德内容、接受道德规范、分辨对错。社会主义道德教育是教人求真、劝人向善的过程，其根本目的是促进人的全面发展。在中国特色社会主义法治建设过程中要弘扬公序良俗，增强人们法治观念和法治意识，需要克服道德教育与法治教育相分割的状态，通过道德教育与法治教育的有效互动提高人们的道德素养，增强人们的法治观念，完善社会主义核心价值观与精神法治文化建设的互动机制。

（一）在国民教育中强化法治教育，推进道德教育与法治教育衔接

改革开放以来，我国在实施依法治国过程中，已经逐步加大了道德教育与法治教育的衔接力度。在高校思想政治教育中，2005 年，中共中央、国务院发布了《关于进一步加强和改进大学生思想政治教育的意见》，将《思想道德修养》与《法律基础》两门课程合并，开设了《思想道德修养与法律基础》课程。党的十八大以来，为了进一步在中小学德育课程中开展法治教育，自 2016 年秋季起，小学和初中的《品德与生活》《思想品德》课程统一更改为《道德与法治》。在高等教育课程中，中共中央宣传部、教育部于 2020 年 12 月印发《新时代学校思想政治理论课改革创新实施方案》，把《思想道德修养与法律基础》课程更名为《思想道德与法治》，自 2021 年秋季起正式实施。上述举措对于实现德育与法治教育的互动具有重要的作用。不过我们也需要看到，当前"道德与法治"课教育实效还有待提高，如教育观念相对滞后，尤其是讲授法学知识的老师大都是思政专业教师，法学知识基础相对薄弱。不仅如此，因为很多老师是思政专业，他们往往对德育较为偏爱，在教学实践中出现压缩法学知识讲授课时的现象，使法治教育不能落在实处。因此，新时代在推进"道德与法治"课过程中要科学规划教学内容，构建小、中、大学有机衔接的学校"道德与法治"课程教育体系的同时，通过提高教师法治素养，创新教育形式等途径提高教育实效。

1. 在教育观念上，要注重学生法治观念的培育。如上所述，当前"道德与法治"课教育过程中存在将法治教育单纯看作法律知识的传授，将之看作智育的组成部分，在这种教育思想指导下，一些教师在

法治教育中偏爱法律知识的传授，尤其是追求法律条文的深入解读，这种教学方式固然是必要的，但我们也需要看到，法律条文的解读不等于学生法治观念的培育。因此，当前法治教育中，要实现由注重法律知识讲授向知识传授与法治观念培育并重的转变，注重将大学生法治素养、法治观念的培育纳入法治教育之中。在讲授课堂知识的同时，更要注重从现实问题入手，通过案例分析，举办模拟法庭，开展辩论赛等形式培养学生的法治观念和法治思维，拓展法治教育途径。

2. 在教学内容上，要加大法治教育力度。在高校，要注重形成法治教育合力，不仅在《思想道德修养与法律基础》课程教学中，加大法治教育力度，也需要将法治教育渗透到其他思政课课程之中。如在《毛泽东思想和中国特色社会主义理论体系概论》课程教学中，可以专门开设"全面依法治国"教学专题，阐述新中国成立以来中国法治建设历史进程，新时代实施全面依法治国方略对于实现中华民族伟大复兴、全面建设社会主义现代化国家的重要意义，以及新时代如何实现全面依法治国，以此进一步强化大学生法治意识教育。

3. 在教育方法上，不仅重视理论教育，更要注重实践教育。从目前学校思想政治教育课内容来看，尤其是高校的思想政治教育课内容，不仅包括课堂知识传授，还包括实践教学。课堂知识传授主要是理论的阐释，实践教学更加强调实践感知，贴近学生、贴近生活。通过实践教育更容易强化学生思想认知，在潜移默化中实现思想教育的目标。以目前大学生实践教学为例，不仅要建立红色文化教育基地，也需要拓展实践基地，如组织学生参观监狱，旁听法庭审判，引导学生利用寒暑假就小区法律事务、农村社会治安问题、承包合同纠纷、婚姻家庭矛盾等问题进行社会调查，就有关法治热点进行讨论，以此增强大学生法治意识和法治观念。还可以采用校内与校外结合的方式，如目前很多高校已经在建"大学生思想政治教育体验馆"，通过组织大学生就近学习参观，也同样可以达到思想政治教育的目的。此外，还可以组织学生开展竞赛教学、风采展示等途径开展实践教学。总之，实践教学的途径是多样的，需要各个学校依据自身的特点进行创新性的探索。教育部门也可以在借鉴各地经验基础上，发布指导性的意见，促进实践教学广泛开展。

4.加大法治教师队伍建设。法治教育的成效最终依赖于教师队伍状况，因此，强化法治教育、推进道德教育与法治教育衔接必须要注重加强教师队伍建设。一是针对当前思政课教师偏重于德育，法治理论水平欠缺的现状，要加大思政课教师的法治教育、法治培训力度，提高思政课教师法治意识，使其在日常教学过程中自觉将现代法治思维、法治意识渗透到思政课教学之中，进一步推进道德教育与法治教育的有效衔接。各地教育部门在思政课教师培训中，也应有意识地增加法律知识学习、培训内容。二是各学校要加大法治人才引进力度，保证在思政课教师队伍中保持一定比例的法学人才。通过培训、教育，使他们树立正确的政治方向、政治立场，进一步促进道德教育和法治教育结合。

（二）将法治教育纳入党员干部的教育总规划中，推进党员干部法治教育

党员干部代表着党和政府的形象。作为法治建设的责任人，党员干部是法治文化的推动者，其行为具有很强的示范效应，因此，党员干部的道德素养、法治观念和法治意识无论对于社会主义精神文明建设，还是法治文化建设都具有直接的带动作用。因此，新时代对党员干部教育中要注重推动道德教育与法治教育的融合，通过思想教育，

增强党员干部的宗旨意识、服务意识，坚定理想信念，通过法治教育增强领导干部制度意识、法治意识，增强学习效果。具体来说，主要做到以下几方面。

1. 将法治教育纳入党员干部的教育内容之中。大力加强党员干部法治教育是推动各级党员干部树立法治思维的必然要求。因此，对党员干部教育不应仅局限于理想、信念，道德观念的教育，而应将增强党员干部法治观念、制度意识，把提高领导干部的法治素养作为干部教育培训的重要目标之一。如党的十八大以来，党内开展的"两学一做"学习教育、"不忘初心、牢记使命"主题教育、党纪学习教育等，不仅可以有效强化党的思想建设，同时对于增强党员制度意识、法治意识都具有重要的意义。为此，在党员干部的日常教育内容中，需要我们把法治教育纳入各级干部教育培训的主渠道，与干部的思想理论教育培训一起计划、一起组织、一并落实。尤其要将法治教育列入各级党校（行政学院）、社会主义学院、干部学院的必修课。在法治教育具体内容安排上，主要包括：一是宪法和法律知识。通过深入学习宪法的基本原则和基本内容，学习与经济社会发展以及与本职工作相关的法律法规，使领导干部了解和掌握相关法律法规要求。二是学习党内法规制度。党内法规制度是管党治党的重器。党的性质决定党的纪律严于法律，新时代党员干部要加大学习党内法规，如《中国共产党章程》《关于新形势下党内政治生活的若干准则》《中国共产党廉洁自律准则》《中国共产党纪律处分条例》等党内法规。三是法治理念教育和法治能力教育。通过教育使党员干部牢固树立并自觉践行依法治国、执法为民的理念，在自己的工作中做到廉洁从政，提高办事依法、遇事找法、解决问题用法、化解矛盾靠法的意识和能力。

2. 建立健全思想道德教育与法治教育相衔接制度。一是制度文本的衔接。主要表现为在基本的党内法规制度中既体现党员思想要求，又体现党的纪律要求，为党员实现思想道德教育与法治教育的有效衔接奠定基础。如《关于新形势下党内政治生活的若干准则》就明确要求党员要"坚定理想信念"，规定要"坚持和创新党内学习制度"。《中国共产党纪律处分条例》就"对违反政治纪律行为的处分"作了规定。上述党内法规制度本身就是"德治"与"法治"结合的体现，也为推动思想道德教育与法治教育衔接奠定了基础。二是完善党员干部学习制度。针对长期以来干部教育重思想政治教育，而法治教育相对薄弱的现实，要逐步加大法治教育力度。首先，健全完善党委（党组）理论学习中心组学法制度。当前，完善党委（党组）理论学习中心组制度，除了需要将法治教育纳入中心组学习内容之外，还可以考虑制定专门的《党委（党组）理论学习中心组学法制度》，从制度上明确党委（党组）学法目的、学法对象、学法频率、学习内容、学习形式、服务保障等。同时完善学习管理制度，如严格考勤纪律，建立学习档案，落实考核办法等，推动学法由"软任务"向"硬约束"转变，确保各项学习任务落到实处。其次，要健全完善日常学法制度。在健全党校、行政学院干部培训法治教育制度的同时，可以根据本单位领导干部实际问题、实际特点制定本单位学法制度，明确规定学习任务、学习方式，以及考评方法，推动经常性学法不断深入。三是健全完善国家工作人员任职法律考试制度，推动以考促学、以考促用。加强国家工作人员录用、招聘中法律知识的考察测试，考试结果要纳入任职资格的必备条件，作为干部任职前公示内容，并记入干部档案资料。

　　3.创新党员干部学习形式。一是充分利用现代网络技术，拓展学习平台。如目前各地开发的"干部网络学院学习平台"、"学习强国"学习平台等。二是注重法治实践体验式。可以定期组织领导干部参观法治警示教育基地，增强其直观感受，还可以积极推进领导干部学法用法联系点工作，督促党员干部切实担负法治相关责任，推动党员干部学用结合，通过积极开展基层法治建设状况调查研究，发现问题、思考问题，进一步增强党员干部法治思维和法治能力。

（三）在精神文明创建活动中强化法治宣传教育，弘扬法治文化

精神文明创建活动发端于 20 世纪 80 年代初期。1986 年，党的十二届六中全会通过《中共中央关于社会主义精神文明建设指导方针的决议》，就对群众性精神文明创建活动作了要求。之后，群众性精神文明创建活动作为社会主义建设的重要内容一直持续推进之中。党的十八大以来，党中央先后召开全国宣传思想工作会议、文艺工作座谈会等一系列重要会议，相继出台《"十四五"文化发展规划》等一系列重要政策制度，在"十四五"规划和 2035 年远景目标纲要的多项内容中对新时代精神文明创建活动提出新要求、作出新谋划。党的二十大报告提出："统筹推动文明培育、文明实践、文明创建，推进城乡精神文明建设融合发展，在全社会弘扬劳动精神、奋斗精神、奉献精神、创造精神、勤俭节约精神，培育时代新风新貌。"[①]新时代开展精神文明创建活动是培育和践行社会主义核心价值观的重要途径，在精神文明创建中加强法治宣传教育既有利于提高全民思想道德水平，也有利于强化公民规则意识，在全社会营造尊法、信法、守法、用法、护法的浓厚氛围，实现社会主义核心价值观与精神法治文化建设的良性互

---

① 习近平:《高举中国特色社会主义伟大旗帜　为全面建设社会主义现代化国家而团结奋斗——在中国共产党第二十次全国代表大会上的报告》，北京，人民出版社 2022 年版，第 44—45 页。

动。总的来看，当前，精神文明创建活动中加强法治宣传教育要做到以下几方面。

1. 将培育和践行社会主义核心价值观和社会主义法治文化建设纳入精神文明创建活动中。首先，需要明确精神文明创建活动的根本任务，即开展精神文明创建活动是开展社会主义核心价值观建设的抓手和重要载体，其根本任务就是要使社会主义核心价值观内化为人们的坚定信念、外化为人们的自觉行动。其次，将社会主义法治文化建设纳入精神文明创建活动的重要内容，具体来说主要包括：将引导"全民自觉守法、遇事找法、解决问题靠法""自觉履行法定义务，依法维护自身权益""增强全社会尊法学法守法用法意识"等法治文化建设的基本要求纳入精神文明创建活动的重要目标，为法治文化建设提供基本的制度依据。

2. 将法治文化建设纳入精神文明创建活动过程中。这主要包括：一是将法治宣传教育贯穿于精神文明创建工作中，即通过广泛开展法治宣传教育进机关、进乡村、进社区、进学校、进企业、进单位活动，把法治文化建设与精神文明创建有机结合起来，引导公民尊法学法守法用法与提高市民的文明素质结合起来，扩大法治宣传教育覆盖面，并向基层深入推进。二是深入推进基层法治创建活动。将法治创建活动与创建文明单位、文明机关、文明社区、人民满意示范窗口、人民满意示范单位等精神文明创建工作有机融合。以创建法治单位、法治机关、法治校园、法治社区等活动夯实精神文明建设基础，以群众性精神文明创建活动带动法治创建活动，实现法治创建活动与群众性精神文明创建活动互相充实、互相促进，共同进步。三是将法治文化建设情况纳入精神文明创建工作考核办法中。评价是检查、监督，也是导向。精神文明建设指导部门可以将法治宣传教育工作开展情况、法律知识普及率、干部群众尊法学法守法用法情况等纳入文明单位、文明机关、文明社区考评体系中，作为评优创先的重要内容，进一步推进法治文化的普及和发展。

3. 注重典型宣传，以先进人物典型事迹引领法治风尚。树立典型、宣传典型是社会主义道德建设的重要方法。精神文明创建活动涉及方方面面、各个领域、行业，同样离不开典型示范的带动作用。改革开放以来特别是新时代以来，我国在精神文明创建活动中，涌现出许许多多的先进典型。不过总的来看还有需要完善的地方。如目前精神文明创建活动中的先进典型个人中大都是"道德模范"，包括"助人为乐类""见义勇为类""诚实守信类""敬业奉献类""孝老爱亲类"等。在全面依法治国深入推进的情况下，为了进一步推进法治文化建设，在精神文明创建工作中可以把优秀法治人物确立为典型，加大法治人物先进事迹宣传力度，展示法治正义力量，增强全社会学法、尊法、守法、用法的意识。

第七章　推动社会主义核心价值观融入行为法治文化建设路径探析

道德重在践行，法治也重在践行。把社会主义核心价值观贯彻到全面依法治国实践中，落实到立法、执法、司法等各个环节中，不仅有利于全社会树立正确价值导向，也有利于在实践中培育人们的法治观念、法治意识，养成自觉守法、遇事找法、维护法律尊严的行为习惯，实现社会主义核心价值观与行为法治文化的有效互动。

一、在立法环节中践行社会主义核心价值观，以科学立法彰显社会主义核心价值观

良法是善治之前提，而实现良法就必须在立法环节践行社会主义核心价值观。推动社会主义核心价值观与行为法治文化互动首先必须实现科学立法。尤其要做到：一是坚持立法为民的价值导向，把公正、公平理念贯穿于立法全过程；二是完善立法体制，提高立法质量；三是完善立法程序和制度，改进立法工作；四是强化民众参与立法效应，夯实科学立法基础。

（一）坚持立法为民，树立正确的立法价值导向

以人民为中心是中国共产党的执政理念，也是社会主义核心价值观所要坚守的根本立场。以社会主义核心价值观引领立法，要求我们将以人民为中心的理念贯穿于立法的全过程。可以说，"人民的意志"既是法律的基础，又是法律成立的根据。一部法律，是否属于良法，最根本的检验标准就是看它是否体现了人民的意志，是否反映了最广大人民的根本利益。

坚守立法为民的理念，要求我们做到以下几个基本方面：一是在立法的原则上，要坚持权责一致原则，实现权利与义务、权力与责任相统一，使立法要从过去注重"立权"转变为更加重视"立责"。二是在立法项目的确定上，要结合自己的实际，坚持以问题为导向，要有现实针对性，从民意中把准立法方向，想群众之所想、急群众之所急，寻求全社会认同的立法"最大公约数"，着力解决群众普遍关心的问题，努力做到人民有所呼，立法有所应。三是在法律的内容上，要将公平公正贯穿于立法内容之中。尤其要注重避免立法部门化、部门"立法自肥"、部门利益的法律化等不良倾向。

（二）完善立法体制，提高立法质量

立法体制是由立法权限划分和有权立法的国家机构共同构成的制度体系，其核心是立法权限的划分。设置科学的立法体制对实现科学立法、民主立法和依法立法至关重要。2023 年 3 月 13 日，十四届全国人大一次会议对《中华人民共和国立法法》进行修正，进一步健全了立法体制机制。新时代完善我国立法体制尤其要处理好以下几个方面之间的关系。

1. 正确处理全国人大及其常委会关系，发挥全国人大在立法中的主导作用。发挥全国人大在立法中的主导作用，是新时代加强和改进立法工作的一个重要着力点。一是明确界定"基本法律"范围，明晰全国人大及其常委会的立法权。关于全国人大及其常委会立法权限划分，宪法和《中华人民共和国立法法》规定，即宪法修改、基本法律制定属于全国人大立法范围，全国人大常委会负责非基本法的制定，或者对基本法进行补充、修改完善。二是加强全国人大对常委会立法的监督。在明晰全国人大及其常委会的立法权的同时，全国人大也要注重对常委会立法的监督，注重审查常委会立法是否超出其应有的范围。全国人大常委会也应主动向全国人民代表大会提交自己的立法计划，供全国人民代表大会审议。对于"基本法律"的修改，应将修改草案及时提交全国人大审议，全国人大审议修改草案，应注重审核修改草案是否已对原"基本法律"进行实质性的改变，或是否与原"基本法律"原则相抵触等。如果发现已对原"基本法律"进行实质性的改变，或是与原"基本法律"原则相抵触，则予以驳回。三是进一步增强全国人大常委会立法能力。虽然我们强调要发挥全国人大在立法中的主导作用，但不可否定，大量的立法工作还是由全国人大常委会展开的。要提高科学立法、民主立法、依法立法水平，提高全国人大常委会自身立法能力至关重要。为此，需要做到：首先要建立健全立法起草论证协调审议机制，审查立法草案是否超出自身的立法范围；其次要提高全国人大常委会组成人员法律水平，优化常委会组成人员知识结构；最后要提高常委会组成人员专职化比例，专职委员可以保证他们有足够的时间和精力投入调研视察，按时参加会议，确保工作质量。

2. 正确处理权力机关立法与行政立法关系，克服立法部门化的不良倾向。从短期来看，在当前大量行政立法难以改变的背景下，要通过完善行政立法程序，推进行政立法民主化，加大行政立法监督等多种举措，克服立法部门化的不良倾向。特别是要注重开展对行政法规的合法审查。鉴于当前行政法规数量多，变化较快，由全国人大常委会专门组织审查难度大的现实情况，可以考虑在行政机关内建立专门的法规审查机构，严格行使行政立法的审查权。当然，为了进一步增进行政法规审查力度，也可以考虑赋予司法机关撤销不合理抽象行政行为的权力。从长远来看，要逐步改变单一的由行政机关立法的现状，尤其将立法体制完善与行政管理体制改革结合起来，进一步强化全国人大及其常委会在立法中的主导地位。

3. 优化中央与地方的立法权限。中央和地方的立法权力配置是我国立法体制的重要内容，关系到立法质量的把控提升。应该看到，当前中央和地方立法关系上还存在一些不合理之处，主要表现为：一是大多数立法权集中于中央，"导致地方立法机关负担的责任远远超过其掌握的权力，主动性、积极性、实效性受到打压和影响"[①]。二是地方立法照搬中央立法，没有在调查研究上下功夫，没有结合本地区的实际，出现了重复立法、景观式立法问题。三是中央对地方的授权立法缺少必要监控，造成中央与地方立法的冲突。

新时代要提升立法质量，实现科学立法、民主立法和依法立法，就必须着力优化中央与地方的立法权限，具体来说，主要做到：一是赋予地方更多的立法权。我国民族众多、地域经济、文化发展差异较大，人们思维习惯、生活方式也有着很大差异，在此情况下赋予地方更多的立法权，有利于地方制定出体现本行政区域实际的地方性法规，

---

① 廖健、周发源：《中央与地方立法机关相互关系辨析与重塑》，《湖南社会科学》2015 年第 4 期。

提高立法质量。当前赋予地方更多立法权首先应在《中华人民共和国立法法》中规定地方专项立法权,包括在城市建设、城市管理、环境保护、历史文化保护等方面的权力。二是赋予地方部分先行立法权。我国地缘辽阔,是由多个民族组成的大家庭。并且,各地区经济文化发展水平、文化传统都有着很大的差异。尤其在深化改革过程中,为了发挥地方立法的引领和推动作用,有必要赋予地方先行立法权,鼓励地方就地方法治化建设的创造性实践,提高地方立法质量。三是完善地方立法的备案、审查制度,做到"有件必备""有备必审""有错必纠",同时通过完善备案审查工作规范,细化审查流程,落实审查责任,保证备案审查工作得到切实贯彻落实。

探索与启示:浙江地方立法开启新时代

(《浙江地方立法开启新时代》,《浙江日报》2016年7月14日)

经省人大常委会批准,2016年3月,温州市人大常委会颁布了《温州市市容和环境卫生管理条例》。这是温州制定的首部地方性法规,也是浙江省新获得地方立法权的设区的市出台的第一部法规。

2015年7月,经省人大确定可以开始行使地方立法权后,温州迅速开展地方性法规制定相关工作。10月27日,《温州市市容和环境卫生管理条例(草案)》经过一次次汇聚各方意见、认真讨论修改后,首次提交温州市人大常委会审议。初审后,温州市人大常委会又通过网上公开征求意见、召开座谈会、专家论证会、立法协商会等形式,与各方面沟通协商,寻求社会意见的"最大公约数"。

和温州一样,2016年4月1日,嘉兴市人大常委会颁布了《嘉兴市秸秆露天禁烧和综合利用条例》;6月6日,湖州市人大常委会颁布了《湖州市生态文明先行示范区建设条例》。此外,绍兴市人大常委会初次审议了《绍兴市大气污染防治条例（草案）》和《绍兴市水资源保护条例（草案）》等。

浙江省的探索实践启示我们，立法质量的提升是一个长期的过程，不仅有一个中央顶层设计、系统推进的过程，也有赖于地方性的自主探索。尤其对于中国这样一个经济社会发展不平衡，地区文化差异较大的国度中，在立法上是难以做到步调一致的。赋予地方相应的立法权，有利于将地方城市管理等各项行为纳入法治化轨道，进一步提升了国家的法治化水平。此外，温州市在探索过程中还遵循严格的立法程序，如通过召开座谈会、专家论证会、立法协商会等形式，并经浙江省人大审核批准，做到了科学立法、民主立法和依法立法。当然，强调赋予地方更多立法权同时，需要强调地方立法的先行权是有限制的，地方立法应该在《中华人民共和国立法法》规定的领域内，否则就不能做到"依法立法"。

（三）完善立法程序和制度，改进立法工作

立法程序和制度是贯穿于立法过程之中、规范立法工作和立法行为的重要举措。可以说，完善立法的程序和制度是保证立法公正，也是加强和改进立法工作的关键一环。

1. 完善立法起草、论证、协调、审议机制。党的十八届四中全会通过的《中共中央关于全面推进依法治国若干重大问题的决定》对新时代立法程序作了明确的要求，强调"健全立法起草、论证、协调、审议机制"①

---

① 《十八大以来重要文献选编》（中），北京，中央文献出版社 2016 年版，第 161 页。

的重要性。为此我们需要做好：一是抓好立法起草工作。立法起草工作首先要坚持先调研后立项，不调研不立项的原则，在做好立法调研基础上，完成立法规划，避免草率立法、重复立法、分散立法的现象，为提高立法质量奠定基础。二是加强立法选项论证。对拟列入立法规划计划草案的法规项目应当进行立项论证，认真征求各方对立项的建议。对于涉及面广的议题，可以分解成若干专题，论证会参加人员按专业划分就相关专题进行论证。未经立项论证通过的不得列入立法规划计划。三是健全高效立法协调机制。对法律关系比较复杂、分歧意见较大的法律法规草案，牵头起草单位要统筹协调各方面利益关系，防止部门利益化。全国人大常委会组织牵头起草的法规草案，对经协调各方面难以形成共识的立法重要问题，具体承担起草工作的有关专门委员会或者常委会工作机构要及时提出专题报告提请常委会领导组织协调。四是完善立法审议机制。完善立法审议机制需要立法机关依据法律草案的成熟程度，以及其调整对象的实际情况，合理确定法律草案的审议要求和审议形式，包括座谈、讨论、召开专家论证会等。同时要完善立法审议制度，确保对每一项法规草案，都进行充分论证，注重发扬民主，听取不同意见。这其中尤其要注意审查法规草案的立法的理念、宗旨以及内容是否与社会主义核心价值观相冲突等。

2. **完善立法公开制度。**完善立法公开制度不仅要通过制度规定立法公开形式、内容、时间等，而且要注重扩大公开面，包括：一是立法过程公开，即要求立法公开要贯穿于立法的全过程，包括立法听证会、论证会、座谈会，法规草案审议讨论、征求意见情况等，都应当向社会公开。二是立法资料公开。立法资料包括法规草案及其说明、背景资料、立法理由、重要问题的不同意见、审议情况等，立法资料公开有利于群众更好地了解和掌握立法的背景、目的、争议点，提高参与程度和实效。三是立法规则公开。立法规则是指有关立法工作流程的制度规范、立法技术规范等，立法规则的公开，有利于社会公众了解立法的程序和具体要求，更有针对性地发表意见，提高参与质量。

3. **完善立法咨询专家工作制度**。立法工作是一项政治性、专业性、理论性、实践性都很强的复杂工作，要保证立法科学化，推进社会主义核心价值观融入法律法规，必然要求征求理论专家、实务部门专业工作者等的意见和建议。因此，完善立法咨询专家工作制度是提高立法质量和立法工作水平的重要保障。新时代完善立法咨询专家工作制度尤其做到：一是明确立法咨询专家库组成人员条件、遴选程序、聘任办法；二是立法咨询专家的权利、义务；三是明确向专家提出咨询方式，以及立法咨询专家库动态管理制度等。

4. **完善重要立法事项第三方评估制度**。重要立法事项第三方评估制度，是指立法提出单位委托第三方机构对拟提请立法的项目是否合法、是否必要、是否可行、立法时机是否成熟等方面进行评估，并提出评估结论的活动。建立健全重要立法事项第三方评估制度是防止部门利益和地方保护主义法律化，确保立法事项科学公正的重要举措。党的十八大以来，各地对这一制度进行了积极的探索实践，取得了重要的实践经验，总的来看，在实践中还存在立法评估机构资质参差不齐，立法评估结论简单，质量不高等问题。当前要进一步完善第三方评估制度尤其需要做到：一是选择好第三方评估机构。尤其要考虑第三方评估机构是否具有评估的资质，既要考查评估机构的专业特长，是否熟悉立法，掌握评估方法技术的专业工作人员，以及专业工作人员是否具备优良的职业操守。二是制定好评估标准、方法和程序。尤其要将是否有利于培育和践行社会主义核心价值观，是否将本地实际情况结合等纳入评估指标之中。三是注重立法第三方评估结论的应用。

评估报告应当与地方性法规草案文本和地方政府规章草案一并提交给立法决策机关，作为决策参考依据。对合理、客观的评估意见，立法机关要积极加以采纳，对仍然存在争议的问题，可以通过专家咨询论证的方式进一步确认，确保发挥第三方评估的实效。

（四）提升民众参与立法效应，夯实科学立法基础

1. 创新民众参与立法形式，拓展民众参与立法渠道。立法过程中要通过多种渠道，如通过召开新闻发布会、听证会、座谈会、论证会等形式，广泛听取社会各方面对法规草案的意见建议。同时要注重公众参与立法的代表性和平衡性。保证基层群众自治组织、行业协会、社会团体等均具有代言资格，最大限度地兼顾不同群体的利益诉求。在网络化信息化深入推进的今天，尤其要通过微博、微信公众号等平台，让网友在线参与立法活动，让网友参与问卷调查、投票评论等形式听取公众意见。除此之外，还可以委托专业的调查组织开展民意调查，充分了解民意。同时，在调研问题设计上应该更注重体现问题导向，突出重点，提高针对性。

2. 建立公众参与地方立法的意见反馈制度。反馈是公众参与取得实效和建立公众参与信心的关键，如果没有反馈，公众参与效果会大为减损。对公众参与的立法意见，起草、审核法律法规部门无论采纳与否，立法机关应依照法定的程序、方式和时限明确告知公众，并说明理由所在。意见采纳情况要向社会公开发布。

3. 发挥人大代表在立法中的作用。人大代表是人民代表大会的主体，又直接联系人民群众，发挥人大代表在立法中的作用是提升民众参与立法效应的必然要求。一是立法调研、论证、听证、评估等立法活动要邀请熟悉情况的人大代表参与立法，利用各地区设立代表联络

中心（室），以及微博、微信公众号平台广泛听取人大代表意见。二是完善人大代表列席常委会会议制度。通过规定范围和程序，适当扩大代表列席常委会审议的人数和范围，邀请人大代表列席常委会会议。三是探索部分人大代表专职制。目前我国人大代表采取兼职制而非专职制，由此也一定程度影响了人大代表在地方立法中发挥主体作用。新时代为了实现科学立法、民主立法、依法立法，推进立法的专业化、精细化，可以考虑探索实现部分人大常委会组成人员的专职化和各人大常委会委员的专职化，使他们有更多时间、精力投入到立法之中。

4. 进一步推进基层立法联系点工作。建立基层立法联系点制度是立法机关收集民意、了解各方利益诉求的重要途径，是基层群众和社会组织直接参与立法活动的重要载体，也是我国立法工作接地气的"直通车"。进一步推进基层立法联系点工作需要做到：一是明确工作职责，提高联系点工作实效。设立基层立法联系点只是工作的第一步，关键是使立法联系点起到切实的作用，为此在建立立法联系点的同时需要完善相关制度，明确立法联系点的负责人、工作职责，主要的工作任务，基层立法联系点接到工作任务后，应当通过开展调研、论证以及座谈会等方式，征求各方面的意见建议。二是建立有效激励和退出机制。建立立法联系点的考核制度，对于积极开展立法调查活动，切实取得成效的联系点要给予物质和精神奖励，调动工作人员积极性，对于没有意愿继续开展工作，或者不作为的联系点，要建立合理退出机制。三是开展立法培训，提高联系点工作人员法治素养。定期组织开展联系点联络员、信息员立法知识培训。在召开与立法工作相关的会议、法制讲座的时候，也可以邀请联系点工作人员参加，增加他们对立法工作的了解，逐步提高他们的法治素养。

二、在执法环节中践行社会主义核心价值观，实现严格执法、文明执法

应该看到，当前我国在执法领域还存在一些突出问题，如趋利执法、选择性执法、暴力执法等。新时代在执法环节中培育和践行社会主义核心价值观要求法律实施中真正做到严格执法、文明执法，做到法、理、情有机统一。

（一）深化综合执法体制改革，优化执法力量配置

党的十八大以来，我们所推行的综合执法体制改革对于防止多头、重复执法，对于明确权责，提高执法水平具有重要意义。可以说，综合执法体制改革的方向和意义是毋庸置疑的，新时代深化行政执法体制改革，需要在原有的基础上，解决现有问题，完善综合执法体制。

1. 在推进党和国家机构改革中完善综合执法体制。尽管综合执法解决了原执法体制存在的不少问题和矛盾，但也引起了一些新的问题，尤其是职责、权力、机构调整引发新的矛盾。要理顺综合执法机构与相关部门的关系，处理好有关职责问题，需要将综合执法体制改革置于深化党和国家机构整体改革之中。因为，党和国家机构改革必然涉及国家机构的调整。对此，2018 年 2 月，党的十九届三中全会通过的《中共中央关于深化党和国家机构改革的决定》就明确提出了执法体制改革的要求，指出要"统筹配置行政处罚职能和执法资源，相对集中行政处罚权，整合精简执法队伍，解决多头多层重复执法问题"。因此，有必要在党和国家的机构改革中，通过结合大部门制改革整合执法资源，对执法职能相近、执法对象相同、执法方式相似的部门进行

机构和职能整合，完善不同执法部门权力清单和责任清单，综合执法部门与各职能部门的职责关系，从整体上理顺综合行政执法体制。在此基础上，推进集中综合执法，即在优化综合执法机构设置基础上，推动整合同一领域或相近领域执法队伍，实现一个综合执法机构一支队伍管执法，解决多头多层重复执法问题。

2. 强化综合执法的属地管理。为了从体制上解决多层执法和重复执法问题，理顺省、市、县三级执法职责，推进执法力量向基层倾斜。市级和市辖区原则上实行一级执法。市级部门明确承担执法职能并设立执法队伍的，区级一般不设执法队伍；区级部门承担执法职责并设立执法队伍的，市级一般不设执法队伍。县（市、区）要强化属地执法监管责任，推动执法重心下移，切实解决基层"看得见、管不着"和执法力量分散薄弱等问题。

（二）完善执法程序，健全执法制度

执法程序是执法行为实现的方式、方法和过程。在执法过程中，执法程序依法合法，避免执法的随意性，是衡量是否严格执法、规范执法、文明执法的标尺，也是规范执法裁量权，防止制度漏洞，防止执法不公、权力寻租和公权滥用的必然要求。

1. 完善执法程序。按照标准化、流程化、精细化要求，从容易发生问题的执法环节入手，对执法具体环节和有关程序作出具体规定，科学设定调查取证、告知、听证、决定等环节操作流程，以此规范执法行为，堵塞执法漏洞。同时要健全行政执法调查取证、罚没收入管理、涉案物品管理等程序性规定，依法明确执法领域听证、集体讨论决定等程序的适用标准和条件。

2. 全面推行行政裁量权基准制度。建立健全行政裁量权基准制度，是进一步规范行政机关的执法行为的重要举措。通过细化、量化行政裁量标准，规范裁量范围、种类、幅度，可以为执法活动提供明确依据，有利于从制度上解决执法不公现象。当前完善行政裁量权基准制度尤其要做到：综合行政执法部门可以结合相关法律法规、规章等，科学合理制定裁量标准，涵盖违法情形、裁量范围、幅度、执行标准等，并向社会公布，为公正执法提供制度依据。各级综合行政执法部门要严格按照本部门公布的行政处罚自由裁量权基准制度开展行政执法工作。

3. 完善行政执法全过程记录制度。为了保证公正执法，还需要大力提倡阳光执法，促进执法程序透明化。对此，2019 年 1 月，国务院办公厅发布的《关于全面推行行政执法公示制度执法全过程记录制度重大执法决定法制审核制度的指导意见》明确要求："行政执法机关要通过文字、音像等记录形式，对行政执法的启动、调查取证、审核决定、送达执行等全部过程进行记录，并全面系统归档保存"。因此，新时代完善行政执法全过程记录制度需要利用录音、录像、文字等手段，实现行政执法全过程信息化记录，建立信息收集、保存、管理、使用等工作制度，尤其是对可能引发双方争议和冲突的关键执法环节实施音视频记录，解决随意执法、粗放执法、执法不公等突出问题。

4. 建立健全行政执法公示制度。行政执法公示制度就是行政机关把行政执法的法定执法范围、职责权限、标准条件、程序步骤、具体时限及责任追究、监督形式等向社会公开明示。新时代完善行政执法公示制度要求各综合行政执法部门制定具体的行政执法公示办法，明确行政执法公示的范围、内容、载体、程序、时限要求、监督方式和保障措施等事项。同时创新公开方式，按"互联网＋政务

服务"和信息化建设的要求，积极探索运用微博、微信公众号、APP
等载体，全面、及时、准确公示执法信息，拓宽公开渠道，方便群
众查询。

5. 建立健全重大行政执法决定法制审核制度。党的十八届四中全
会明确提出要"严格执行重大执法决定法制审核制度"①。这是中国共
产党人首次提出"重大执法决定法制审核制度"这一概念。之后，《法
治政府建设实施纲要（2015—2020 年）》等文件相继提出"重大执法
决定法制审核制度"的重要性。建立健全"重大执法决定法制审核制
度"要求行政执法机关作出重大执法决定前，必须进行合法性审核。
它对于推进促进严格规范公正文明执法无疑具有重要意义。新时代建
立健全重大行政执法决定法制审核制度首先要明确"重大行政执法决
定法制审核"的范围，一般来说应包括：可能造成重大社会影响或引
发社会风险的；直接关系行政管理相对人或他人重大权益的；需经听
证程序作出行政执法决定的；案件情况疑难复杂，涉及多个法律关系
的；等等。另外，要通过制度形式明确规定重大行政执法决定法制审
核方式、时间、审核流程、存档要求等。在实践中，还可以进一步探
索建立重大执法决定目录清单制度，实行动态管理的具体要求。重大
执法决定未经法制审核或审核未通过的，不得做出。新时代建立健全
重大行政执法决定法制审核制度需要我们在探索经验基础上，深化认
识，完善制度。也可以考虑进一步扩大审核范围，增加"重大执法决
定法制审核"目录清单范围，努力塑造严格、规范、公正、廉洁、文
明、高效的行政执法形象。

---

① 《十八大以来重要文献选编》（中），北京，中央文献出版社 2016 年版，第
166 页。

（三）全面落实行政执法责任制，加强综合行政执法监督

1. 全面落实行政执法责任制。一是要对所有执法人员的执法岗位、执法权限、执法依据、执法程序、目标要求、执法责任进行具体划分，做到谁的权力谁行使，谁的义务谁履行，谁的责任谁承担，谁出问题追究谁。二是明确行政执法投诉办法。依据已建立的权力清单、责任清单，制定详细的行政执法的投诉办法，明确投诉内容、投诉方式以及投诉受理、登记、查询、回复等制度，明确具体的责任追究办法。

2. 完善综合行政执法监督制度。要根据综合行政执法体制改革进展情况，公开综合行政执法的部门职责、执法依据、处罚标准、运行流程，为推进执法监督奠定制度基础。在此基础上，建立健全明确清晰的监督体系。一是在机构设置上，需要单独设立一个专司行政执法监督的机构，即综合行政执法监督局（委），负责贯彻执行有关综合行政执法的法律、法规、规章和方针政策；负责综合协调信访、投诉、举报受理工作。二是完善国家权力机关、司法机关对综合行政执法监督。如通过建立人大监察专员制；建立综合行政执法机关与检察院、法院的信息通报制度，主动接受司法机关的监督。三是全面推行行政执法"双随机、一公开"制度（监管过程中随机抽取检查对象，随机选派执法检查人员，抽查情况及查处结果及时向社会公开），坚决杜绝有选择性执法、粗暴执法，从严查处执法人员借检查名义推销产品或吃拿卡要等行为。四是强化社会监督。通过设立综合行政违法投诉举报中心，畅通群众举报监督渠道，接受社会监督。此外，为了进一步强化监督，基层政府还可以建立特邀行政执法监督员队伍，制定特邀行政执法监督员管理办法，聘任监督意识、法治意识较强的媒体工作者、社会志愿者、法律工作者、专家学者等担任行政执法监督员。在

实践中，为了切实发挥特邀行政执法监督员的作用，在制定行政执法监督制度、民主评议等方面要充分征求他们的意见。

3.运用现代科技手段开展执法监督。一是顺应"互联网+"的发展趋势，综合运用移动执法、电子案卷等手段，探索建立"互联网+行政执法"有效途径。二是建立行政综合执法信息平台，加快部门之间、上下级之间信息资源的开放共享，实现日常监管、行政处罚信息实时流转、实时监控、实时留痕。三是设立媒体"曝光台"，对行政执法违法，行政执法不当，行政不作为、慢作为等行为公开曝光，强化新闻舆论监督。

（四）改进执法方式，加强行政执法队伍建设

强调严格执法，并非不要文明执法。如果执法人员语言不文明，说话粗野，甚至利用职权徇私舞弊，不仅与社会主义核心价值观导向相背离，也会阻碍执法工作的顺利进行。这就要求，执法人员在执法过程中既要严格执法，又要坚持文明执法、亲民执法，把执法、管理与服务有机地结合在一起。

1.推行文明执法。一是要增强服务意识。在严格执法中将语言文明、举止端庄、热情服务、人性化的服务贯通整个执法过程中，以真情感动人，以法律教育人。二是刚柔并济，将维护法律权威与法律知识的宣传结合起来。一方面坚决维护法律法规和有关制度的权威，另一方面又注重法律知识的宣传，讲清行政执法行为的事理、法理和情理，提高社会公众对行政执法行为的满意程度。三是坚持教育与处罚并重原则，全面推行柔性执法。梳理并公示涉企依法不予行政处罚的轻微行政违法行为目录清单，对当事人首次轻微违法行为，推广运用说服教育、劝导示范等非强制性（柔性）行政执法手段，防止"以罚

代管、只罚不管"。

2. 推行行政执法公开制度。推行行政执法公开制度是强化执法监督的前提，也是实现规范执法的保证。新时代推行行政执法公开制度要求扩大执法公开范围，最大限度地公开执法依据、过程和结果，建立行政处罚等文书上网和公开查询制度，等等。

3. 加强行政执法队伍建设。行政执法最终要靠人执行，再好的执法制度，如果没有高素质的执法队伍，严格规范公正文明的执法也不可能实现。一是教育引导执法人员增强依法履职、尊重人权的观念，强化程序意识、权限意识和自觉接受监督意识。在行政执法队伍的管理中，要通过各类学习、培训等措施提高行政执法人员的执法素养，使他们既要熟练掌握法律法规，又要准确把握社情民意；既要严格遵守法律，又要善于运用道德规范，尊重公序良俗，从而为严格执法、文明执法提供主体保障。二是完善行政执法人员考核制度。首先，建立科学合理的考核指标体系，将行政执法人员执法办案质量、执法办案实效、执法行为，以及群众满意度等纳入考核指标中；其次，明确考核方式，包括检查、督查、集体评议等方式；最后，注重考核结果的运用，将考核结果作为执法人员奖励惩戒的重要参考。

三、在司法环节中践行社会主义核心价值观，以公正司法弘扬社会主义核心价值观

司法作为法律实施和社会控制的基本形式和重要手段，在司法环节中践行社会主义核心价值观，不仅有利于在全社会树立正确的价值导向，也有利于落实司法为民的理念，保证司法行为既遵从法律规范又符合道德要求。

（一）培育和践行忠诚、为民、公正、廉洁的司法理念

司法权源于人民，也必须服务、造福于人民。公正、廉洁、为民的司法理念是中国共产党人以人民为中心的执政理念在司法领域的具体体现，也是司法行为中培育和践行社会主义核心价值观的根本要求。只有树立忠诚、为民、公正、廉洁的司法理念，才能克服对待人民群众冷、硬、横、烦的特权思想，以深厚的感情平等地对待每一个当事人，公平公正、廉洁办案，提高办案质量，提高司法公信力。

1.强化司法人员的思想政治教育。新时代践行公正、廉洁、为民的司法理念，要强化对司法人员的思想政治教育，坚持用习近平新时代中国特色社会主义思想武装头脑，补足精神之"钙"。为此，需要把思想政治教育建设摆在司法机关党组班子自身建设的首要位置，将思想政治工作作为党组"一把手"工程，列入重要工作日程。在当前司法人员思想政治教育中，尤其要注重通过加强政治学习的组织领导、制订学习计划、落实学习方案等举措，认真抓好社会主义核心价值观学习教育。一是将社会主义核心价值观内容纳入相关的主题教育之中，通过主题教育使广大司法人员坚定政治立场、政治方向，牢记中国共产党人的宗旨和价值追求；二是将社会主义核心价值观纳入经常性思想教育，通过定期支部学习、专题研讨、知识竞赛、演讲比赛、文艺演出等形式，进一步把社会主义核心价值观，尤其是"忠诚、为民、公正、廉洁"的司法理念内化为司法工作人员的价值理念和精神追求。

2.强化继续教育培训，全面提升法官素质。教育培训是建设高素质司法干部队伍不可或缺的举措。新时代强化司法干部队伍的培训要坚持问题为导向，以提升司法行政队伍专业化、职业化和正规化为重

点，丰富培训内容，创新培训方式，努力提升继续教育培训的成效。一是在培训和教育的内容上，既要注重理想信念、职业道德和操守教育，还要注重党的纪律教育；既要注重法律法规专业知识、法学理论、法律文化的教育，也要注重业务技能的培训。二是在教育方法上，积极开展工作实务分类培训。按照岗位职责要求，围绕岗位技能、信息化运用能力、应对突发事件能力、新闻宣传等方面认真组织开展一线法官和司法辅助人员、司法政务人员的分类培训，从而提高教育培训的针对性，实现从知识型培训向能力型培养转变。三是拓展教育体系，扩大教育覆盖面。要适应"互联网＋"时代要求，充分运用现代信息技术，加快构建统一、开放、兼容的全国司法教育网络体系，扩大优质教学资源覆盖面。同时，鼓励司法行政干部结合岗位需要参加自学考试、在职教育、学历教育，充分调动学习积极性。

3. 加强基层法官职业道德素养，培养法官法律品格。司法工作人员是社会公平正义的守护者，司法工作人员的职业使命要求其具备更高的道德素养，具备公正、廉洁、宽容、人权意识等性格特征。从这方面来说，司法人员的道德素养与司法理念是一致的。司法道德修养是树立"忠诚、为民、公正、廉洁"司法理念的支撑。反之，一旦法官道德出现危机，必然对公正司法产生不良影响。为此，要注重培育司法人员道德素养。在法官的考核制度上，注重加强思想道德方面的考核。对于违反司法人员职业道德的法官，造成严重后果的要予以严惩，追究其法律责任，对于腐败分子绝不姑息。

4. 在实践中促进青年司法工作人员践行忠诚、为民、公正、廉洁的司法理念。通过实践锻炼，尤其是青年司法工作人员的实践锻炼，可以进一步增强司法工作人员对司法工作的思想认识，提升司法工作人员素质。这就要求我们要大力实施"年轻干部成长工程"，有计划地选派干部特别是年轻干部、业务骨干到艰苦边远地区和法庭实践锻炼。为了保证司法人员挂职锻炼规范化、制度化，需要制定详细的实施办法，包括挂职锻炼干部的选拔条件、选拔程序、考核办法、保障措施等，保证司法工作人员挂职锻炼落到实处。

（二）建设专业化职业化的司法队伍，提高司法能力

司法官专业化职业化是法治国家的一个基本特征，是司法文明的重要标志和必然要求。"司法官职业化，即司法官以行使国家司法权为专门职业，并具备独特的职业意识、职业技能、职业道德和职业地位。"①新时代提高司法人员队伍素质，除了要求通过教育、培训、锻炼等办法使司法工作人员树立"忠诚、为民、公正、廉洁"的司法理念，还需要大力推进司法行政人员队伍专业化职业化，提高法官的司法能力。

新时代随着人民群众维权意识增强，以及案件受理制度从过去的立案审查制变为现在的立案登记制，使得审判机关立办案件数量大幅度增多。目前，司法机关普遍面临人员不足，人员结构不合理、素质能力有待提高等问题，为了适应新时代司法工作的新要求，要求我们采取多种手段，加强司法人员配置、提高司法人员素质，促进司法人员队伍专业化职业化，从而为优化司法行为奠定人才基础。

1. 加强人才引进，建立有序司法准入流通渠道。一是公开招录，加大法律人才招考力度。针对当前司法人员短缺问题，首先地方党委和政府应支持落实好司法人员的编制问题。通过公务员招考等形式，

---

① 张智辉主编：《司法体制改革研究》，长沙，湖南大学出版社 2015 年版，第 141 页。

输入"新鲜血液",解决人员老化、青黄不接的问题。二是建立多元化的选拔制度。我们应当看到,目前"大一统考录模式"还不能完全适应当前司法人才准入实际情况。因此,在实行统一招考的同时,还要考虑到司法人才队伍的特殊性,实行多元化选拔制度,如从符合条件的律师、法学专家中选拔司法人才等。另外,还要立足于司法行政事业的长远发展,招收一定比例的心理学、社会学专业人才。三是有针对性地解决偏远、贫困地区司法人员缺乏的问题。长期以来,偏远、贫困地区司法人员存在留人难、高素质人才匮乏的问题,因此针对偏远、贫困地区现状,可以采取适当的差异性政策,比如,在目前"大一统考录模式"之外,采取定向招考、明确服务年限、提高经济待遇等措施,解决偏远、贫困地区司法人员短缺的问题。

2. 实现分类管理,深化推进法官员额制改革。长期以来,我国对司法人员未实现分类管理,司法官与其他司法人员混岗混编,相当一部分具有司法官职务的人员在非办案岗位工作,由此极大地影响了我国司法人员专业化职业化建设。党的十八大以来,在推进司法体制改革过程中,最高人民法院发布了《人民法院工作人员分类管理制度改革意见》(以下简称《意见》)。自《意见》发布以来,司法人员分类管理制度和法官员额制改革已经基本完成,但依然存在需要深入解决的问题,如员额退出机制未普遍建立,没有形成"有进有出"的动态管理等。新时代深化推进司法人员分类管理制度改革,需要按照司法分院分类管理的要求,将法院人员分为法官、审判辅助人员、司法行政人员,并实行员额制管理。一是严格法官准入标准。为了达到法官的精英化和职业化的目的,要求我们从法官队伍中将符合法官要求和有过硬专业知识、法律意识的人员优化出来,因此,在法官的准入上,要严格按照《中华人民共和国法官法》的要求,未达到法官要求的学历、经验、年龄等刚性条件不得晋升法官等级，把好法官的准入关。二是完善常态化员额遴选机制，推动符合条件的优秀法官助理增补入额，确保队伍有序更替。尤其在员额制改革中可以考虑尽量为青年专业人才预留一定的空间，统筹考虑当下与长远、资深人员与青年骨干、职业化与专业化等关系，用制度稳定预期，让青年人充满希望。三是加快建立员额退出实施办法。制定明确的法官考核办法，通过制定明确的考核办法，对法官办案数量与工作量、质量、效率和效果等情况进行综合考评，对不能胜任工作的，一律要求退出员额。四是妥善解决审判辅助人员的薪酬待遇、晋升机制等问题，保持审判辅助队伍的稳定性，确保审判团队高效运作。

3. **大力完善法官职业保障制度**。职业保障是全体法官关切的重要内容，法官职业保障制度不健全必然影响法官队伍的稳定性和工作的积极性，是新时代推进司法人员队伍专业化建设不可或缺的内容。一是提高法官的工资待遇。首先应当取消法官工资与行政级别挂钩的机制，实施有别于公务员的管理，工资应与其法官等级相对应，但应高于普通公务员。相较于其他司法人员来说，法官的待遇可以高过司法辅助人员、司法行政人员。二是在法官的任用和晋升方面，进一步落实检验法官的"去行政化"，规范专业法官队伍，推进法官任用和晋升择优而录，上级法院的法官应从下级法院进行择优遴选。三是建立法官人身安全保障机制。应该看到，近年来，随着诉讼案件的不断增加，针对法官以及司法人员的报复案件时有发生。为法官创造安全、稳定的工作环境也应是法官职业保障制度的重要内容。为此，一方面，要加大对蔑视法律、侮辱法官的惩处力度，严厉打击针对法官的暴力行为，让社会民众敬畏法律、敬畏法官。另一方面，更要通过强化对法官的人身保护，例如为全体法官购买意外保险，加强法院的安保措施等，保障法官的人身安全。

（三）深化司法责任制为核心的司法综合配套改革，完善司法制度

党的十九大报告在强调深化新时代依法治国实践中就指出，要"深化司法体制综合配套改革，全面落实司法责任制，努力让人民群众在每一个司法案件中感受到公平正义"①。这实际上也指出了新时代推进司法公正的重要举措，即全面落实司法责任制。司法责任制的重要目标是"让审理者裁判，让裁判者负责"，它对于提高司法公信力，对于培育和践行社会主义核心价值观都具有重要的意义。落实司法责任制，既要依法保障办案人员依法独立行使司法权，又要完善相关配套制度改革，优化司法行为。

1. 把坚持党的领导贯彻于司法改革的始终。司法改革是政治体制改革的重要组成部分，是一件事关政治体制、司法制度的大事，必须在党的领导下，积极稳妥地推进。正如习近平总书记所指出的："我们必须搞清楚，我国人民民主与西方所谓的'宪政'本质上是不同的。中国共产党领导是中国特色社会主义最本质的特征。"②总之，党的领导是中国特色社会主义法治建设的根本保证。司法体制改革坚持党的领导既是中国特色社会主义法治建设的本质要求，也是新时代司法体制改革的自身需求。"以往的司法改革一般由各个司法部门牵头，改革

---

① 习近平：《决胜全面建成小康社会　夺取新时代中国特色社会主义伟大胜利——在中国共产党第十九次全国代表大会上的报告》，北京，人民出版社2017年版，第39页。

② 习近平：《完善和发展中国特色社会主义制度　推进国家治理体系和治理能力现代化》，《人民日报》2014年2月18日。

范围主要局限于本部门领域，尽管具有一定的针对性，但却带有很强的部门利益色彩。"①只有坚持党的领导，才能做到统筹谋划，协调各方，避免可能出现的利益纠葛、推诿扯皮等不良现象。不仅如此，作为新时代司法体制改革的突破口，司法责任制改革本身具有复杂性和长期性的特征，它在解决老问题的同时必然又会出现一系列的新问题，司法责任制改革成功与否离不开一系列的配套改革措施，所有这些都需要在党委（党组）的统一领导下开展，保证改革沿着正确方向前行，减少改革的阻力和障碍，形成推动和支持司法体制改革的浓厚氛围。

2. 建立明晰的审判权力和审判责任清单，健全司法责任制。责权明晰是司法责任制的前提，以往审者不判、判者不审的问题，正是源于职责不清、权限不明，而要实现"审判合一"就必须放权，改变传统的院庭长案件审批把关制度，去除审判权力运行机制的"行政化"现象。为此，需要将审判流程和岗位职责标准化：一是厘清审判权限。院庭长不再审核签发其未参加审理案件的裁判文书；院庭长的审判管理和监督活动应当严格控制在职责和权限的范围内。改革审判委员会制度，限缩审委会讨论案件范围，将其主要作用转为总结审判经验，进行宏观指导等，主审法官享有独立审判、独立主持审判活动、独立签署裁判文书。二是要建立专业法官会议制度，充分发挥专业法官会议咨询作用，并使之成为加强知识交流、总结审判经验的重要平台。三是统一裁判标准。针对司法责任制改革后法官自由裁量权大的问题，应当积极研究健全统一法律适用的工作机制，通过发布案例指导，建立类案参考制度等途径，为法官办案提供有效指导。此外，还可以发

---

① 马骏、马翔：《司法责任制改革基本问题研究》，《云南社会科学》2018 年第 6 期。

挥专业法官会议作用，通过召开专业法官会议对审判实践中遇到的新类型、认识不统一的法律问题进行深入研究，形成具体指导意见，统一裁判标准和尺度。

3. 完善立案登记制度，强化利民、便民的司法服务机制。立案登记制度对于破解当前立案难满足人民诉讼需求起到了极大的推动作用，但也带来了一些新情况、新问题。新时代进一步完善立案登记制度，有效化解立案登记制度带来的新情况、新问题，需要进一步做到：一是健全矛盾纠纷多元化解工作机制。司法机关在做好登记立案工作，依法保障当事人诉讼权利的同时，要加强诉前调解工作。依托诉讼服务中心和诉调对接工作办公室，通过建立诉前调解和庭前调解制度，最大限度地将矛盾纠纷化解在诉前、化解在初始阶段。同时要积极推进人民调解与行政调解、司法调解衔接联动机制和平台，鼓励当事人选择调解方式解决纠纷，让诉讼真正成为维护社会公平正义的最后一道防线。二是完善利民、便民的司法为民机制。通过推进诉讼服务中心建设，把立案、收案、登记都集中在一个大厅，打造"一站式"综合性诉讼服务场所。同时，要加快推进诉讼服务网络建设，实现线上、线下诉讼服务功能互通。对涉及老年人、残疾人、农民工等特殊群体案件要做到优先审查、优先立案、优先审理、优先执行。三是加大简易程序适用力度，对于民商事案件，除法律规定的情形外，在立案时优先适用简易程序，缩短办案周期，提高办案效率。四是建立恶意诉讼、无理缠讼惩处机制。法院在立案过程中，一方面，应着重做好诉讼诚信的宣传和提示工作，警示潜在恶意诉讼当事人；另一方面，对存在虚假诉讼、恶意诉讼可能的，要求当事人在起诉时提供书面承诺书。对已发现的虚假诉讼要依法追究法律责任，以抑制不良诉讼行为的发生。同时要建立诚信诉讼承诺制度、虚假诉讼嫌疑预警机制及诉讼黑名单制度，以克服缠诉、滥诉的问题。

4. 完善错案责任追究制度。司法责任制得到最终贯彻落实需要建立科学的责任追究制度，倒逼法官切实、公正地履行自己职责。一是统一"错案"的判定标准。在"错案"认定上，大致可以从两个方面加以认定：法官在审判工作中，主观故意违反法律、法规；过失违反与审判工作有关的法律、法规，并造成对当事人不利后果和较大损失的行为。针对当前"错案"认定的法律法规分散且标准不一的情况，可以考虑提高错案责任追究制度的立法层次，如由全国人大常委会制定专门的《法官惩戒法》，统一"错案"的判定标准，完善惩戒程序，从而为错案责任追究奠定法规制度依据。二是建立健全责任追究机构。从当前来看，需要结合司法责任制改革的需要，首先在国家和省级层面成立法官惩戒委员会。法官惩戒委员会属于中立的惩戒机构，可以吸收法学专家、律师、人大代表等代表人士参加，其主要职权除了处理法官不当行为，同时还为被惩戒法官提供申诉救济。三是完善责任追究办法。探索根据法官自身职业的特殊性制定符合实际的惩戒办法，依据情节不同，采取不同的处罚措施。

（四）注重价值引领，在司法工作中弘扬社会主义核心价值观

司法机关承担着执法办案、明断是非、惩恶扬善、维护正义的神圣职责。通过司法审判、执法，谴责、制裁各类缺德行为或丑恶现象，可以使违背社会主义核心价值观的行为受到制约和惩处，符合社会主义核心价值观的行为得到倡导和鼓励，这无论对推动司法工作本身进步，还是对培育社会主义核心价值观都具有重要的意义。为此，要求司法工作者在工作中自觉担当弘扬核心价值观的文化使者，将社会主义核心价值观的要求与审判执行工作结合起来，尊重公序良俗，遵循

社会主义核心价值观的要求。

1. 在依法惩治恶意诉讼、虚假诉讼等行为中弘扬社会主义核心价值观。在司法工作中弘扬社会主义核心价值观首先体现在具体案件审判活动中。具体来说，司法机关的审判除了要查明案件的实体争议和纠纷的是非曲直，还要对当事人在纠纷发生和诉讼过程中的情况进行审查并作为裁判的重要依据。如考察当事人是否有恶意诉讼和虚假诉讼等行为，或者伪造证据的行为。对于当事人恶意诉讼和虚假诉讼等行为要允许法官在法定罚款幅度与拘留期限范围内，根据当事人诉讼行为的恶劣程度等情形决定具体的惩罚方案。司法机关可以联合国家发改委等单位构建信用惩戒网络，形成多部门、多行业、多手段共同发力的违信诉讼行为惩戒体系。

2. 以司法裁判弘扬社会主义核心价值观。司法裁判有利于维护社会道德底线，惩治失德败德行为，有着社会价值标杆的作用。如党的十八大以来，北京市审理的"狼牙山五壮士"名誉纠纷案、西安市审理的叶挺烈士名誉侵权纠纷案、郑州市审理的医生电梯内劝阻吸烟案，对于弘扬社会正能量、培育社会主义核心价值观都具有重要意义。因此，司法裁判对于弘扬社会主义核心价值观具有举足轻重的地位。以司法裁判弘扬社会主义核心价值观不仅要求法官具有弘扬社会主义核心价值观的意识，同时要求在司法审判中科学回应舆论关切，以社会主义核心价值观为导向，对于社会关注度高、争议较大的案件，或者有关单位、个人反映可能与社会主义核心价值观不符时，要多征求专家意见，或者将案件提交专业法官会议、审判委员会进行讨论，做到科学审判、公正审判。

3. 在司法案例宣传中弘扬社会主义核心价值观。抽象的法律规定更适于从事法律职业工作群体阅读和适用，而生动鲜活的指导性案例则更容易被人民群众所了解和认知。由于法院处理的大量民事案件，都与老百姓的生活直接相关。因此，通过司法案例宣传有利于旗帜鲜明地向全社会展示司法机关倡导什么样的行为，制裁什么样的行为，引导人民群众养成守法、尊法的社会风尚，使体现仁爱、孝道、诚信、助人为乐的行为得到倡导，形成践行社会主义核心价值观的良好社会氛围。

新时代推进司法案例宣传，一方面，要求司法机关遴选具有代表性和针对性，尤其是在家庭美德、诚信经营、诚实守法、环境公益、文明守规等方面代表性的案例，建立健全社会主义核心价值观司法案例库；另一方面，加强典型案例的宣传，通过编写案例教材，强化网络宣传，如利用微信公众平台，通过图文并茂的形式，全方位、多角度宣传社会主义核心价值观司法案例，以及加强新闻报道等形式推动以案释法，讲好司法故事，努力把社会主义核心价值观具体化、形象化、生活化。

结 语

　　任何社会的发展运行都需要文化来维系，人们也都是在一定的文化环境中生活的。那么文化的灵魂是什么？就是凝结在文化之中、决定着文化性质和方向的最深层的要素，即核心价值观。文化是否得到人民群众的认同，能否得以繁荣发展，从根本上说，取决于其核心价值观的生命力、凝聚力、感召力。社会主义核心价值观承载着引领新时代中国特色社会主义文化发展方向，凝聚精神力量、坚定人民理想信念，以及推动道德建设的重要功能，是新时代中国特色社会主义的"铸魂工程"。对此，党的十九大报告就明确指出："社会主义核心价值观是当代中国精神的集中体现，凝结着全体人民共同的价值追求。"社会主义核心价值观的上述功能决定我们在新时代中国特色社会主义建设中，必须将社会主义核心价值观贯穿于中国特色社会主义建设的各个方面。

　　法治是现代文明的重要标志，法治的初心就是守护一个社会最核心的价值关切。法治文化的本质是人们从内心对法治的认同、崇尚、信守和遵从，它是法治观念、法治原则和法治精神在全社会得到遵守和普及的重要标杆。法治文化的基本内容包括物化法治文化、制度法治文化、精神法治文化和行为法治文化。一是物化法治文化，主要是将"物质财富"纳入法治文化范畴，包括法律设施、法院建筑、法律机构、法官服装、律师服装等。二是制度法治文化，主要体现为相关的法律法规。制度法治文化既是法治文化最直接、最重要的外观形式，也是法治实施的最基本要素。因为没有完善的法律制度，法治国家建设也就无从谈起，法治文化建设也就失去最基本的前提。三是精神法治文化，主要体现为法治理念、法治精神、价值取向和思维模式，以及相关的法治文艺作品等。精神法治文化是法治文化最核心的要素，也是法治文化水平最重要的标志，推进法治文化建设首先必须加大精神法治文化建设力度。四是行为法治文化，行为法治文化是法治文化的实践表现，它包括国家机关和公民的行为模式。国家机关是否依法行政，公民是否自觉守法，自觉运用法律维护自身的权益等。

社会主义核心价值观与中国特色社会主义法治文化是紧密相连的，也是相互促进的。任何法治文化都有自己的价值追求，社会主义核心价值观凝聚全体人民的价值追求，毫无疑问也是中国特色社会主义法治文化的价值引领。培育和践行社会主义核心价值观不仅决定着法治文化的性质与方向，而且有利于为法治文化提供道德支撑。反过来法治文化建设又是培育和践行社会主义核心价值观的重要载体和制度保障。通过物化法治文化建设、制度法治文化建设，以及精神法治文化和行为法治文化的培育，不仅有利于培育人们的法治意识、法治素养，也有利于推动社会主义核心价值观制度化、法治化，增强人们践行社会主义核心价值观的自觉性。推动社会主义核心价值观与法治文化互动主要体现为推动社会主义核心价值观与物化法治文化、制度法治文化、精神法治文化和行为法治文化的互动。

党的十八大以来，以习近平同志为核心的党中央在治国理政过程中对社会主义核心价值观融入法治国家建设进行了系统部署，作出了顶层设计。一是在物化法治文化层面，通过强化物化法治文化阵地建设，营造更加浓厚的法治氛围。同时，改善法院建筑，推进法院文化设施建设。二是在制度法治文化层面，通过推进社会主义核心价值观入规入法，初步构建与社会主义核心价值观相适应的法律法规体系。三是在精神法治文化层面，通过强化法治宣传和普法工作，提高人民的法治观念、法治意识。通过加强道德建设，推进法治与德治互动。四是在行为法治文化层面，努力将社会主义核心价值观融入立法、执法、司法各个环节，完善立法体制、规范执法行为，深化司法改革实践。与此同时，随着法治文化建设的推进，也对培育和践行社会主义核心价值观起到积极的推动作用。

培育和践行社会主义核心价值观是一个长期的过程，社会主义核心价值观融入法治文化建设不可能一蹴而就。应该看到，当前社会主义核心价值观与法治文化建设的有效互动还面临不少的问题。比如，某些法律法规价值的导向、内容与社会主义核心价值观不合拍，现实法律运行中也存在着法与情的冲突、法与理的分离等现象。

将全面依法治国向纵深推进，就必须全面推进社会主义核心价值观与法治的一体化建设，尤其是构建社会主义核心价值观与法治文化建设互动机制，分别实现社会主义核心价值观与物化法治文化、制度法治文化、精神法治文化以及行为法治文化的有效互动。

第一，推动社会主义核心价值观与物化法治文化互动。物化法治文化是法治文化的"硬件"，也是精神法治文化的折射和反映，对人们的思想观念产生着潜移默化的影响。推动社会主义核心价值观与物化法治文化互动尤其需要做到：一是强化物化法治文化阵地建设。通过法治场馆、法治公园、法治文化广场建设，打造法治文化阵地精品工程；通过多点布局与纵向延伸，扩大法治文化阵地覆盖面。二是改善法院建筑，推进法院文化设施建设。包括改变法院建筑样式照搬照抄西方建筑的做法,体现中国元素;扩大法院场所的开放性,增强法院建筑的教育功能,以及推进法院内部文化设施建设等。

第二,推动社会主义核心价值观与制度法治文化互动。制度法治文化是法治文化的载体,它体现着法治精神、法治价值的追求,具有规范法治行为,推动人们思想认知和保证法治国家贯彻落实的功能。构建社会主义核心价值观与制度法治文化互动机制,要把社会主义核心价值观的要求融入法律制度体系中,使之成为影响人们行为选择的价值标准,让人们在实践中感知它、运用它。新时代构建社会主义核心价值观与制度法治文化互动机制需要做到:一是推动"立法修法"工作,促进社会主义核心价值观融入法律法规,尤其将社会主义核心价值观有关内容融入社会主义市场经济法律制度、文化法律制度、民生法律制度、生态文明法律制度之中,使各项法律制度的设计以社会主义核心价值观为基本依循,在立法导向上更加鲜明,真正实现立法为民的目的,确保良法善治。二是促进社会主义核心价值观融入党内法规。促进社会主义核心价值观融入党内法规不仅要明确社会主义核心价值观的价值导向,同时按照系统化要求,构建与社会主义核心价值观相适应的党内法规体系。当然,在新时代全面依法治国背景下,还要求我们以现代法治理念和法治精神推动党内法规建设,使党内法规遵循现代法治的基本要求,在此基础上推动党内法规与国家法律之间的衔接。三是推进社会主义核心价值观融入公共政策之中,进一步强化公共政策的价值导向,确保公共政策的科学性,充分体现社会公平正义。通过上述努力让"看得见"的法律法规内化为群众内心的法治信仰。

第三,推动社会主义核心价值观与精神法治文化互动。一是将社会主义核心价值观贯穿于精神法治文化的全过程,通过完善"谁主管谁普法，谁执法谁普法"责任机制、拓展法治文化建设阵地、推动以案释法、丰富法治文化产品供给等途径，多方位、多举措促进精神法治文化的繁荣发展。二是以社会主义核心价值观引领道德风尚，强化道德对精神法治文化的支撑。社会主义核心价值观是"大德"与"小德"的统一，以社会主义核心价值观引领道德风尚要求推动社会主义核心价值观向新时代道德规范体系转化，构建与社会主义核心价值观相适应的道德规范，在此基础上，通过深入实施公民道德建设工程，不断提高人们的思想道德素养。三是推进思想道德教育与法治教育有效衔接，改变道德教育与法治教育分割的状态。包括在大中小学的学校教育中，在党员干部的思想教育中，在精神文明创建活动中实现德育与法治教育的有机统一，既提高人们的思想觉悟、道德水准，也增强人们法治意识和法治素养。

第四，推动社会主义核心价值观与行为法治文化互动。道德重在践行，法治也重在践行。构建社会主义核心价值观与行为法治文化互动机制要求把社会主义核心价值观贯彻到全面依法治国实践中，落实到立法、执法、司法等各个环节中。一是在立法环节中践行社会主义核心价值观，最根本的就是实现科学立法，这也是保证法律法规质量的重要基础和前提。实现科学立法不仅要求我们树立正确的立法价值导向，而且要通过完善立法体制、立法程序、立法制度等措施，使立法更加符合客观实际和人民意愿，使法律更加科学合理地规范公民、法人和其他组织的权利与义务，科学合理地规范国家机关的权力与责任，等等。二是在执法环节践行社会主义核心价值观，实现严格执法与文明执法的有机统一，做到法、理、情有机统一。一方面，要通过深化综合执法体制改革、完善执法程序、健全执法制度、强化执法监督等措施保证严格执法；另一方面，又需要通过改进执法方式，全面推行柔性执法等，推进文明执法。三是在司法环节中践行社会主义核心价值观，以公正司法弘扬社会主义核心价值观。司法作为法律实施和社会控制的基本形式和重要手段，在司法环节中践行社会主义核心价值观，不仅有利于在全社会树立正确的价值导向，也有利于落实司法为民的理念，保证司法行为既遵从法律规范又符合道德要求。为此要求我们一方面通过深化以司法责任制为核心的司法综合配套改革，确保司法机关依法独立公正行使审判权，推进司法公正；另一方面通过司法裁判、司法案例宣传等途径，发挥司法的教育、评价、指引、示范功能，推动社会主义核心价值观转化为人们的日常实际行动。

参考文献

一、经典著作及相关文献选编

［1］《马克思恩格斯文集》第 1 卷，北京，人民出版社 2009 年版。

［2］《马克思恩格斯文集》第 2 卷，北京，人民出版社 2009 年版。

［3］《马克思恩格斯文集》第 3 卷，北京，人民出版社 2009 年版。

［4］《列宁选集》第 1 卷，北京，人民出版社 2012 年版。

［5］《列宁选集》第 2 卷，北京，人民出版社 2012 年版。

［6］《列宁选集》第 3 卷，北京，人民出版社 2012 年版。

［7］《列宁选集》第 4 卷，北京，人民出版社 2012 年版。

［8］《毛泽东年谱（1893—1949）》中，北京，中央文献出版社 2002 年版。

［9］《毛泽东年谱（1949—1976）》第 2 卷，北京，中央文献出版社 2013 年版。

［10］《胡锦涛文选》第 2 卷，北京，人民出版社 2016 年版。

［11］《胡锦涛文选》第 3 卷，北京，人民出版社 2016 年版。

［12］《习近平谈治国理政》第 1 卷，北京，外文出版社 2018 年版。

［13］《习近平谈治国理政》第 2 卷，北京，外文出版社 2017 年版。

［14］《十八大以来重要文献选编》（上），北京，中央文献出版社

2014 年版。

[15]《十八大以来重要文献选编》（中），北京，中央文献出版社2016 年版。

[16]《十一届三中全会以来历次党代会、中央全会报告　公报决议　决定》（上），北京，中国方正出版社2008 年版。

[17]《十一届三中全会以来历次党代会、中央全会报告　公报决议　决定》（下），北京，中国方正出版社2008 年版。

[18]《习近平关于全面依法治国论述摘编》，北京，中央文献出版社2015 年版。

[19]习近平：《决胜全面建成小康社会　夺取新时代中国特色社会主义伟大胜利——在中国共产党第十九次全国代表大会上的报告》，北京，人民出版社2017 年版。

[20]习近平：《在纪念马克思诞辰200 周年大会上的讲话》，北京，人民出版社2018 年版。

[21]习近平：《高举中国特色社会主义伟大旗帜　为全面建设社会主义现代化国家而团结奋斗——在中国共产党第二十次全国代表大会上的报告》，北京，人民出版社2022 年版。

二、相关专著

[1]陈奎、梁平：《司法运行的一般机理》，北京，中国政法大学出版社2014 年版。

[2]胡虎林：《"法治浙江"干部读本》，杭州，浙江人民出版社2006 年版。

[3]梁建新：《穿越意识形态终结的幻象——西方意识形态终结论

思潮评析》，北京，中国社会科学出版社 2008 年版。

［4］张佑林、陈朝霞：《文化变革与西部经济发展》，杭州，浙江大学出版社 2012 年版。

［5］高惠珠：《唯物史观新视野与中国梦研究》，上海，上海人民出版社 2015 年版。

［6］王立东：《马克思主义伦理学十讲》，北京，冶金工业出版社 2011 年版。

［7］柯葛壮等：《诉讼法的理念与运作》，上海，上海人民出版社 2005 年版。

［8］周实主编：《地方立法权限与立法程序研究》，沈阳，东北大学出版社 2011 年版。

［9］张智辉主编：《司法体制改革研究》，长沙，湖南大学出版社 2015 年版。

［10］崔永东：《中国传统法律文化与和谐社会研究》，北京，人民出版社 2011 年版。

［11］陈立思：《新世纪中国共产党人的世界观、人生观、价值观》，北京，中央文献出版社 2001 年版。

［12］李德顺：《邓小平人民主体价值观思想研究》，北京，北京出版社 2004 年版。

［13］刘作翔：《法律文化理论》，北京，商务印书馆 1999 年版。

［14］韩震：《社会主义核心价值观·关键词》（系列丛书），北京，中国人民大学出版社 2015 年版。

［15］李德顺：《人的家园——新文化论》，哈尔滨，黑龙江教育出版社 2013 年版。

［16］李林、冯军主编：《依法治国与法治文化建设》，北京，社会

科学文献出版社 2013 年版。

[17]［美］克莱德·克鲁克洪等：《文化与个人》，高佳等译，杭州，浙江人民出版社 1986 年版。

[18]［美］爱德华·W. 萨义德：《文化与帝国主义》，李琨译，北京，生活·读书·新知三联书店 2003 年版。

[19] 刘斌主编：《法治文化论集》，北京，中国政法大学出版社 2007 年版。

[20] 严存生：《法治的观念与体制——法治国家与政党政治》，北京，商务印书馆 2013 年版。

[21] 刘进田、李少伟：《法律文化导论》，北京，中国政法大学出版社 2005 年版。

[22]《社会主义核心价值观研究丛书》，南京，江苏人民出版社 2015 年版。

三、期刊、报纸文章

[1] 习近平：《加快建设社会主义法治国家》，《求是》2015 年第 1 期。

[2] 习近平：《在民营企业座谈会上的讲话》，《人民日报》2018 年 11 月 2 日。

[3] 习近平：《在第十八届中央纪律检查委员会第六次全体会议上的讲话》，《人民日报》2016 年 5 月 3 日。

[4] 李克强：《政府工作报告——2018 年 3 月 5 日在第十三届全国人民代表大会第一次会议上》，《人民日报》2018 年 3 月 6 日。

[5] 张德江：《全国人民代表大会常务委员会工作报告——2015

年 3 月 8 日在第十二届全国人民代表大会第三次会议上》，《人民日报》
2015 年 3 月 20 日。

［6］李芳、戴圣鹏等：《社会主义核心价值观与法治文化建设关系
研究》，《西安政治学院学报》2016 年第 1 期。

［7］李其瑞、王金霞：《社会主义核心价值观融入法治文化建设
研究的现状、意义及前景》，《陕西师范大学学报（哲学社会科学版）》
2018 年第 4 期。

［8］邵刚：《新时代加强社会主义法治文化建设探析》，《军事交通
学院学报》2018 年第 11 期。

［9］何康、胡向阳：《努力建设中国特色社会主义法治文化》，《思
想理论教育导刊》2017 年第 5 期。

［10］梁旭光：《新时代中国法治文化建设研究》，《湖北第二师范
学院学报》2018 年第 5 期。

［11］郑英伟、孙成武：《新时代中国法治文化建设的问题与对策
研究》，《思想政治教育研究》2018 年第 2 期。

［12］张麒麦：《新时代法治文化建设的内涵、意义及路径》，《贵
阳市委党校学报》2018 年第 6 期。

［13］黄丽云：《当前法治文化社会化的进程与策略研究》，《现代
法治研究》2017 年第 3 期。

［14］于秀丽：《法治文化：国家治理现代化的重要推动力》，《人
民论坛》2018 年第 2 期。

［15］马弋涵：《新时代社会主义法治文化建设研究》，《云南社会
主义学院学报》2017 年第 4 期。

［16］姜国峰：《社会主义法治文化建设的理路考思》，《社会科学
家》2016 年第 10 期。

［17］李琴：《社会主义核心价值观下的法治文化建设路径》，《文化创新比较研究》2018 年第 11 期。

［18］万尚庆：《社会主义核心价值观引领下的中国法治文化建设》，《学习与探索》2016 年第 6 期。

［19］吴爱萍：《法治文化建设的内在逻辑及路径——以社会主义核心价值观为视域》，《江西社会科学》2017 年第 3 期。

［20］全家悦：《契合与共生：社会主义核心价值观与法治文化建设的内在逻辑》，《西北工业大学学报（社会科学版）》2016 年第 2 期。

［21］吴玉龙、陈金艳：《论社会主义核心价值观与法治建设的理论契合与实践融入》，《延边党校学报》2018 年第 1 期。

［22］孙德超、周媛媛：《法治中国建设吸纳社会主义核心价值观的过程机理研究》，《理论探讨》2018 年第 6 期。

［23］［德］塞巴斯蒂安·赫尔科默著，张世鹏译：《后意识形态时代的意识形态》，《当代世界与社会主义》2001 年第 3 期。

［24］贾英健：《文化帝国主义与"意识形态的终结"批判》，《求实》2003 年第 1 期。

［25］郭纳：《中国特色社会主义核心价值观与核心价值体系的内在关系》，《哈尔滨师范大学社会科学学报》2017 年第 2 期。

［26］徐贵耀：《论社会主义核心价值观的内在性与开放性统一》，《盐城工学院学报（社会科学版）》2015 年第 3 期。

［27］魏建国：《法治文化：特质、功能及培育机理分析》，《社会科学战线》2012 年第 6 期。

［28］方彦明：《法治在推进中国道路新发展中的关键性定位》，《理论探讨》2017 年第 2 期。

［29］曹帅、杜沂霖：《构建民营经济健康发展的法治环境》，《人

民法治》2019 年第 2 期。

［30］陈婉:《文化立法：文化产业发展新标杆》,《环境经济》2017 年第 7 期。

［31］成琪:《提升我国文化立法层级亟需消除多项盲区》,《经济日报》2018 年 5 月 14 日。

［32］杜亚:《文化创意产业立法的反思和建构》,《人民论坛》2018 年第 16 期。

［33］傅强:《民生立法的几点思考》,《北京科技大学学报（社会科学版）》2016 年第 5 期。

［34］青连斌:《推进社会保障制度的法制化建设》,《中国特色社会主义研究》2017 年第 3 期。

［35］徐翔:《生态环境的刑法保护路径》,《重庆社会科学》2018 年第 2 期。

［36］张治宇、刘小冰:《论生物技术生态安全风险的法律防范》,《中国环境法治》（辑刊）2014 年第 2 辑。

［37］郑海洋、杨岚凯:《加强和完善党代表任期制的困境与出路》,《社会科学研究》2014 年第 5 期。

［38］蒯正明:《将党内法规纳入社会主义法治化国家建设中的若干思考》,《中南大学学报（社会科学版）》2017 年第 4 期。

［39］石学峰:《全面依法治国进程中领导干部法治意识现状及提升路径》,《新疆社科论坛》2017 年第 1 期。

［40］陈勇、武曼曼等:《论增强法治的道德底蕴》,《思想理论教育导刊》2016 年第 2 期。

［41］杨福忠:《诚信价值观法律化视野下社会信用立法研究》,《首都师范大学学报（社会科学版）》2018 年第 5 期。

［42］封丽霞：《以科学立法引领良法善治》，《领导科学论坛》2018 年第 10 期。

［43］方益权、金渊：《地方立法过程中的公众参与及其优化路径研究》，《法治社会》2017 年第 6 期。

［44］李文静：《我国错案责任追究制的文本考察及制度构建》，《北京行政学院学报》2019 年第 1 期。

［45］李明德：《国家知识产权战略与知识产权法制建设》，《西北大学学报（哲学社会科学版）》2018 年第 5 期。

［46］宋惠献、周艳敏：《论文化法的基本原则》，《北方法学》2015 年第 6 期。

［47］万川：《理顺个人收入分配关系需要法制手段》，《人民法治》2016 年第 3 期。

［48］夏雨：《行政立法中公众参与的难题及其克服》，《法治研究》2019 年第 2 期。

［49］马骏、马翔：《司法责任制改革基本问题研究》，《云南社会科学》2018 年第 6 期。

［50］石佑启、陈可翔：《新时代党内法规体系建设的价值取向与路径选择》，《求索》2019 年第 1 期。

［51］伊士国：《论形成完善的党内法规体系》，《学习与实践》2017 年第 7 期。

［52］马立新：《党内法规与国家法规规章备案审查衔接联动机制探讨》，《学习与探索》2014 年第 12 期。

［53］沈荣华：《十八大以来我国"放管服"改革的成效、特点与走向》，《行政管理改革》2017 年第 9 期。

［54］聂世军：《集体领导应实现从方法定势到制度范式的转变》，

《山东社会科学》2003 年第 2 期。

［55］吴锦旗：《论公民参与过程中公共政策否决点的形成》，《新疆社科论坛》2010 年第 2 期。

［56］陈剑：《略论社会主义核心价值观的培育》，《探索》2016 年第 5 期。

［57］李拥军：《中国法治主体性的文化向度》，《中国法学》2018 年第 5 期。

［58］胡键：《当前中国政治文化分析》，《江西师范大学学报（哲学社会科学版）》2017 年第 6 期。

［59］廖健、周发源：《中央与地方立法机关相互关系辨析与重塑》，《湖南社会科学》2015 年第 4 期。

［60］李实、朱梦冰：《推进收入分配制度改革　促进共同富裕实现》，《管理世界》2022 年第 1 期。

［61］郑功成：《走向共同富裕的关键是公正的社会分配制度》，《政策瞭望》2022 年第 3 期。

［62］吕鑫：《从社会组织到慈善组织：制度衔接及其立法完善》，《苏州大学学报（哲学社会科学版）》2022 年第 5 期。

［63］余少祥：《我国慈善立法的实践检视与完善路径》，《法学杂志》2020 年第 10 期。

［64］《中共中央办公厅　国务院办公厅关于进一步把社会主义核心价值观融入法治建设的指导意见》，《人民日报》2016 年 12 月 26 日。

［65］詹复亮：《把核心价值观融入法治建设》，《学习时报》2018 年 1 月 8 日。

［66］钟奇江：《中国特色法治文化的基本特征及构建路径》，《光明日报》2014 年 12 月 11 日。

〔67〕肖北庚：《社会主义核心价值观入法入规立法审查机制的构建》，《光明日报》2018 年 7 月 25 日。

〔68〕刘武俊：《户籍制度改革贵在实现公平》，《人民法院报》2019 年 2 月 27 日。

〔69〕张晶：《以案释法：普法宣传教育的好方法》，《学习时报》2017 年 8 月 14 日。

四、网络文章

〔1〕陈冀平：《党的十八大以来法治建设新成就》，民主与法制网，2017 年 12 月 28 日，http：//www.mzyfz.com/html/1468/2017-12-28/content-1309822.html?from＝timeline。

〔2〕周华、彭光文：《基层立法联系点在立法中的作用及发展方向》，桂阳县人大常委会网，2018 年 11 月 22 日，http：//cms.hngy.gov.cn/web/guiyang/8428/9041/content_154584.html。

〔3〕《上海市人大召开基层立法联系点启动会 10 家单位被确定为联系点》，民主与法制网，2016 年 7 月 5 日，http：//www.mzfz.gov.cn/mzfzrd/710/2016070558858.html。

〔4〕王晓闵：《关于建立政府基层立法联系点制度的思考》，安徽省人民政府法制办网，2017 年 8 月 1 日，http：//www.ahfzb.gov.cn/content/detail/59802a31cfd9f31c04000003.html。

〔5〕《全国法院推进司法责任制等四项基础性改革的整体情况通报》，搜狐网，2017 年 7 月 3 日，http：//www.sohu.com/a/154023172_170817。

〔6〕《最高人民法院关于人民陪审员制度改革试点情况的报告——2018 年 4 月 25 日在第十三届全国人民代表大会常务委员会第二次会

议上》，中国人大网，2018 年 4 月 25 日，http：//www.npc.gov.cn/npc/ xinwen/ 2018-04/25/content_2053573.htm。

［7］王小四：《地方立法中常见的"五个问题"》，搜狐网，2017 年 9 月 8 日，http：//www.sohu.com/a/190608861_772384。

［8］郭喜林：《"开门立法"遭遇"零意见"说明啥?》，网易网，2012 年 12 月 7 日，http：//news.163.com/12/0707/10/85QA1DF900014AEE.html。

［9］王琳：《济南市长清区：用先进典型凝聚崇德向善改革发展正 能量》，山东文明网，2015 年 9 月 1 日，http：//sd.wenming.cn/sd_xcxx/ 201509/t20150901_2832637.shtml。

［10］《云南富源：法文化广场彰显司法理念》，中国青年网，2017 年 7 月 15 日，http：//news.youth.cn/gn/201707/t20170715_10300264.htm。

后　记

　　习近平总书记指出，文化是一个国家、一个民族的灵魂。文化兴国运兴，文化强民族强，文化自信是一个国家、一个民族发展中更基本、更深沉、更持久的力量。法治文化是中国特色社会主义先进文化的重要组成部分，浓厚的社会主义法治文化是全面依法治国的内生动力和重要支撑，没有法治文化的繁荣发展，中国特色社会主义法治建设就会缺乏根基。党的二十大报告提出"弘扬社会主义法治精神，传承中华优秀传统法律文化，引导全体人民做社会主义法治的忠实崇尚者、自觉遵守者、坚定捍卫者"。社会主义核心价值观与法治文化建设是相辅相成，内在联系的。

　　目前，学界在社会主义核心价值观和法治文化建设两大领域已经进行了大量研究，取得了丰硕成果。但总的来看，缺乏将"社会主义核心价值观"与"法治文化建设"置于同一视域进行研究。本书的重要创新之处，就是将依据广义的分类，即将文化分为物质文化、精神文化、制度文化和行为文化的分类方法，将法治文化分为物化法治文化、精神法治文化、制度法治文化和行为法治文化，在此基础上分别思考社会主义核心价值观融入物化法治文化、精神法治文化、制度法治文化和行为法治文化的具体路径。

　　自到山东大学工作以来，本人承担较为繁重的教学任务，同时也因家庭琐事，从事科研的时间较为有限，尤其对于党的二十大以来的立法实践没有进行深入的研究。因此，本研究成果还存在诸多的不足和缺陷，敬请诸位专家学者、广大读者批评指正。

　　本研究成果，在写作过程中，吸收借鉴了学界众多专家学者的研究成果，谨在此表示诚挚的感谢。

陈华娟

2024 年 12 月 15 日